国家社科基金后期资助项目

# 现代汉语假设句研究

张雪平 著

图书在版编目(CIP)数据

现代汉语假设句研究/张雪平著.—北京:商务印书馆,2024
ISBN 978-7-100-19927-8

Ⅰ.①现… Ⅱ.①张… Ⅲ.①现代汉语—假设(语法)—研究 Ⅳ.①H146

中国版本图书馆 CIP 数据核字(2021)第 096048 号

权利保留,侵权必究。

现代汉语假设句研究

张雪平 著

商 务 印 书 馆 出 版
(北京王府井大街36号 邮政编码100710)
商 务 印 书 馆 发 行
北京盛通印刷股份有限公司印刷
ISBN 978 - 7 - 100 - 19927 - 8

2024 年 10 月第 1 版　　　开本 710×1000　1/16
2024 年 10 月北京第 1 次印刷　印张 18¼
定价:88.00 元

# 国家社科基金后期资助项目
# 出版说明

后期资助项目是国家社科基金设立的一类重要项目,旨在鼓励广大社科研究者潜心治学,支持基础研究多出优秀成果。它是经过严格评审,从接近完成的科研成果中遴选立项的。为扩大后期资助项目的影响,更好地推动学术发展,促进成果转化,全国哲学社会科学工作办公室按照"统一设计、统一标识、统一版式、形成系列"的总体要求,组织出版国家社科基金后期资助项目成果。

全国哲学社会科学工作办公室

# 序

河南大学硕士生导师张雪平副教授系南开大学文学博士,在我指导的历届博士生里她是水平较高的一位,其博士学位论文获得好评,是比较优秀的。她为人淳朴,从事现代汉语和汉语语法方面的教学科研工作,十分勤奋,善于思考,选准目标,心无旁骛,持之以恒,以非现实句范畴假设句为重点研究汉语语法学,写了系列论文,在中国语文丛书《语法研究和探索》《方言》《世界汉语教学》《语言教学与研究》《语文研究》《汉语学报》《南开语言学刊》《当代修辞学》《汉语学习》等重要刊物发表学术论文 18 篇,大多属于现代汉语非现实范畴假设句的系列论文,其中 CSSCI 刊物上 14 篇、中国语文丛书上 1 篇,分量较为厚重,得到包括诸多项级著名学者在内的校外评阅人、答辩委员会委员、众多刊物编者的一致好评,造成了较大学术影响。她的河南大学博士后研究报告《〈红楼梦〉〈歧路灯〉〈儒林外史〉假设句比较研究》也紧紧围绕假设句展开,十几年如一日研究一个专题,因而能够做出反映当今学术研究水平的成果。她是中国语言学会会员,担任中国语文现代化学会理事,中国语文现代化学会语义功能语法研究专委会和汉语国际传播研究分会理事,主持国家社科基金项目、教育部人文社科研究项目和教育厅人文社科项目各 1 项,主持省社科基金项目 2 项、校级项目 3 项,获河南省教育厅人文社科优秀成果奖及河南大学教学质量奖共 7 次,其中《现代汉语非现实句的语义系统》一文获河南省教育厅特等奖。此外参与国家和省部级项目多项,参编《现代汉语》教材两部。

研究都是在既有研究的基础上进行的,张雪平博士《现代汉语假设句研究》选题很有难度,因为这个课题学界已经有相当水平的研究成果了,例如:王维贤等《现代汉语复句新解》(华东师范大学出版社 1994),邢福义《汉语复句研究》(商务印书馆 2001),丁力、宋增文主编《"小三角"视域下汉语复句问题研究》《"小三角"视域下汉语因果类复句研究》《"小三角"视域下汉语转折类复句研究》(中国社会科学出版社 2018)。张雪平博士参考的国内外文献很广泛,充分吸收了已有成果,包括近十几年来相关研究领域的新成果。她具有宏观的研究视野,她的研究充分体现了中国语法研究的务实传统。所有新见解都有足够多材料的有力支撑。这部假设句专书内容丰富,语料范围足够大,不仅包括北京大学CCL语料库,还使用了国家语委语料库在线、《人民日报》等报刊网络语料,增加了60万字的操作语体语料。根据具体研究的需要,设定不同语体和固定字数的对比语料进行穷尽性、精准化地定量对比分析,从而得出了更准确的认识。比如,发现不仅假设句的从句,主句中的核心谓词的语义特征也是强烈倾向于非自主性;不同语义形式特征的非典型假设句在使用频率和语篇分布、语义关系和推理功能、语用特点及与肯定/否定形式的关联上,都存在明显的差异或对立;成员众多的假设前标记频率较高,因形式不同而聚合成类,其语义功能也存在互补性:"如果"类假设连词70%以上用于可能假设句,"如果说"类假设词语60%以上用于现实假设句,"如果不是/没有"类假设成分近80%用于反事实假设句;假设前标记和后标记在假设关联功能上有强弱之别,假设后标记"的话"和"时"因语体分布差异而能够共时并存,等等。选取了同义和同类别特殊假设前标记,从共时用法辨析和历时词汇化、语法化及其所标记的假设句式的句法语义特点和语篇分布上,多角度全方位深入细致地探讨并揭示了这些同义假设关联词语的语义、用法、语篇分布差异及其成因。深入细致地研究了假设标记的特殊个案"万一、一旦、假定"和特殊次类"X说"的历时演变及"说"的共时隐现。发现假设连词"万一"和"一旦"不仅意义有所不同,用法也有差异,比较了二者的用法,分析了"万一"的语体特点和"一旦"的共时用法与形成的历程。"假设标记'X说'的形成及其话题标记性"和"从'说'的隐现看两类假设标记的异同"几乎是全新的内容,给人留下深刻的印象。

这部著作是在其高水平博士学位论文的基础上历经十多年的不断增删修改而成的。张雪平把语义功能语法理论和结构主义、认知功能、语法化等语法理论及研究方法结合起来,进行语义特征分析、分布分析、比较分析、统计分析、语篇分析,努力做到点面结合、动态和静态研究结合,以描写和分析为基础,并注重综合和解释,对现代汉语假设句及其形式标记的功能、特征和用法做了比较全面细致深入的研究。以往语义功能语法研究成果主要集中于词和词组层面,句子层面没有怎么涉及,而这部专书把语义功能语法的研究扩展到假设句、拓展到句子层面,从而拓宽了语义功能语法的研究领域,得出了一些比较可靠的结论,令人欣喜。语义功能语法所讲的功能是广义的功能,包括结构功能和表达功能。结构功能一方面是分布,另一方面是语篇功能;表达功能包括逻辑功能和人际功能。逻辑功能包括概念功能、判断功能、推理功能和证明功能;人际功能即交际语用功能,包括敬谦功能、祈使功能、提问功能等。语篇功能即篇章功能,是指在形成连贯语篇的过程中,基于表达的需要,语法单位所起的作用,如衔接功能、信息功能、叙事论证和描写说明功能等,也属于表达功能。本书从逻辑功能、语用功能和篇章功能这三个方面研究假设句的表达功能。张雪平认为,句子是语言的基本表达单位,也是语言发挥交际表达功能的最低层面。句子之上有句群、语段、语篇等。当句子发挥语篇/篇章功能时,是在一个更高层面上实现其交际表达功能的。因此,也可以说,语言单位的篇章功能是在更高层面上发挥表达功能。"非典型假设句的结构和功能"中关于"假设句的表达功能"讨论了"假设句的修辞功能",讨论了假设句的形式分类角度及其类别,分析了假设句非现实性特征的句法语义和语用表现。该书认为"假设句是一种典型的非现实句,应该结合非现实情态功能和逻辑关系的表达来展开研究"。讨论了研究思路、写作方法与理论认识,以及语义功能语法的理论阐释及研究方法。在假设句的表达功能研究中对语义功能语法理论有所发展,深化和细化了假设句分类及其特征功能研究。具体研究了三种特殊语义和两种特殊形式的假设句,尤其是假设句次类"现实假设句"和"虚拟假设句",通过描写分析与比较研究,首次从形式和语义功能方面确立了其在假设句语义系统中的地位。对无标假设句和从句后置型假设句,根据定量分析得出了其结构和语义语用特点。

该书在构建现代汉语假设句的情态语义层级分类系统的基础上揭示各类假设句的结构类型和功能差异,创新性地分析了假设句的篇章功能和假设义对句内成分的制约,对假设标记功能互补性的阐释较前有很大的进展,提出的"现实假设句""可能假设句""虚拟假设句""假设连词、假设词语、假设成分"等术语具有普通语言学意义。

张雪平这部专著,是对现代汉语假设句研究的进一步扩展和深化。这部专书从假设条件关系和非现实情态意义的表达出发,对以"如果/要是……就/那么……"为典型结构形式的现代汉语假设句做了比较全面细致的研究,探讨了其语义、结构、功能和类别特征及其语法标记的语义功能和分布特征等,并从语义、语用、认知及语法化等角度对一些问题做了合理的解释。张雪平在其博士学位论文基础上修改而成的这部反映当今现代汉语假设句研究水平的专书由商务印书馆出版,可喜可贺。盼她在已经取得成绩的基础上再接再厉,争取更大成绩,填词一首,调寄清平乐:

龙亭铁塔,
良策全收纳。

月异日新成妙答，
　　　岂惧难题复杂！

　　　止于至善关联，
　　　深宽唤醒喷泉。
　　　不辍攀登冲刺，
　　　何愁超越先贤！

马庆株

2018 年 8 月 30 日草，2021 年 1 月 10 日改毕于南开大学龙兴小区寓所

# 目 录

绪 论 ……………………………………………………………………… 1
  1. 假设句的范围 ………………………………………………… 1
  2. 假设句的性质与归属 ………………………………………… 2
  3. 研究目标 ……………………………………………………… 8
  4. 研究取向 ……………………………………………………… 9

第一章 假设句的类别、特征和功能 ……………………………………… 13
  1.1 假设句的逻辑基础 …………………………………………… 13
  1.2 假设句的分类系统 …………………………………………… 15
  1.3 假设句的非现实性特征 ……………………………………… 27
  1.4 假设句的表达功能 …………………………………………… 32

第二章 假设句次类的结构、功能和特征 ………………………………… 38
  2.1 可能假设句 …………………………………………………… 39
  2.2 现实假设句 …………………………………………………… 56
  2.3 反事实假设句 ………………………………………………… 66
  2.4 虚拟假设句 …………………………………………………… 76
  2.5 无标假设句 …………………………………………………… 86
  2.6 从句后置型假设句 …………………………………………… 93
  2.7 本章小结 ……………………………………………………… 101

第三章 假设标记的语义功能与分布特征 ……………………………… 104
  3.1 假设标记的范围和类别 ……………………………………… 104
  3.2 "如果"类假设连词 …………………………………………… 105
  3.3 "如果说"类假设词语 ………………………………………… 119
  3.4 "如果不是/没有"类假设成分 ……………………………… 135
  3.5 "的话"类假设语气助词 ……………………………………… 145
  3.6 假设标记的合用和连用 ……………………………………… 164
  3.7 本章小结 ……………………………………………………… 174

## 第四章　语篇中的"万一"与"万一"句 ······ 176
### 4.1 "万一"句的句法功能 ······ 176
### 4.2 "万一"与"万一"句的使用条件 ······ 178
### 4.3 "万一"所在语段的语义关系分析 ······ 182
### 4.4 "万一"所在语段在使用中的变化 ······ 191
### 4.5 "万一"的语体分布 ······ 195
### 4.6 本章小结 ······ 198

## 第五章　假设标记的用法及其历时解释 ······ 200
### 5.1 "一旦"的用法及其形成与演变 ······ 200
### 5.2 "假定"的用法及其语法化 ······ 217
### 5.3 假设标记"X说"的形成及其话题标记性 ······ 225
### 5.4 本章小结 ······ 233

## 第六章　假设标记的比较 ······ 235
### 6.1 "一旦"与"万一" ······ 235
### 6.2 "假设"与"假定" ······ 246
### 6.3 从"说"的隐现看两类假设标记的异同 ······ 253

## 参考文献 ······ 269
## 后记 ······ 278

# 绪　论

## 1. 假设句的范围

现代汉语中以"如果/要是……就/那么……"为典型结构形式的复句，表示假设条件和推断结果意义，一般称为假设句。本书所研究的假设句即指此类语义相对单纯的狭义假设复句。

下面几种与假设句意义和关系相似的复句不妨看作广义假设复句：

1)假让句。即假设让步复句，指以"即使/就算……也……"为典型结构形式，表示假设性让步转折关系的复句。多称为假设句或让步句。

2)假逆句。即假设逆转复句，指以"……否则/要不然……"为典型结构形式，表示假设性否定逆转关系的复句。也被称为假转句或逆假句。

3)条件句。即以"只要……就……"为典型结构形式的充分条件复句，以"只有……才……"为典型结构形式的必要条件复句，以"无论/不管……都/也……"为典型结构形式的无条件复句。[①]

从逻辑上看，广义假设句跟狭义假设句一样，都可表达假言复合判断和条件关系，但从语法上看，不仅结构形式不同，语义表达的侧重点也有所不同。假让句侧重表达假设性让步关系，"即使……也……"还可用于据实让步，有时难以分辨(邢福义，2001)。假逆句的假设条件关系不是由整个复句来表达的，而是由"否则"类关联词语及其引导的结果分句来表达的。黎锦熙(1924/1992)把这类句子归入选择复句，认为"否则"之类是表

---

[①] 张志公(1962)、马庆株(2010)、黄伯荣和廖序东(2017)等把假让句归入假设句。徐阳春(2002)、张斌(2008)等把假逆句归入假设句。张斌(2008)把充分条件句、必要条件句和无条件句总称为假设条件复句。吕叔湘(1944/1982)把假逆句、充分条件句和必要条件句总称为假设句，认为无条件句只是假设句的扩展。

示两不相容的选择关系的选择句连词。马庆株(1998a)指出,"否则"本身的意思是"如果不是这样,那么……",包含假设义;但那种假设关系绝不是在两个分句之间,而是在后一分句内部。从较高层次上看,含"否则"的复句之间应该是选择关系。据我们观察,以"否则/要不然"之类关联词语标记的复句,内部语义关系复杂,只是在后分句中一定表示假设意义,其前分句有时表假设等非现实意义,有时表现实意义。邢福义(2001)便称之为"假言逆转句",王维贤等(1994)把它单独列为关系"非单纯的"复句。鉴于假逆句反映的逻辑语义关系比较复杂,且前分句不一定为假设义,故不宜归入狭义假设句。充分条件句和假设句一样也表达蕴涵性充分条件关系,但侧重条件,假设义较弱;必要条件句则表达逆蕴涵关系,强调条件的必要性,假设义弱。无条件句强调在任何条件下结果的不变性,有的有假设义,如"不管谁去都可以",有的并无假设义,如"无论刮风下雨,他从未迟到过"。这三种通常所谓的条件句与一般假设句在语法和用法上也存在一定差异。

　　语义关系较复杂的广义假设句和语义关系相对单纯的狭义假设句放在一起讨论,容易得出彼此之间的共性,但也容易忽略其个性。狭义假设句虽然逻辑上也表达充分条件关系,但其假设义显著,且内部不同层面次类还各有特点,若与上述三种条件句一并讨论,也容易忽略其语义、形式及用法上的个性特征。目前尚乏把狭义假设句作为一个相对独立的句类系统,立足于现代汉语事实,对其语义、功能、形式和用法进行全面深入细致研究的文献。为了充分认识现代汉语假设句及其次类的个性特征,本书只研究语义关系相对单纯的狭义假设复句,文中一般只称假设句。对广义假设复句,只在比较分析时才会涉及,不做专题讨论。

## 2. 假设句的性质与归属

　　假设句表达假设意义和充分条件关系,传统语法学的研究主要在复句系统内,根据分句之间的语义关系归入因果类复句之中,根据分句之间的语法关系则归入偏正复句之中。当代语法学从认知语义视角,在情态/语气或非现实范畴内,把假设句归入非现实句。

　　哲学和逻辑学都研究真假问题。哲学意义上的研究主要看一个语句是否陈述客观的、实际存在的事实或事况,具有现实陈述功能的语句才表达真的陈述,而假设句只能表达假的意义(杨玉成,2002)。逻辑学意义上的研究则从抽象的形式出发,把假设句作为一种蕴涵式,研究其前后件的真假值,而不管其所述情况是否是对客观现实情况的陈述(陈宗明,1984;周斌武、张国梁,1996)。心理学界在研究语言与思维能力时,把不同民族的反事实思维能力跟其语言表达形式联系在一起,国外有学者认为汉语没有专门的反事实表达形式,汉民族便不善于进行反事实推理(参见袁毓林,2015)。这些领域对真假及思维能力的研究涉及假设句,对相关问题的认识后文会谈到,本节主要概述语法学界对假设句性质的认识及其在语法范畴中的归属问题,并阐明我们的看法。

## 2.1 假设句是假设条件关系复句

假设句表达假设性因果推断关系,通常说成假设关系或条件关系。这是观察角度或侧重点的不同,并无实质区别。因为所谓条件,一般认为,若甲事物能导致乙事物的形成、变化、发展等,那么甲事物就是造成乙事物现状的条件,这种条件就是广义的原因。假设句所表达的正是假设性的条件和据该条件所推出的结果,而非既定的原因和结果关系,这已是汉语学界的共识。

20世纪80年代以前,对假设句的早期论述散见于一些语法论著中,主要集中在假设句的语义、性质及其在语法范畴中的归属问题上。从《马氏文通》《新著国语文法》《中国文法要略》到"暂拟汉语教学语法系统",都把由假设连词标记的复句看作假设句,其中《中国文法要略》的阐述更为明确。

马建忠(1898/1998)讲到假设之读时说:"拟议设想者,皆以言事之未定,而或假设其事以觇其效之有无或理之向背也。""言效者,则假设之读,乃其效之因也。"(424页)还指出,"若、苟、使、如、设、令、果、即、诚、假"诸字,"皆事之未然而假设之辞,亦为推拓连词,惟以连读而已"(318页)。这是从意义和关系两个角度对假设句的说明,认为"如"等假设连词既表假设,又关联前后小句,所引出的小句表示假设的未定之事,与其后小句之间为因果关系。该书对古汉语假设句语义关系的认识和当今学界对假设句的认识大体一致。

黎锦熙(1924/1992)指出,假设句"即假定的原因句:或是本来确定的因果律,或是虚拟的条件,或是推想的预言,乃至浪漫的假想,都可用假设的语气表出来,成一个从句"(218—219页)。这种认识跟马氏相似,且说明了假设句的语义范围,还把假设句和范围句(即条件句,包括充分、必要和无条件句三种)加以区别,看作主从复句中并列的两类。

吕叔湘(1944/1982)的观点跟上述两书基本一致,认为假设句和因果句一样,都表示"有此因方有此果",只不过假设句的前后小句都是未确定的事实,只说定二者之间有相应而生的关系,是"理论的,一般的,泛论因果"。(427页)但把表示假设和条件关系的句子总称为假设句,并对假设和条件的关系做了明确的阐述:"'要是怎么样,就怎么样',这是假设的句法:第一小句提出一个假设,第二小句说明假设的后果。后者是否成为事实,视前者为转移,也可以说是以前者为条件,所以这种句法也可以称为条件句。""假设句和条件句也未尝不可分为两类,这完全看我们对'条件'二字做何界说。普通说到'条件'都是指可能实现的事情(未知的,且多数是未来的),要是明明和已知的事实相反,就只说是假设。"如"要是你不认识他,我可以给你一封介绍信","要是我认识他,我何必还来求你介绍"。(407页)"因为条件和假设可以有这种种不同的区分方法,我们索性不去分别,把这种种句子总称为假设句,把假设之辞称为条件,假设的后果简称为后果,两者之间的关系称为条件关系"。(408页)该书从"假设句和条件句都表达假设"这一语义共性出发,把它们总归为假设句,从书中用例可知,还包括假逆句。同时,又指出其前后小句之间都存在条件关系,表达推论性因果关系。这是从关系表达视角得出的认识,体现了汉语语法研究重视语义表达的思想,对后来的研究影响很大,对本书的研究具有重要的方法论启示。

张志公(1956)《暂拟汉语教学语法系统简述》指出,复句各分句之间的关系可以分为联合关系和偏正关系,以"如果"等假设连词标记假设或条件关系。张志公(1962)明确把复句分为联合和偏正两大类,假设复句即"前面的偏句假设一种情形,后边的正句说出要是假设的情形实现了就会有怎样的结果"(174页)。此后,中学语文课本、多数现代汉语教材及一些语法著作采用此说。

王力的《中国现代语法》、丁声树等的《现代汉语语法讲话》、林裕文的《偏正复句》则把假设句称为条件句,后者的阐述更为透彻。

王力(1943/1985)和丁声树等(1961)把条件句作为主从句或偏正句的一种,在条件句下没有进一步分类,包括假设句。王书从主从句之间的语义依存关系阐述:"有些事情是等待另一事情发生,或不发生,然后能实现或不实现的,这另一事情就是一种条件。把相待的两件事同时说出来,表示此事必赖彼事而后实现,或不实现,这叫做条件式。例如:'你再这么着,这一个地方可也就难住了'"(59—60页),"有时候,在从属部分里加入'若''要''倘或'等字,则'假设'的意思更明显些。例如:'明日若不交来,奶奶不要了。'"(60页)从所举例句可知,该书所说的条件句主要指假设句。

林裕文(1962/1984)明确指出,假设和条件是不同层次上的意义,依分句间的结构关系,把假设句归为条件句的一个小类。该书与《中国文法要略》的观点最为相似,认为"假设同条件是从不同的角度说的。所谓假设,是指叙述的内容尚未证实;所谓条件,是指分句与分句之间的一种关系。表示假设的句子往往有条件的关系,表示条件的句子常常也就是一种假设。例如'如果你去,我就去',叙述的是假设的事实,同时'你去'是'我去'的条件。又如'只有你去,我才去'说明了'我去'的条件,同时叙述的也是假设的事实"(36页)。该书着眼于分句之间条件关系把假设句和条件句都看作条件句,吕书则着眼于从句的假设意义,而将其总归为假设句。

20世纪80年代以后,对汉语假设句的研究走向细致和深入。对汉语复句研究影响比较大的当属邢福义和王维贤,均在复句研究专著中讨论了假设句,都称以"如果……就……"为典型结构标记的复句为假设句。邢福义(2001)根据分句之间的关系把复句分为因果类、并列类与转折类,把假设句和条件句看作因果类复句里两个并列的小类。他指出,假设句是"根据某种假设来推断事物之间的因果关系的复句","从逻辑学角度说,假设前提也就是条件前提,任何一个假设都是条件。……语法学上的处理,跟逻辑学上就有所不同","语法学更重视语言层面上的区别。在语言的实际运用上,'如果……就……'和'只要……就……'是存在差别的","跟假设句相比较,条件句也以虚拟性原因作为推断前提,但着重强调所虚拟的原因是条件"(邢福义,1985:52;1996:348;2001:41)。王维贤等(1994)从逻辑语义关系角度构建了形合复句的分类系统,把"假设"归属于"非一般条件",又内含"一般假设"和"转折"两个小类,狭义假设句即属于一般假设复句。该书根据三个平面语法理论,对假设句及假设关联词语的用法做了较细致的考察。

假设句为主从复合句,是国外语言学界长期以来的一个研究热点,但一般不区分假设句和条件句,像英语 if 假设句通常称为条件句(conditionals),两次专题研讨论会的论文集也以"条件句"为题:Traugott 等主编的 *On Conditionals*(《条件句研究》,1986 年)和 Athanasiadou 等主编的 *On Conditionals Again*(《条件句再研究》,1997 年)。

综观从复句视角对汉语假设句的归属与性质的看法,可以看到两点共识:

第一,从在复句系统中的归属来看,假设句是表示假设推论性因果关系的偏正复句或因果复句。

第二,从所表达的逻辑关系和意义上来看,假设句既表达充分条件关系,又表达假设意义。

充分条件关系和假设意义是假设句式语义的两面,故称之为假设句或条件句都有道理,要兼顾这两种意义,不妨称为假设条件句。本书遵照汉语语法界的通常称谓,也便于与其他条件句相区别,一般仍称为假设句。

## 2.2 假设句是非现实认识情态句

传统语法对假设句的研究侧重其逻辑语义关系,虽然也有从认知语用层面论及假设句的语义语用特点的,但没有明确把它纳入情态/语气范畴。就西方语言来说,假设句中有一类是采用虚拟语气形式表达的,因此从〔丹麦〕叶斯柏森(1924/1988)的《语法哲学》以来,关于假设句的研究常见于讨论虚拟语气的文献中。随着情态研究的发展,"国外研究 if 条件句的学者把假设性(hypotheticality)或虚拟性(irrealisness)看作一种情态,而且大多数学者常常把假设性和条件性(conditionality)互换使用,不分彼此"(彭振川,2009:21)。20 世纪 70 年代初,"现实"(realis)和"非现实"(irrealis)被作为一对概念提出后[①],多数学者视为一对情态语义范畴。之后国内外关于情态或非现实范畴的重要研究文献,几乎都把假设范畴或假设句纳入其中。

国外在情态语义研究方面影响比较大的学者 Lyons、Palmer、Givón、Bybee 等,在谈到情态或非现实范畴时都提到了"假设/条件"。Lyons(1977)认为情态与假定的信息相联系,是语言中的非事实性(non-factivity)成分。Palmer(1986)指出,涉及目的、原因、假设等的时间小句都表达情态。Palmer(1986、2001)谈到了英语中的 if 条件句所表达的非现实情态,说条件句涉及两个非事实性小句,只是表达了一个命题的真值依靠另一个命题的真值,涉及的情态包括两个方面:非现实性,以及真实(real)与非真实(unreal)条件,表达了说话人对条件存在承诺的程度。Givón(1984、1990、1994)在论述非现实情态的句法表现时,分析了英语中的 if 条件从句和反事实从句,以及朝鲜语和斯瓦希里语等语言中的假设条件从句所表现的非现实情态。Bybee et al.(1994、1995)和 Bybee(1998)在研究不同语言的情态表现时,也认为假设或条件(protasis)句具有非现实性。据 de Hann(2012)介绍,已有研究所论及的多种语言中,反事实假设句基本隶属于非现实范畴。

Ziegeler(2000)以"假设情态"为题,依据新加坡英语这种变异性第二语

---

[①] 据 Bybee(1998)介绍,最早使用"realis"和"irrealis"这对概念的是 Capell 和 Hinch(1970)对 Maung 语的描写,是指直接经历的或已经实现的行动(actions)或状态(states),相对于那些想象的、还没有实现的或仍只在思维领域里的行动或状态而言的,假设(hypothetical)被列为"非现实"之一。现实/非现实范畴已经引起国内外语言学界的广泛关注和研究(张雪平,2008、2019)。

言的假设情态与英语情态动词的过去时态或过去时用法呈现的一致性,讨论了受底层词汇层保留或接触特征影响所造成的新加坡英语中由 if 条件句所表现的假设情态。作者认为英语 if 条件句的预测义最为基本,可能义、不确定义、不可能义等都是基于预测义之上的。if 条件句的预测义属于认识情态义。

国内汉语学界对情态问题展开深入研究较晚,对汉语情态问题进行系统研究的较早文献中一般未提到假设或假设句,近期才有人论及。贺阳(1992:59)把"modality"称为语气,齐沪扬(2002)也把情态置于语气范畴下分析,但都没有谈到假设,只是在传统的语气词或能愿动词等所表现的情态范围之内讨论。鲁川(2003)研究了语气(mood)和情态(modality),但也没有提到假设。彭利贞(2005)简介了国外在语气范畴和非现实范畴下对情态问题的讨论,也未论及假设句的情态。不过,崔希亮(2003:331—332)认为情态是一个更加概括的概念,它涉及说话人的态度和意见,以及事件的现实情况等,建立了由直陈情态、事件情态和能愿情态三分的大情态系统,把"假设"列为直陈情态之一。① 马清华(2017)所构拟的广义情态系统,把"虚拟(假设)"列为二级普通类中的一种。

国内汉语学界在研究汉语非现实范畴时都谈到了假设或假设句。石毓智(2001a)②在研究汉语否定的对称与不对称问题时注意到了现实句和虚拟句(大致相当于非现实句)在否定方面的一系列差异,其中提到的就有二者在假设从句中的句法表现。李敏(2006:192)研究现代汉语非现实范畴的句法表现时指出:"假设关系最基本的用法是用于假设的事件或是说话人所不了解的事件,它本身自然就有认识情态意义,只不过这种认识情态意义有强有弱。"徐晶凝(2008)认为"如果、要是、假如、即使、即便、就是"等连词是非现实情态的语法形式,但未针对假设句展开论述。王晓凌(2009)讨论汉语非现实语义问题时也谈到了假设句。张雪平(2008、2009、2012)概述了"非现实"范畴的研究现状及存在的问题,构建了现代汉语非现实句也是非现实范畴的情态语义系统,并从语义特征和句法表现上论证了汉语假设句属于认识义推断类非现实句,是一种典型的非现实情态句。

郭锐(1997)、沈家煊(1999a)、王红旗(2001、2006a、2006b),以及邢向东

---

① 国外一般认为语气是动词的形式范畴,国内则多把它等同于情态。情态是一个跨语言的语义范畴,主要用来表达说话人对句子或命题的态度和看法。对汉语这种无严格意义的形态变化的分析型语言来说,不易区分语气和情态;对非现实范畴的研究来说,也难以区分语气和情态。我们把情态看作大于语气的概念,把"非现实"看作一个情态范畴。

② 据石毓智(2001b:129)介绍,该书 1992 年初版(59—66 页)中已谈到。

(2002、2005、2006)、钱乃荣(2004)等,这些涉及汉语非现实范畴或者虚拟语气的研究文献中,均论及假设或假设句。近期也出现了对汉语假设句的情态问题进行专题研究的成果。如杨黎黎(2015)从非现实性和现实性视角讨论了假设句的情态问题,张雪平(2015a)分析了双否定结构假设句式的假设性非现实情态功能,张雪平(2015b)探讨了"要是 P 就好了"句式由假设句演变为表达主观愿望情态构式的语义句法表现及成因,章敏(2016)探讨了汉语反事实假设句的情态问题。此外,方梅(2006)、〔日〕古川裕(2006)、李宗江(2006)、鹿钦佞(2008)、胡斌彬(2016)等,论及假设句语境或其非现实语义对语言成分的使用及其语法化的影响等问题,从中可见假设句与非现实范畴的语义联系。

综观国内外在情态语气或非现实范畴下对假设语义范畴或假设句的认识,我们可以得出一个基本结论:假设句是一种典型非现实认识情态句。

综合国内外在复句系统和情态/语气范畴下对假设句属性的认识,基于对汉语事实的考察,本书把假设句定义为一种表达假设性推断因果关系的典型非现实认识情态句。

## 3. 研究目标

假设句与一般的因果复句不同,表达的是假设性的推论因果关系;跟一般的条件句也不同,更侧重表达假设性非现实意义。我们认可假设句是因果类推断复句中的一种,看作与条件句并列的偏正复句,同时也认为假设句是一种具有情态表达功能的典型非现实句。作为复句,假设句在语法系统中跨越句子和篇章两个层面。作为假设义句式,假设句是表达假设可能性推断认识情态的基本手段,也具有篇章功能。汉语假设句有丰富的语法表达形式,其句法语义表现也比一般充分条件句和必要条件句复杂,但现有研究多以带典型形式标记的假设句为例加以阐述,对假设句内部形式、语义、功能及用法的差异,以及不同假设标记的功能和用法的差异,还缺乏全面深入细致的研究,更未见把假设句的语义关系和非现实情态功能结合进行全面深入研究的成果。相关研究还不足以为假设句的教学及计算机智能处理提供十分全面有效的帮助。

本书把假设句的语义关系和非现实情态功能紧密结合考察,对现代汉语假设句的语义形式特征和功能等展开全面深入细致的研究。主要讨论并解决以下几方面的问题:

第一,假设句内部的语义层次与形式差异;

第二,假设句的句法、语义和语用特征及其表达功能;

第三,假设标记的语义功能、分布和用法异同及其共时并存问题。

具体来说,本书结合句子和篇章两个层面,全面考察现代汉语假设句的类别、特征和功能,并对各类假设标记的功能及用法等展开细致深入的研究。把系统构建、类别研究和个案分析相结合,期望能找出假设句意义功能与形式之间的对应关系,建立假设句的分类系统;论证假设句式义对句中语法成分的制约作用、假设标记的语义对假设句式义的制约作用、假设标记的词义基础对其语义特点和语法化的制约作用;探讨假设句的非现实情态语义语法特征、结构形式、语用特点及表达功能。以复句研究实践诠释语义的决定作用和表达的制约作用,证实结合语义表达进行语法研究的方法论意义。

## 4. 研究取向

鉴于本书的基本研究目标,我们主要采取语义功能语法理论(马庆株,1998b),并借鉴认知语法、功能语法、构式语法、篇章语法、语法化等当代功能学派的语法理论和研究方法,从假设句语义功能的表达出发,结合结构形式和分布特征分析,对现代汉语假设句的结构语义特征和表达功能进行研究。

语义功能语法强调结合语义表达来研究语法(马庆株,1998b、2000、2004),由于特别重视语义,认为语义是基础,语义对语法有决定作用[①],所以也被称为新结构主义语法[②]。语义功能语法同样很重视表达,马庆株(1995b、1997)从语用意义角度建立了体词和谓词之陈述义和指称义的连续统,从人际功能角度建立了汉语及物动词"对上/对下"的分类系统。语义功能语法的理论方法和研究实践对本书的研究具有重要的方法论意义。

传统的结构主义的语言研究着重于语言事实的描写,当代的形式主义和功能主义语言学派注重对语言现象的解释。我们认为,在当代语法研究

---

① 陆丙甫(1998:353)也指出,在语义、语用和语法三个平面中,语义是最基本的。邵敬敏(2004)和邵敬敏、赵春利(2006)也倡导从意义到形式的研究思路,主张以语义为汉语语法研究的出发点和重点。

② 参见史金生(2000)和史金生(2011)1.3节的论述。

中,描写和解释是同样重要的。在描写方面,语义功能语法以语义语法范畴为核心(马庆株,1981、1988a、1991),以各级语法单位的系统分类为基本工作程序,力求对各类语法单位的功能实现条件、组合规则做出高度概括;在解释方面,既注重语言系统内部相关因素的推求验证,也注重从语言外部寻找语用表达及认知方面的动因。

本书立足于现代汉语的语言事实,结合假设关系和非现实情态的表达来观察,探寻假设句的语义和形式特征,在此基础上给现代汉语假设句分类,描写分析各类假设句及其语法标记的语义功能与分布特征,力求对假设句内部的形式语义差异做出功能和认知上的解释,对假设标记的功能和用法差异做出语义、语用和认知上的解释。本研究结果证明现代汉语假设句自成系统,其内部次类的语义功能有别,假设标记在语义功能或分布上大致呈互补状态。

语义功能语法理论重视比较,既重一个语言系统内部的语法单位之间的比较,也重不同语言系统之间的相应语法概念之间的比较。特别重视对语言事实的发掘,要求用事实说话,从语言成分的使用中发现语义结构规律。本书借助语料库,采用量化统计和比较分析的方法,通过对不同假设句和假设标记的使用频率和分布特点的比较,尤其是对同义假设标记的语义和用法的比较分析,寻找其功能及分布差异的原因。

具体而言,本书采取了以下研究思路和方法:

1)点面结合。采用自上而下的基本思路,从宏观到微观,共性和个性并重。总体上看,第一章属于宏观研究,是共性研究,第二章、第四至六章属于中观、微观研究,是次类和个案分析,第三章则把系统研究和类别研究结合。第一章概述了假设句的类别、特征和功能,第二、三章与第一章相呼应,运用实例对第一章的综合理论分析进行语法形式和语用分布上的验证,比较全面系统地研究了假设句及其语法标记,既归纳了它们的语义功能共性,又分析了其次类及内部成员的个性特征,得出假设句的语义类别和形式标记大致对应的结论,达到了形式和意义功能相互验证的研究目的。第四至六章是对比较特殊的同义假设标记及其所标记的假设句的具体研究,也是对第二、三章的类别研究的细化和深入,以便更充分地验证第一至三章对假设句及各类假设标记的特征与功能等的论断的合事实性。

2)定量和定性分析结合。当代功能语法区分"语法先于用法"和"用法先于语法"两种语法观,前者把语法看作先于经验的逻辑性的结构,后者把语法看成动态的、在使用中逐渐成型的。"动态浮现"的观点把语法结构看成在话语力量驱动下不断做出的反应,特别关注语言使用的频度,关心使用频率是如何影响了语言形式(张伯江,2005)。受当代功能语法观的影响,本书对假设句及其语法标记的研究主要采用了分布分析法,通过在语料库中的语用分布情况来看各种假设句的使用频率,进而归纳假设标记的语义功能及语用特点。第一章对假设句的分类及其特征、功能的概述以定性为主,第二章对各种假设句结构形式及句法语义特点的概括,尤其是第三章对各类假设标记语义功能的考察,以及第四至六章对假设标记次类和个案的用法分析,都使用了量化统计法。邹韶华(2004:6)指出:"语法分析的基础是语义,而人们对语义的理解往往带有主观性,见仁见智的情况是常常发生的。语义的制约因素是语用频率,因为语频反映的是客观事实,它可以量化,具有科学性和可操作性。"本书对假设句及假设标记的语义功能的研究结论是对大量活的真实语料的调查统计分析之后而得出的结果,是定量分析和定性分析相结合的研究结果,合乎汉语的语言事实,比较可靠,应该能经得起验证。

3)静态和动态研究结合。本书以归纳为主、演绎为辅,通过比较分析,认识研究对象的共性特征和个性差异。在构建假设句语义系统时,采用了语义特征分析法,抓住研究对象的典型语义共性做静态的概括,重在演绎。研究假设句次类时,把语义结构特征和语用表达特点的分析相结合;在分析各种假设标记的语义功能时,通过考察它们在语料库中不同语义假设句中的语用分布情况,归纳出了其表义规律,也看到了假设句次类的使用频率差异。这是以动态分析为主,重在归纳。在对"万一"及其标记的假设句进行研究时,主要采用了动态的语篇①分析法。对"一旦、假定、假设"及"如果说"类假设标记的形成和用法研究中,则把功能分析和语篇分布分析结合,通过比较,突出了同义词语的共性特征,又得出它们在语义、表达和语体分布上的个性特点,说明了其词汇化、语法化的语用动因。

4)共时和历时研究结合。本书讨论了"一旦""假定"和"如果说"类假设词语的词汇化和语法化问题,在对其共时用法观察分析的基础上,利用历时

---

① "语篇"这个概念,一般指大于句子的语言结构体,国外欧洲学者常用 text,美国学者常用 discourse。国内有"语篇、篇章、话语"几种说法,不过,倾向于用"语篇/篇章"指书面材料,用"话语"指口语材料。也有学者把"discourse"和"text"统称为"篇章"(廖秋忠,1992:393;郑贵友,2002:18;方梅,2005a),或者用"语篇"(discourse)来通指"话语"(discourse)和"篇章"(text)(胡壮麟,1994:1)。方梅(2018)用 discourse 指包括口语和书面材料的篇章/语篇(discourse)。本书中的"语篇"(text)主要指书面媒体材料(包括书面记录的口语材料),把"语篇"和"篇章"看作可替代的术语,也不严格区分"语篇/篇章"(text)和"话语"(discourse)。依据汉语学界篇章语法研究文献中的表述习惯,称为篇章功能。

语料,对其功能、用法的复杂性或特殊性加以验证①,涉及其不同用法形成的过程、动因和机制等。其目的一是确立"一旦""假定"的假设连词地位,说明"如果说"类假设词语内部成员词汇化和语法化程度不等;二是从语法化程度的差异来解释它们共时平面上的兼类用法,从词汇化和语法化程度的不同解释它们与一般假设连词表义功能的对立与中和现象。这样的研究取向是语义功能语法理论所倡导的,与当今语言研究的大方向是一致的,正如沈家煊(1994:17)所指出的:"语法化研究是当前语言学发展的一个趋向,即把历时研究与共时研究重新结合起来,其着眼点是从语言的历时演变解释语言共时平面上的变异。"

5)以描写和分析为基础,重视综合和解释。结构主义重视分析,认知语法更重视综合,我们认为分析是综合的基础,主张将二者结合。在语法研究中既要重视分析,也要重视综合;既要注意语法成分对句式义的制约作用,也要注意句式义对句中成分的制约。目前对语言事实的观察和发掘还不够充分,应该要求描写和解释并重。本书的研究总体上侧重分析,但注意把分析和综合结合。在研究假设句的语义分类时,采取语义特征分析法,这是综合分析,是把握不同假设句从句的整体意义;在研究假设句中出现的句法成分时,采取了成分分析法,分析了其句法语义和语用特点。

本书的研究以描写分析为基础,重视归纳并力求解释,在充分发掘语言事实的基础上,从语义、语用、认知和功能等方面,对研究对象的功能及用法特点等做出了一定解释。比如,对不同类别的假设标记的共时并存现象,通过对语料库中实例的定量统计分析,描写了它们的使用情况,又从频率差异、语体分布和语义功能的互补性上做出了解释。先充分描写否定义"如果不是/没有"类假设成分倾向标记反事实假设的功能,再从认知心理上对此进行解释。沈家煊(1997:74)指出,词义演变是历时现象,共时平面上的词义变异实为词义演变过程中的一个阶段。为了解释"一旦、假定"和"如果说"类词语共时平面上的用法,特意考察了其词汇化和语法化过程,使其共时平面上性质的模糊性或功能的非单纯性得到了历史层次上的解释。

我们期望通过本书的研究,能够对假设句及相关复句的深入研究做出一点儿理论贡献,引发相关研究方法论的思考,为假设句教学及计算机自然语言处理提供一点儿可资借鉴的资料,以复句层面的研究实践丰富语义功能语法理论。

---

① 杨永龙(2000:108)指出:"尽管共时语言现象是历时语言现象的积淀,通过共时语料分析可以推测出语言变异的时间层次,但是在进行历史语言研究时,最好能够将共时分析与历时语料的验证结合起来。"这种研究思路无疑也适合语言的共时研究。

# 第一章 假设句的类别、特征和功能

本章综合考察现代汉语假设句的句法语义特征和功能,从逻辑基础、类别、非现实性、表达功能等方面展开研究。要达到的目标是:分析假设句的语义和形式特征及其内部差异,构建假设句的分类系统,说明假设句情态语义与结构形式的对应关系;分析假设句的非现实性特征,说明句式义对句内语法成分的制约作用,以及句内语法成分对句式义的反制约;分析假设句的表达功能,证明将其关系表达和篇章语用功能结合研究的可行性。

## 1.1 假设句的逻辑基础[①]

假设句表达充分条件关系,基本逻辑功能是表述蕴涵性假言复合命题或判断。它由两个支命题构成,分别称为前件和后件,通常以 p 和 q 表示,"如果,那么"是命题联结词,称为蕴涵词,通常用符号"→"表示。其逻辑表达式是"如果 p,那么 q",称为蕴涵式,可以写作"p 蕴涵 q",或记为"p→q",含义是"如果 p 真,q 一定为真"。这就是所谓的实质蕴涵(material implication),其特点是只考虑前件和后件的真值关系,支命题的具体内容是否有联系不予考虑。实质蕴涵有两个特点:a.真命题可以被任何命题(真的或假的)所蕴涵;b.假命题可以蕴涵任何命题。因此,便会出现实质蕴涵怪论(paradox of material implication)。例如:

(1) 如果地球不绕太阳转,那么就会有四季。

前件是个假命题,后件是个真命题,这个复合命题为真,但会由此得出由于

---

[①] 本节主要参考陈宗明(1984)、郭锐(2006)、沈家煊(1999a、2003)及王维贤等(1994)的相关论述。

地球不绕太阳转才导致产生四季的错误结论。再如：

(2) a. 如果阿Q是运动健将，那么他很聪明。
　　b. 如果阿Q是运动健将，那么他很愚蠢。

按照蕴涵式的真值表，(2a)和(2b)都是真的，因为其中的前件内容不符合事实，都是假的，而假命题可以蕴涵任何命题，包括相互矛盾的命题，但这在客观事理上是不可能存在的。

为了解决实质蕴涵的局限，现代逻辑学发展出严格蕴涵、相干蕴涵和衍推(entailment)的概念。严格蕴涵虽然要求前件和后件有必然性，但却不要求有相关性，因而仍可能导致怪论。相干蕴涵加上了相关性要求，即要求前件和后件有内在的联系，可以避免实质蕴涵和严格蕴涵的一些怪论。但相干蕴涵虽要求了相关性，却不要求必然性，因此也不能涵盖"张三吃了苹果"和"张三吃了水果"这样的两个命题之间的关系。为进一步解决实质蕴涵的局限，在严格蕴涵和相干蕴涵的基础上，提出了"衍推"。衍推是对实质蕴涵的更严格限制：要求前件和后件既有必然性，又有相关性，其定义如下：

语句p衍推语句q，当且仅当若p为真，可以由p内在地推导出q为真。

这就是说，如果p为真，q一定也为真；如果q为假，p一定也为假。但如果q为真，p不一定为真。

按照这个定义，就能由"张三吃了苹果"衍推出"张三吃了水果"，"张三没有吃水果"衍推出"张三没有吃苹果"。衍推义是一种纯逻辑推导义，它是句子固有的、稳定不变的意义成分。

由上述理论不难看出，自然语言中使用的假设句的逻辑语义关系跟实质蕴涵关系不是完全对应的，假设条件和推断结果之间是相关的，也是有必然性联系的[①]，人们一般不会说出"如果2×2＝4，那么雪是白的"

---

① 这里所说的"必然性"是指逻辑上的意义，必然性蕴涵可能，但反之不成立。如"一定来"蕴涵"可能来"的意思，但"可能来"却没有"一定来"的意思。人们使用假设句表达一个假命题或判断时，就意味着其主观上认为该命题或判断的前件和后件之间有着必然性的联系，其中也自然包含可能的联系，虽然客观事实上并不一定如此。

（陈宗明，1984：70）这种荒谬的句子。当然，这种假设条件和推断结果之间的相关性和必然性联系既可以是客观事理上的，也可以是说话人的主观心理和认识上的。因此，如果只从充分条件关系的逻辑形式着眼，可以笼统地说假设句的逻辑基础是蕴涵关系；如果也考虑分句之间语义上的联系，严格地说，其逻辑基础应该为衍推。① 衍推是加上相关性和必然性限制的蕴涵关系，考虑到语法研究中的用语习惯，本书一般仍以"蕴涵"称之。

假设句的逻辑语义是蕴涵义，确切地说是衍推义，但在实际运用中，人们可以根据表达需要，把表面看来似乎不相干的两句话用假设句来表达，这样构成的假设句的语义关系不是逻辑上的真假语义值所能直接解释的。了解假设句的逻辑基础有助于分析认识假设句的语义特点，但在具体研究时，还要从语言事实分析中寻找规律。

## 1.2 假设句的分类系统

假设句实例无论在逻辑功能上，还是形式、语义、语用表现上，都存在一定差异，本节在相关研究和实例考察的基础上，从语法角度探讨假设句的内部分类问题，构建现代汉语假设句的分类系统。现代汉语假设句是个意义和形式相统一的语义语法范畴，其语义类别和形式类别之间存在一定的对应关系。

### 1.2.1 假设句的分类角度

#### 1.2.1.1 条件句逻辑中的分类

在条件句逻辑中，通常把自然语言中以"若 A 则 B"（即英语中的"if A then B"）结构为代表的条件句分为三类：直陈条件句、虚拟条件句和反事实条件句。英语中的直陈条件句用直陈语气，虚拟条件句和反事实条件句都用虚拟语气，二者又具有相似的逻辑特性（语形性质和语义性质），因此在条件句逻辑中不加区别（周礼全，1994；李小五，2003）。条件句逻辑中的分类，影响了英语语法中的 if 条件句分类，对汉语假设句的语法分类有一定参考价值。但逻辑和语法毕竟是两个不同的研究领域，逻辑上只关

---

① 王维贤等（1994：81）提到假设条件句的逻辑语义基础是相关蕴涵（即"相干蕴涵"）。

注假设条件句的逻辑形式与逻辑事理关系,而语法上还关注其句法表现和语用表达问题,因此,逻辑类别和语法类别未必能完全对应,况且汉语假设句也没有直陈和虚拟语气的形式区别,所以不能仅据此给现代汉语假设句做语法分类。

#### 1.2.1.2 外语语法中的分类

在英语语法研究中,受条件句逻辑特性的影响,传统上根据条件的真实性和语气的不同,通常把英语的 if 条件句分为开放(open)条件句和假设条件句两类。开放条件句又称"真实/事实/直陈/中立"条件句,假设条件句即虚拟条件句,又称"封闭/非真实/非事实/反事实/有标记"条件句。英语开放条件句表达的条件可能是真的,也可能是假的,说话人对条件的真实性持中立态度。例如:①

(1) If Colin is in London, he is undoubtedly staying at the Hilton. (科林现在要是在伦敦,毫无疑问是住在希尔顿饭店。)[不确定科林是否真在伦敦]

英语假设条件句表达的条件是虚假的,说话人对条件的真实性持否定态度,认为不会或不大会实现,或者跟现实中的情况刚好相反。例如:

(2) If he changed his opinion, he'd be a more likeable person. (假如他改变自己的看法,就是个更讨人喜欢的人了。)[不大可能实现]

(3) If I were a bird, I could fly freely in the sky. (如果我是一只鸟,就能在天空中自由地飞翔。)[完全不可能实现]

(4) They would be here with us if they had the time. (他们要是有时间,就和我们一起在这儿了。)[与现在事实相反]

(5) If you had listened to me, you wouldn't have made so many mistakes. (要是早听我的话,你就不会出这么多错了。)[与过去事实相反]

(2)—(5)if 条件句是以不(大)可能实现的或与已知事实相反的事态为条件的假设条件句,与以可能实现的事态为条件的开放条件句有明显的形式区

---

① 关于英语 if 条件句的分类及例句翻译,主要参考 Quirk, R. et al. (1985)和陈国华(1988)。

别,采用虚拟语气形式,即用时制后移的方式表达。其从句谓语动词用一般过去时或过去完成时,主句谓语动词相应地要在虚拟条件从句的基础上往前进一步,采用过去将来时或过去将来完成时。吕叔湘(1944/1982:407)指出:"这个区别在西文里很重要,因为两种句子的动词要应用不同的形式。可是在中文里,对于句法没有多大影响。"

当代认知功能语法学者从认知语义和语用特点出发,倾向把假设句/条件句三分。如 Sweetser(1990)根据英语 if 条件句所在的概念域的不同,分为内容域、认识域和言语行为域这三个不同层面,沈家煊(2003)结合汉语事实,称之为"行、知、言"三域。Athanasiadou & Dirven(1997)根据语义语用特点,把 if 条件句分为事件过程条件句、假设条件句和语用条件句。Wierzbicka(1997)基于跨语言的证据,提出了假设性连续统(continuum of hypotheticality),并指出 if 条件句在跨语言中实现的情况不同,假设条件句(hypothetical conditionals)处在真实可能性条件句和反事实句之间的中间阶段。还认为这也许是特定语言的现象,不是人类语言和人类思维发展的普遍特征。

从国外语法学界对 if 条件句的分类,以及基于跨语言调查得出的假设性连续统思想可知,假设句的语义次类之间可能不具有明确的界限,即使在英语中也未必只能二分或三分。如何分类更适当,在考虑语言共性的同时,还应考虑特定语言的个性。

#### 1.2.1.3 汉语语法中的分类

或许因为在汉语中假设句的分类不是一个句法问题,而是一个语义问题,或者说是一个语义语法问题,所以在汉语语法研究中论及假设句内部分类的文献很少,不过在专书或专题论文中有所涉及,简述如下。

**1)语义角度的分类**

早期语法研究中值得重视的是吕叔湘和王力的相关论述。吕叔湘(1944/1982:411—412)指出:"条件小句里头用上'果'、'诚'、'倘'、'或'关系词的句子,大率表未定事实,即可能实现的假设","条件小句的头上用上'使'、'令'、'假'、'设'等关系词的句子,多半表示与事实相反的假设"。王力(1943/1985:60)指出:"条件式的从属部分虽多系指未实现的事实,但也可以是既成事实的反面。意思是说,假使在某一条件之下,事情就不会象现在这样了。"例如:

(6) 若不说出来(实际上是说了),我见了这个也不认得这是做什么用的。

(7) 早知道是这样(实际上是不知道),我也不该去求他的。

吕叔湘和王力实际上指出了汉语的假设句存在两种语义类别,即其从句分别表示可能实现的假设和与事实相反的假设。吕叔湘还讲到了这两种意义的假设句各有一些假设关系词。但因这些词并非只能表达一种假设意义,所以很难从形式上对不同意义的假设句加以准确判别。

蒋严、潘海华(2005:80—81)认为,假设句重点在说话人主观上对于 $S_1$ (假设小句)的假定及其预料的结果 $S_2$(结果小句)。$S_1$ 的内容是尚未证实的,可分为事实假设复句和反事实假设复句。前者指说话人认为 $S_1$ 必定会发生,或可能会发生,也可能不会发生,总之,不是绝对不可能发生的事情;而后者则是说话人已知在过去不曾发生,或是在现在和将来都不可能发生的事。这种两分法显然跟西方语法学界基于条件句逻辑的分类一致。他们认为假设小句所述内容是"尚未证实的",并据此语义特点给假设句分类。但这样概括还不十分恰切。事实上,尽管 $S_1$ 所述情况大多是"尚未证实的",但也有明知与客观事实相反的情况(吕叔湘,1944/1982)。以蒋、潘书中所说反事实假设句而言,$S_1$ 所表达的内容往往是"已经被证实的",如他们也认为例句"东风不与周郎便,铜雀春深锁二乔",表示"与历史事实正相反,不可逆转",岂不正说明 $S_1$"东风不与周郎便"并非"尚未证实的"情况吗?

罗晓英(2006)从语义上把假设分为可能假设和违实假设两种类型,但她所说的假设句是指"如果、只要、即使、无论"等引导的广义假设句。王芳(2014)认为假设句是条件句的子类,参考英语条件句的相关研究,根据语义把汉语条件句分为规律性条件句、推测性条件句、违实条件句和事实条件句四种。上述两文的分类并未针对假设句,也未从形式角度分析,因而并未建立现代汉语假设句的分类系统。

**2)形式角度的分类**

江蓝生(2002:291)指出带标记的假设句可分为三种:a. 从句前部有假设义类连词(可称为前置式);b. 从句句尾有语气助词(可称为后置式);c. 从句中既用假设连词,又用语气助词(可称为兼用式)。这是以假设从句所用假设关系词所做的形式分类,未考虑假设关系词与后分句中关联词语的配合情况。罗进军(2007)专题研究"有标假设复句",界定为必须有关系标记标示第一层假设关系的复句,重在讨论这类假设句关系标记的配合情况,未论及假设句的更细致分类。

**3) 语用角度的分类**

王维贤等(1994:165—172)从语用角度提出了几种特殊类型的假设句：违实性假设、时间性假设、对比性假设、解证性假设和依变性假设,并指出："从语用平面对假设句进行分类,要联系具体语境以及在这种语境中语言表达形式上的变化和类型。这种分析的每一个具体问题都是极其复杂的,而且由于语用平面上交际的具体内容和语用条件的千变万化,这些分类似不可能穷尽的。"可以看出,要想从语用角度给假设句分类是不大可行的,并且分出来的类别之间难免会互相包含,如所谓时间性假设句未尝不可以同时也是对比性假设句或依变性假设句等。

### 1.2.1.4 本书从语义和形式角度分类

汉语假设句与英语 if 条件句基本语义相似,但汉语假设句没有动词的直陈/虚拟语气形式的区别,而表示主从关系的词语丰富,说明汉民族对假设句语义的感知更加细腻。比如有一种表示真实假设意义的假设句,在汉语中,其结构形式跟一般假设句相似,从句表达的却是已知已定的事实,而且必须使用假设义关联词语标记,如(8)中假设从句所述"老舍都已经被打倒在地踏上了一只脚了"为说话人已知的事实,(9)中"一部分的商人、地主和官僚是中国资产阶级的前身"为说话人根据相关知识做出的断定,是主观认定的事实。此外,基于相同的逻辑真值和虚拟语气形式,虚拟性和反事实性的 if 条件句在条件句逻辑中和英语语法学中通常归为一类,但在汉语假设句中,这种假设语义上的差异,在语法标记和其他语法成分上均有所体现,分开考察会有新的发现。

(8) 要是老舍都已经被打倒在地踏上了一只脚了,我就没什么可委屈的。(邓友梅《记忆中的老舍先生》)

(9) 如果一部分的商人、地主和官僚是中国资产阶级的前身,那么,一部分农民和手工业工人就是中国无产阶级的前身了。(毛泽东《中国革命和中国共产党》,转引自邢福义,2001)

考虑到汉语和英语等语言同一语法范畴的共性与差异,参考相关研究成果,在对汉语假设句实例充分考察的基础上,依照探求形式和意义及功能对应关系的语法研究宗旨,我们尝试从语义和形式这两个角度构建现代汉语假设句的分类系统,下位分类也关注表达功能,进而充分认识汉语假设句的范畴性质。

### 1.2.2 假设句的语义分类

#### 1.2.2.1 假设句的语义特征与分类系统

我们根据假设条件实现的可能性,把假设句(hypothetical sentences)从语义上分为两类、四种。假设句是表示假设条件和推断结果关系的句子,[假设][条件]是所有假设句的共性特征。有的假设句的假设条件是现实世界中可能实现的,有的则是不可能实现的,这样,根据假设条件的[±可能实现]特征,可把假设句分为真实(real)和非真实(unreal)两类。真实假设句的假设条件的特征是[＋可能实现],非真实假设句的假设条件的特征是[－可能实现]。真实假设句的假设条件所述事情一般是未然、未定,即可能实现或存在的,或虽具有"已然"特征,但是否真的实现也是未定的,有的则是已然、已定,即已经实现或存在的。这样,根据假设条件的[±未然][±未定]特征,可把真实假设句再分为可能(possible)和现实(realistic)两种。非真实假设句的特征是[－可能实现],但有的是以现实世界为基础,在现实世界中所述事情和已定事实相反而不可能再发生;有的则不以现实世界为基础,所述事情只存在于现实世界之外的可能世界中,在现实世界中完全不可能成为现实。这样,根据[±现实基础],可把非真实假设句再分为反事实(counterfactual)和虚拟(virtual)两种。从前后分句之间的语义关系看,现实假设句和虚拟假设句还存在类比和非类比两种关系,从表达功能看,反事实假设句有反证释因和反证归谬两种语用功能。

为了更加明确,把假设句的语义分类再表述如下:

1.真实假设句:以未然未定或已然已定事实为假设条件,且所述事情具有可能实现的意义,语义特征为[＋假设][＋条件][＋可能实现]。包括:

1) 可能假设句:以未定事实——可能发生或存在的事情为假设条件,且所述事情具有可能实现的意义,语义特征为[＋假设][＋条件][＋/(－)未然]①[＋未定]。

2) 现实假设句:以已定事实——已经发生或存在的事情为假设条件,且所述事情具有已经实现的意义,语义特征为[＋假设][＋条件][＋已然][＋已定]。主从分句之间具有类比和非类比两种语义关系。

2.非真实假设句:以与已定事实相反或纯粹虚拟想象的事情为假设条件,且所述事情具有与已定事实相反或完全不可能实现的意义,语义特征为

---

① "[(－)未然]"表示不具有"未然"特征的可能假设句比较少见。

[＋假设][＋条件][－可能实现]。包括：

1) 反事实假设句：以与已定事实相反的事情为假设条件，且所述事情具有与已定事实相反的意义。与虚拟假设句相比，它所表达的是说话人对所假设事情的一种心理否定，语义特征为[＋假设][＋条件][＋否定][－可能实现][＋现实基础]。具有反证释因和反证归谬两种语用功能。

2) 虚拟假设句：以纯粹想象的事情为假设条件，且所述事情本身具有完全不可能实现的意义，表达的是说话人的幻想性认识，在现实世界之外的可能世界中具有合理性和可实现性，语义特征为[＋假设][＋条件][＋虚拟][－可能实现][－现实基础]。多用比喻或想象手法表达，主从分句之间具有类比和非类比两种语义关系。

上述对现代汉语假设句的语义分类，如下图所示：

$$
\text{假设句}\begin{cases}\text{真实}\begin{cases}\text{可能}\\\text{现实}\end{cases}\\\text{非真实}\begin{cases}\text{反事实}\\\text{虚拟}\end{cases}\end{cases}
$$

#### 1.2.2.2 对假设句语义特征与定义的说明

第一，[可能实现]①包含未然、未定而可能实现和已然、已定而已经实现两层含义，后者是"可能实现"的一种极端情况。[未然/已然]指在现实世界中某事况实际上没有发生、不存在或者已经发生、已存在。有的假设句的假设条件所述事情是实际未然未定的，自然归入可能假设句，如"明天要是下雨的话，就取消郊游活动"。有的是具有实际已然已定意义的，就归入现实假设句，如(8)(9)两例。有的假设条件虽带有已然时体标记，却只是相对于结果分句所述事情来说假定它先已实现，为假设性相对已然意义，说话人并不确定该事况是否已经发生或存在。因此，其情态上也是未定性可能意义的，同样归入可能假设句，如"如果他昨天已经坐上了这趟车，这时候也该到了啊"。

第二，所谓"未定/已定事实"中的"事实"，或者是客观存在的事实，或者是主观认识上的事实，即公认的或说话人主观上所相信的事实。前者如例

---

① 情态上的"可能性"是个程度不等的连续量，大致可分为"完全可能、很可能、可能、不大可能、不可能"等语义等级。"完全可能"很接近现实意义，所谓现实假设句表达已然已定而已经实现/存在事情的假设，实际上就是把现实性的事情放到假设句式里来表达，是"变实为虚"的一种手段，有特别的表达功能，详见第二章2.2节。

(8),再如"要不是下雨,我就出去了","下雨"是纯客观事实;后者如例(9),再如"如果说文如其人,那么字也如其人","文如其人"是主观所相信的事实。不管是哪种意义上的"事实",大多不是经过了现实世界的求真验证的事实①,而是与说话人的认知相关的事实。因此,我们采用"现实假设"而不采用"事实假设"的说法,以示区别。

第三,非真实假设句主要依据是否具有[现实基础],再分为反事实和虚拟两种,二者之间语义界限不甚分明,有时不易区分,需再加以说明。从客观现实世界来看,反事实假设也具有虚拟性,而虚拟假设也具有反事实性。如"如果我是你的话,那肯定不会去的"②,"我是你"是与已知事实相反的情况,而且在真实世界中从不会真的实现,即没有现实基础。反事实假设句所假设的事情虽然也是与已知现实相反而没有发生的,但并不意味着在真实世界中从不会发生,如"如果你早出门十分钟,就不会迟到了",从句内容"你早出门十分钟"在该话语情景下与已知事实相反,但又是真实世界中常见的事,不存在"从不会实现"这一含义,即具有现实基础。这两种非真实假设句在表达功能上也具有明显的不同,反事实假设句是用反证法,通过反推表达与已知事实相反的意义,意在否定,从而达到立论或批驳的目的;而虚拟假设句则通过比喻或想象等虚拟手法正面表达主观认识、愿望、建议,或者用于描述相关事物特点及其之间的关系等,不隐含否定义,而且只使用肯定形式。从语法范畴的分类情况来看,类包含(class inclusion)是汉语的常态(沈家煊,2017:8),类别之间的分合以能够更好地认识汉语事实为好。③ 若从反事实性来看,反事实假设句和虚拟假设句应为包含关系,这也是学界通常的处理。但考虑到二者在是否具有"现实基础"及"否定"义上的对立,并且在表达功能和形式特征上也有明显差异(详见第二章2.3、2.4节),

---

① 王晓凌(2009:53)在谈到假设句的非现实性时,区别了"事实"和"现实",认为"事实"是经过求真检验的,而未经过求真检验的所谓"事实",应该被称为"现实"事件;王芳(2014)以"如果"类条件句为考察对象,把非现实范畴条件句的非典型成员称为"事实条件句",所指与本书现实假设句具有对等性。

② 本例由商务印书馆匿名外审初评专家提供,指出"虚拟也是反事实的"。这引发了我们的进一步思考和论证,见下文和第二章2.4节所述。

③ 如现代汉语疑问句通常采用的三分或四分系统(是非问、特指问、选择问、正反/反复问),与类型学上的疑问句分类并不相同,后两种都不是普遍的疑问句类型,教学语法中有的合并为一类,如胡裕树(1995)把正反问归入选择问,有的则作为并立的两类处理,如黄伯荣、廖序东(2017)。正反/反复问更特殊,在汉语中,从形式上看像选择问句(用肯定、否定两项发问),从功能上看像是非问(要求做出肯定或否定回答),大致是用选择问形式表达是非问功能的一种问句,从历时上看则是从选择问到是非问的一种中间过渡类型,但考虑到在汉语及周边语言中的实际情况,汉语学界通常把它作为一种独立的疑问句类型看待(刘丹青,2008:2—3)。

故我们分成两种来讨论,以便更清楚地认识现代汉语非真实假设句的内部差异。

假设条件从句的假设可能性大小既与客观实际有关,也与说话人的主观认识有关,因此,依据假设条件从句所述事情发生的假设可能性而做出的假设句的语义分类,实际上反映了说话人对相关命题或事件发生可能性的认识或态度,是一种非现实情态语义分类。下面再结合例句加以说明:

(10) 你要是努力复习,就一定能通过考试。
(11) 如果有扎实的专业知识和一颗爱心,就能成为一名优秀的教师。

这两例是可能假设句,(10)所假设的事情可能会发生,(11)所假设的情况可能存在。

(12) 如果说上次的成功还靠点儿运气的话,那么这次的成功则完全靠的是实力。
(13) 要说我还有一点儿学习经验的话,那就是踏实认真。

这两例是现实假设句,以过去或现在存在的事实为假设条件。(12)的前后分句构成类比关系,以前分句所述事实反衬后分句所述事实,可称为类比现实假设句;(13)可称为非类比现实假设句,它的前后分句之间不构成类比,凸显的是话题和说明关系。

(14) 要是他当时不在场,就坏事了。
(15) 如果说不是共产党,还有谁能使中国人民翻身得解放?

这两例是反事实假设句,所假设的事情在现实世界中没有发生,与已知的事实相反,全句意义也与已知的事实相反,意在否定,通过反推说明相关事实之间的因果联系,但并不意味着所假设的事情在现实世界中从不会发生。所不同的是,(14)的假设分句中有表示过去的时间词"当时",是从结果的不合事实来反推假设条件的不合事实,从表达上看,是通过对结果分句内容的否定,进而得出对假设分句内容的否定,前后分句之间为说明因果关系,意思是"没有坏事就是因为他当时在场",可称之为反证释因反事实假设句;(15)是从结果的反事实来反推假设条件内容的不真实或谬误,前后分句之间为推论因果关系,即通过"使中国人民翻身得解放的没有别人,就是共产党"这样与字面意思相反的事实,反驳某些人的错误认识,可称为反证归谬反事实假设句。

(16) 如果你是小草,我就是阳光和雨露。
(17) 我要是一艘游轮,定会带你畅游大海。

这两例是虚拟假设句,为纯粹的虚构想象,所假设的事态本身只存在于可能世界中,在现实世界中是完全不可能真的存在或实现的。(16)的前后分句用了比喻和对比手法,构成类比关系,可称为类比虚拟假设句,用虚拟手法形象地说明了现实世界中"你"和"我"之间的关系;(17)为非类比关系虚拟假设句,前后分句为一般假设条件和结果关系,不构成类比,表达虚幻的不可能实现的主观愿望。

### 1.2.3 假设句的形式分类

假设句中表示假设关系的关联成分有两大类:一类是用于假设分句句首或谓语前的假设义关联词语,如"如果、要是、要、假如、若""如果说、要是说、假如说、若说""要不是、假如不是、若不是"等;另一类附着在假设分句末,如"的话"等假设语气助词①。这些关联成分是假设句最显性的语义语法标记,即假设标记。用在结果分句中起关联主从分句的承接性关联词"就、那么"之类,不具有假设义,经常与假设标记配合使用,引出推断结果,在句中不出现假设标记时,对假设关系的表达能起到一定的明示作用,有人也看作假设关系标记。② 但这类词不限于关联假设分句和结果分句,还常用在充分条件句和推论因果句等复句的结果分句中,起关联作用,如"只要多加练习,就能熟练掌握""既然考过驾照,就应该懂得交通规则"。可见,它们表示的是推断性因果关系,即基本功能是标志推论关系,当为推论标记。

---

① 传统语法学中,"的话、时"等归入语气助词,后来归入语气词,在类型学研究中归入后置连词(周刚,2002;刘丹青,2003)。详见第三章3.5节。
② 如黄伯荣、廖序东(2017)把"那、那么、就、便、则"和"的话"列为"单用"的表假设关系的关联词语。董秀英(2009)所说的假设标记包括连词、助词和关联副词等。罗进军(2007)把有标假设复句的假设关系标记分为强式和弱式两类,"如果、的话"等为强式标记,"就、那么"等为弱式标记。其实,常用于假设句结果分句中表承接的"就、那么"等不具有假设义,也不能明确标记假设关系,如"就"可以标示连贯、因果、推断、假设、假设性条件五种复句关系(邢福义,2001:531—532)。所以,只使用"就、那么"之类关联词语的复句不一定解读为假设关系,往往有歧义。王克仲(1990)、江蓝生(2002)所说的假设标记不包括这一类非假设义关联词语,详见第二章2.5.1节。

此外,假设句的结果分句中还会用副词"也、又、还"等与假设分句关联。当脱离话语语境、句中又没有假设标记配合时,仅靠结果分句中不含假设义的关联词语,往往不能明确句子是否为假设复句。因此,本书不把用在结果分句中的承接性关联词语看作假设标记。

从关联成分的使用上看,把含有假设标记的假设句称为有标假设句,不含假设标记的假设句称为无标假设句。

假设句的形式分类,主要是指有标假设句的分类,其次还可根据假设句的结构形式特点再分类。至于有些不用假设标记而表示假设关系的特定结构假设句,如"不在其位,不谋其政""没有调查就没有发言权""再不走就晚了""那种人,不被人骂一顿才怪""哪里有困难就到哪里去"等,其假设义是由特定结构式表达的,不是含有假设标记的假设句。这类假设句式个性很强,表义往往也不单纯,为特殊构式假设句,在假设句形式类别系统中不便归类。

#### 1.2.3.1 有标假设句的分类

1)单标和复标假设句。假设标记用来引导假设分句,并关联结果分句。在假设分句中只用一个假设标记的假设句,称为单标假设句,用两个以上假设标记的假设句可称为复标假设句,其中较常见的是两个假设标记连用或合用的双标假设句(参见第三章3.6节)。

2)前标和后标假设句。只用"如果、要不是、如果说"之类前置假设标记的假设句,称为前标假设句,只用"的话"等后置假设标记的假设句称为后标假设句。

3)假设框架假设句。假设标记与推论标记常配合使用,构成"如果……(的话),就/那么……"这样的假设框架假设句。

#### 1.2.3.2 结构形式的分类

对假设句做形式分类时,除了依据假设标记外,还可以依据其结构形式本身的特点。根据主从分句之间是否有语音停顿,假设句可分为一般形式和紧缩形式两类。前者分句之间有语音停顿,书面上用逗号表示,为典型的复句结构形式;后者分句之间没有语音停顿,用看似单句的形式表达复句的内容,即通常所说的紧缩复句或紧缩式,是结构形式上不典型的假设复句。例如:

(18)如果不施行计划生育政策,我国的人口将会大幅度增长。

(19) 你还是去交通队一趟,**警察说什么你就听着**,别自尊心那么强。

(18)是普通形式的假设句,由句法形式上独立的两个小句构成,中间有逗号隔开,构成假设条件和结果关系;而(19)的下画线小句是紧缩形式的假设句,只用了一个关联副词"就",表面上看似一个单句,但"警察说什么"和"你就听着"结构上互不包含,实际上是两个分句,构成假设关系,还是假设复句。

从分句的语序上看,假设句常见的是从句前置于主句,反之,比较少见。据此,把假设句分为从句前置型和从句后置型两种。

### 1.2.3.3 假设句形式类别之间的关系

上述从不同角度区分的现代汉语假设句的形式类别,总结如下图:

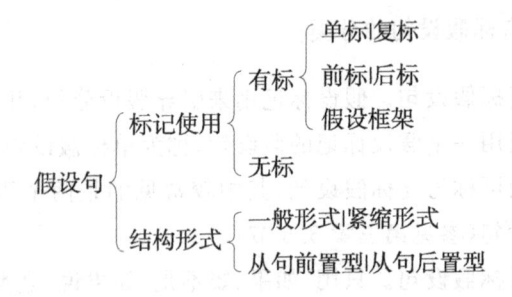

```
                    ┌ 有标 ┌ 单标|复标
                    │      ├ 前标|后标
          ┌ 标记使用 │      └ 假设框架
假设句 ───┤          └ 无标
          └ 结构形式 ┌ 一般形式|紧缩形式
                    └ 从句前置型|从句后置型
```

从所带假设标记情况和结构形式特点看,所分出来的假设句形式类别之间,一般是相交相容关系。"有标"类中,根据标记的位置和是否复用,所分出的"单标和复标""前标和后标",彼此之间也是相交相容关系。如单标和复标假设句,都可以是前标或后标假设句。前标假设句,也可以同时是单标或复标假设句;后标假设句,则只是单标假设句。一般形式假设句,也可以是假设框架假设句;紧缩形式假设句,则大多是无标假设句,一般不会是假设框架假设句。从句后置型假设句只是有标假设句。

带不同假设标记的假设句在语义和语用上有一定差异。复标假设句与单标假设句相比,所表假设意义强;单标假设句既可用于书面语体,也可用于口语;后标假设句较常用于口语中。假设框架假设句,其前后分句之间的语义关系更显豁,结构严谨,倾向用于正式语体。紧缩式假设句一般用于口语,从句后置型假设句较多用于书面语体。由不同(类)假设标记所标记的假设句,在语义和用法上也有一些差异,如以"如果、万一"和"如果说、要不是"分别标记的假设句的假设义有明显区别,"要是、要"与"若、倘若"等所标记的假设句的语体色彩明显不同。

### 1.2.4 语义类别与形式类别的对应关系

上文分别从语义和形式两个角度对现代汉语假设句做了内部分类。从情态语义的差异上把假设句分为两类、四种，从假设标记的使用和结构形式特点上做了形式分类。假设句的语义类别和形式类别互为参照，体现了语法意义和语法形式的大致对应关系。①

从假设前标记的使用情况看，可能假设句主要用"如果"类假设连词，现实假设句主要用"如果说"类假设词语，反事实假设句主要用"要不是/没有"类假设成分，虚拟假设句可以用"如果"类和"如果说"类，但以后者多见。

从结构形式上看，可能假设句常用单标或复标假设框架"如果/要是……（的话）就/那么……"，可以用一般形式或紧缩形式；现实假设句多用复标假设框架"如果说……的话，那么/那就……"，不用紧缩形式；反事实假设句多用单标假设框架"要不是/没有……就……"或"如果说……，那么……"，可以用一般形式或紧缩形式；虚拟假设句多用单标假设框架"如果说/假使……，那么……"，不用紧缩形式。

假设句的四种语义类别与用不同类假设标记的形式类别之间存在一定的对应关系，用不同类假设标记的假设句的语义功能也存在差异。本节从语义和形式角度对假设句的内部分类，基于现代汉语事实，语义分类建立在语法形式的基础之上，可以称得上语法上的分类。这个分类系统的建立，主要是基于第二章和第三章对现代汉语事实的具体考察，因而也能够证明，假设句作为一种复句类型，同汉语中多数语法范畴一样，是一种语义语法范畴。建立起假设句分类系统，有助于更全面深入地认识现代汉语假设句的语义与形式特点，有助于对假设句的功能及其各类语法标记的意义功能的深入研究，从而可以充分证明汉语假设句的语义语法范畴性质。

## 1.3 假设句的非现实性特征

"语义对语法有决定作用"（马庆株，1998b：173），句式义对句中成分的使用具有制约作用，句中成分对句式义也具有反作用。假设句是一种表达

---

① 朱德熙（1985：80）指出："语言包括形式和意义两方面。语法研究的最终目的就是弄清楚语法形式和语法意义之间的对应关系。"

假设性推断因果关系的非现实认识情态句,其句式义主要受假设关联词语的制约,分句中核心谓词、宾语、常用的和受排斥的情态词语等,也体现了句式的非现实性认识情态特征。在研究假设句时,需要把综合与分析相结合,既要把握句式的整体意义,也要分析其内部成分的组配特点,运用构式分析法和成分分析法①,使形式和意义相互验证,才能更准确地把握假设句的语义特征。本节即在上节语义特征分析的基础上,考察假设句中句法成分的语义语用特点,以对实例的量化分析,认识假设句的非现实性语义特点及相应的句法表现。

### 1.3.1 核心谓词的非自主倾向

假设句是一种典型非现实句,其语义上的非现实性,体现在分句中核心谓词的使用上。根据马庆株(1988a)对自主动词和非自主动词的分类,以高频的假设标记"如果(说)"引导的假设句为例,从 1995 年《人民日报》前 38 条和 1992 年 12 月至 1993 年《作家文摘》前 41 条用例中②,得到 82 个假设小句("如果"小句 79 个,"如果说"小句 3 个)、88 个结果小句。其中谓语核心 VP(多数为动词,也包括少数动词性结构、形容词和形容词性结构)是非自主义的分别有 60 个和 65 个,约占总数的 73% 和 74%,如下表。可以看到,非自主 VP 为自主 VP 的近 3 倍。这个结果说明,常用假设句的主从分句的核心谓词,都是非自主义的占大多数。

| "如果(说)"句 | 从句 | 主句 |
|---|---|---|
| 自主 VP | 22/27% | 23/26% |
| 非自主 VP | 60/73% | 65/74% |

表可能性极小的假设的假设连词"万一",它所引导的假设句是口语中常用的。我们抽取 1995 年《人民日报》前 37 条、1993 至 1994 年《作家文摘》中 54 条、王朔等当代作家小说作品中 57 条,合计共 149 个"万一"复句。

---

① 构式分析法和成分分析法在语法研究中的作用,参看沈家煊(1999b)、陆俭明(2004)和刘丹青(2005)。

② 本书所用语料主要来自北京大学中国语言学研究中心语料库(CCL),集中检索时间是 2007 年 8 月至 2008 年 3 月。在此期间,语料库规模为 838,803,906 字节,现代汉语语料总字数为 264,444,436 字节,古代汉语语料总字数为 84,127,123 字节。配合使用的有国家语委语料库在线。有些语料来自纸本/文本的手动/机动检索,或者从报纸上、网上搜索所得。少数用例转引自相关文献,或是在电视剧和生活口语中听到的,以及通过自省得来的。列出的用例除自省之外,一般依语料库中的标注或者采集时所见信息,标注出处。CCL 语料库中所注语篇类别中有"电视电影",为显示用例的篇章特点,在篇名前亦注明。

"万一"引导的假设分句中包含不止一个小句的,分别计算,共得到 162 个"万一"小句。其中非自主性 VP 约占 78%(126∶162),非自主 VP 是自主 VP 的 3.5 倍(126∶36)。"万一"句的主句中,非自主 VP 约占 62%(92∶149)。这个结果同"如果(说)"引导的假设句的情况一致。

假设句从句和主句中核心谓词均以非自主义为多,因此,可以说,假设句的谓语具有非自主语义倾向,或者说,假设句优先选择非自主谓词。使用不同假设标记的假设句可能存在一些差异,但不会影响这种倾向性。这是假设句非现实性的语义与句法表现。假设句式的非现实性决定了句中所述事态不是实际已经发生或存在的,便降低了句中动词的动作性,使句子具有了动作性弱这样的低及物性特征。① 非自主动词包括变化动词和属性动词,其动作性很弱或没有动作性,而自主动词是动作动词,其动作性强,便出现了假设句中非自主动词频率高于自主动词的句法特征。

### 1.3.2 宾语的语义和指称特点

我们对几种类型语料中随机抽取的上述 162 个"万一"小句逐一分析后,得到 51 个无宾句、111 个有宾句(含 1 个双宾句和 1 个有 2 个宾语的兼语句),有宾句中谓词性宾语 24 个、名词性宾语 89 个。在 89 个名词性宾语中,抽象义的 46 个、实体义的 42 个、属性义的 1 个。可见,"万一"小句中有实体义名词性宾语的仅约占 26%(42∶162)。这 42 个实体义名词性宾语中有 14 个是有定形式(人称代词、专有名词、指量名结构等)的定指成分;有 28 个是无定形式(光杆名词、数量名结构等),其中用于定指的 5 个、不定指的 5 个、无指的 18 个,这三类指称成分的比例分别为:18%、18%、64%。② 这种情况说明,"万一"小句中无定形式的名词性宾语以无指成分多见。近似情况也存在于"万一"句的结果分句,以及由其他假设连词引导的假设句中。

由"万一"句宾语的语法性质、语义和指称特点可知,假设句分句中,有实体义宾语的用例只占小部分,使得多数谓语动词并没有施动对象。这说明假设句分句中宾语具有弱受动性,与其核心谓词的非自主倾向相对应;

---

① 关于及物性的含义和判别标准,在传统及物理论的基础上,参考了 Hopper & Thompson(1980)提出的及物性假说,看作句子/小句的综合特征,谓语动词的动作性是一项重要参数。
② 宾语名词性词语指称性质的确定,依据功能语法学派的认识,以王红旗(2004)的界定为准。有指包括定指和不定指,在语境中受话人能够确定所指对象的名词性词语为定指的,有所指但不能确定具体指称对象的名词性词语为不定指的;指称任何可能存在的实体的名词性成分为无指的。

其无定名词性宾语以无指性的为多。宾语的弱受动性和名词性宾语的指称特点,同样是假设句非现实性特征的语法表现。一般情况下,现实句中的无定宾语名词性成分必须是有指的,而非现实句中无定宾语名词性成分倾向于无指(Givón,1994;王红旗,2006b;张雪平,2009)。假设句语义上的假设性和逻辑上的推断性,也决定了其表达上的说理论证性。典型假设句所述动作行为并非是现实发生的,使用它并不要求告诉听话人一个确定的信息,只要能说明什么样的条件会产生什么样的结果,讲清楚二者之间的推断性因果联系,说明白道理就可以了。因此,句中是否有宾语、宾语名词语是否为有定有指成分,并不重要。这就是假设句中分句宾语可以缺失、可以为谓词性成分,以及无定名词性宾语多为无指性成分的语用动因。

### 1.3.3 句中的非现实情态成分

假设句中常出现能愿动词和某些具有非现实义的语气副词等情态词语,表达可能、必然、必要、意愿、估价、许可等非现实情态意义,是假设句非现实情态语义特征的直接句法表现。详情参见后面章节中的具体研究,暂不举例,简单说明如下:

1)推测义情态词语。可能义能愿动词①"会、能、能够、可、可以、可能、该②、应该₁、应当₁、要₁、一定、免不了"等,多出现在结果分句中,表示可能性或必然性的推断,其中以"会"的使用频率最高;假设分句中一般只出现"能、能够、可以、可能"③等。语气副词"也许、怕、恐怕、说不定、大概、多半"等,也可出现在结果分句里,表示对假设结果的或然性推断;"必、必须、必定、必然、想必、肯定"等也出现在结果分句里,表示对假设结果的必然性推断。

2)必要义能愿动词。得(děi)、应、该₂、应该₂、应当₂、当、须得、必得、要₂"等,多出现在结果分句里,表示动作行为的必要性。

3)意愿义能愿动词。"想、要₃、想要、要想、肯、敢、愿、愿意"等,多出现在假设分句中,也可出现在结果分句中,表示行为主体的意愿。

---

① 能愿动词的语义分类及例词,主要参考马庆株(1988b、1989)。
② 所列两种以上意义的能愿动词,按列举的先后分别加数字下标"1/2/3"表示。
③ 我们在CCL现代汉语语料库中检索发现,由常用假设连词"如果、假如、一旦、万一"标记的假设句中,能愿动词的使用频率由高到低依次是:会 > 能 > 可以 > 可能 > 能够 > 应该 > 应当,其他能愿动词很少使用。本书统计研究对象的使用频率时,主要以CCL中的检索结果为准,行文中未特意说明的,均指其中现代汉语语料库。为表述简便,后文简称"语料库"。

4)估价义能愿动词。"值得、难于、难以"等,多出现在结果分句中,表示对某假设条件下所产生结果的估计或评价。

5)许可义能愿动词。"准、许、准许、许可、容许"等,可出现在假设分句或结果分句中,表示所述事情的发生是被允许的或合情合理合法的。

### 1.3.4 受排斥的现实情态成分

假设句的假设性非现实认识情态义对句中情态成分的制约,不仅体现在句中可出现的情态成分上,也体现在对一些情态成分的排斥上。如"幸好、原来、难怪、居然"等情态义语气副词,便不能用在假设句中。据我们考察,在假设句中不能使用的主要有以下几种意义的语气副词[①]:

1)情景性判断副词。"幸好、幸亏、幸而、好在、亏得、多亏、可惜"等情景性判断副词,表示说话人对已然发生的事情做出的庆幸、惋惜的判断,其语义中隐含着所限定事件的已实现义,修饰现实性的已然已定事件,因而不能用于假设句。

2)意外性判断副词。"竟、竟然、居然、却"等意外性判断副词,表示违反一般的常情、事理或说话人的预期,有出乎意料的意思,也用来修饰现实性的已然已定事件,不能用于假设句。

3)论理及理会性判断副词。"原来、敢情、怪不得、怪道、无怪、无怪乎、难怪、其实"等论理及理会性判断副词,表示"事实如此"之意,修饰现实性的事件,也不能用于假设句中。"原来、敢情"意思是发现了过去不知道的情况,有醒悟的意味;"怪不得、怪道、无怪、无怪乎、难怪"表示发现了某种情况以后,对事物本身的真相有所了解,有领悟的意味,用于申明事情的真相和实质,表示所说的情况都是真实的。

上述这些传统上所说的语气副词都是表示现实情态意义的,也被称作情态副词(崔诚恩,2002)或评注性副词(张谊生,2000),它们与"也许、恐怕、必定"等表示可能性推测义的语气副词不同,其词义里面隐含着相关事件的已实现义,只修饰已然、已定的现实性事件,不能用来修饰未然、未定的假设性事件,也不能修饰假设性的已然、已定事件,所以不能用于假设句。这类主观评价性现实义语气副词在假设句中的使用受限,也是假设句的假设性非现实语义制约的结果。

---

[①] 参考崔诚恩(2002)对现代汉语情态副词的意义分类。具体用例分析参见本书第四章对"万一"句的考察。

## 1.4 假设句的表达功能

语义功能语法所讲的功能是广义的功能,包括结构功能和表达功能。结构功能一方面是分布,另一方面是语篇功能。表达功能包括逻辑功能和人际功能。逻辑功能包括概念功能、判断功能、推理功能和证明功能;人际功能即交际语用功能,包括敬谦功能、祈使功能、提问功能等。语篇功能即篇章功能,是指在形成连贯语篇的过程中,基于表达的需要,语法单位所起的作用,如衔接功能、信息功能、叙事论证和描写说明功能等,也属于表达功能。① 本节从逻辑功能、语用功能和篇章功能这三个方面概述假设句的表达功能。

### 1.4.1 假设句的逻辑功能

假设句的基本逻辑功能是表达假言命题或判断,一般不独立表达推理。可能假设句是最常用的假设句,一般只表达假言判断,不具有独立推理功能;非类比现实假设句和非类比虚拟假设句也具有假言判断功能。例如:

(1) 温度如达到100℃,水就会沸腾。[可能假设句]

(2) 要是再不下雨,秋庄稼就旱死了。[可能假设句]

(3) 如果说我有什么优点的话,那就是乐于助人。[非类比现实假设句]

(4) 假如我是一只雄鹰,定会勇敢地在蓝天上翱翔。[非类比虚拟假设句]

这几个句子前后分句为假设条件和推断结果关系,从逻辑上看为假言复合判断,它们不独立表达推理。(1)(2)这样的可能假设句和(4)这样的非类比虚拟假设句,常用作假言三段论等推理形式中的大前提或小前提,和其他命题或判断一起构成一个假言推理。(3)这样的非类比现实假设句实际表达肯定判断,相当于一个简单判断,其前后分句并不是一般的蕴涵关系,

---

① 本书在语义功能语法理论(马庆株,1998b)对"功能"界定的基础上略有变化,尤其是对篇章功能的认识。我们认为,句子是语言的基本表达单位,也是语言发挥交际表达功能的最低层面。句子之上有句群、语段、语篇。当句子发挥语篇/篇章功能时,是在一个更高层面上实现其交际表达功能的。因此,也可以说,语言单位的篇章功能是在更高层面上发挥表达功能。

假设分句和结果分句之间不具有必然的条件和结果关系,也不存在因果关联。它表达的其实是"话题"和"说明"的关系,属于"言域"层面的语用性假设句(沈家煊,2003),既不表达推理,也不用作推理形式中的大、小前提。

类比现实假设句、类比虚拟假设句、反事实假设句,其内部逻辑语义关系比较复杂,也不是一般的蕴涵关系,而是用一个假设句式表达推理的内容,前两种表达类比推理,后一种表达假言推理。第二章2.2—2.4节详述。

### 1.4.2 假设句的语用功能

邢福义(2001:22)根据句末语气的类型,把复句分为陈述型和非陈述型两类,非陈述型包括问话型、祈使型和感叹型。邢福义(1995:421)指出:"即使是充当分句的小句,它们在复句里也各有自己的语气。例如:'你是川家的媳妇,我就不是川家的媳妇吗?'就是'陈述语气+疑问语气'。"袁明军(2006)详细分析了小句与小句(也包括独立的单句)的语气配合问题,其中具有假设关系的小句与小句之间可以有以下四种组配情况:陈述+陈述、陈述+疑问、陈述+祈使、陈述+感叹。这就是假设句的假设小句和结果小句之间的语气组配类型,也就是假设句的语气类型。可见,从假设句结果分句也就是全句的语气类型来看,假设句与一般句子一样,也分为陈述、疑问、祈使和感叹四类。

不同语气类型的假设句在交际语用功能上有差异。邢福义(2001)在论述"如果p,就q"假设句时,根据这一句式跟陈述、疑问、祈使、感叹等语气类型的关系,把它的作用总结为六种,即用于推知、应变、质疑、祈使、评说和证实。参考这一考察结果,根据我们的观察和认识,且把假设句的语用功能概括为表推知、应变、疑问和评议四种。

1)表推知。假设句的结果分句可以表达依据假设条件所推断的结果,这是假设句最突出的一种语用功能,与其逻辑上的判断功能相一致。句子一般用陈述语气,结果分句中多用"就、那么"等承接性关联词,也常用"会、可能"等可能义能愿动词,以及"必定、肯定、一定、也许、恐怕、怕"等推测义情态词,例如:

(5) **如果**书籍不能迅速拿出放入,**那么**书架的价值<u>就</u>会减半,**假如**能缩短书籍的出入时间,<u>就</u>可能加速工作的进行。(《哈佛管理培训系列全集》,转引自北大CCL)

(6) 我们这儿**要是**刮东北风**的话**,<u>就</u>一定会降温。

(7) 时至寒冬,又遇荒年;**若**每天没晚上这顿热汤垫底,怕是连生

命都难保障！(孙方友《陈州饭庄》)

2)表应变。假设句的结果分句可以表达在假设条件下所要采取的应变办法或要实施的行为等。有两种情况,一种是针对说话人自己或行为主体而言,结果分句用陈述语气,如(8)(9);另一种是请求、要求或劝告他人在某种假设情况下要采取的某种行为或应实施的策略,结果分句一般用祈使语气,如(10)(11)。后者的结果分句中常用"可以、可、能"之类的可能或许可义能愿动词,以及"要、应该、应当、必须"之类的必要义能愿动词。这类假设句的结果分句中较常用"就",但一般不用"那么"。

(8) 上车以后你先找到座位坐下,**如果**没有熟人,我<u>就</u>坐到你身旁。(余华《爱情故事》)

(9) **如果**你再叫我一声小市民,我<u>就</u>要请你滚出去了。(余华《西北风呼啸的中午》)

(10) **要是**买不着火车票,你<u>也</u>要想法早点儿回去。

(11) **假如**你不愿意把自己的爱交付给他,你<u>就</u>应该把你的真实想法向他说出。(《人民日报》,1995年)

3)表疑问。假设句可以用来提出某种疑问,包括有疑而问和无疑而问。一般是结果分句用疑问语气,如(12)—(15);在特定语境中也可单用假设小句表示疑问而独立成句,如(16);表疑问的假设句用于口语对话中较常使用紧缩式,如(17)。

(12) **如果**你下岗了,你将如何对待?(《MBA宝典》)

(13) **假如**每秒钟移动一次,共需要多长时间呢?(《中国儿童百科全书》)

(14) **要是**你都不为你自己高兴,那别人又为什么为你高兴呢?

(15) **要是**我没认错**的话**,您就是陆琴方同志吧?(转引自邢福义,2001)

(16) 万一火车晚点呢?

(17) 若有打算会闹出啥样?(冯骥才《石头说话》)

4)表评议。假设句的结果分句可以表达对某种假设条件所做的评述或议论。常用感叹语气,也用陈述语气;常用"那、这"和"就"连用成"那就、这

就"来引出评议内容,例如:

(18) **要是**能早点儿写完论文,<u>那</u>该多好!
(19) **万一**博士毕业不能搞专业,<u>那就</u>太可惜了!
(20) 夫妻俩**要**不吵不闹呀,<u>就</u>像炒菜没放盐!(转引自邢福义,2001)
(21) **如果**一辈子都不同工人农民见面,<u>这就</u>很不好。(同上)
(22) 这次试验**要是**获得成功,将给他带来最大的鼓舞。

从例句可知,假设句的语用功能与语气类型之间不存在一一对应关系,在实例中也并非界限分明,一个假设句也可以有不止一种语用功能。如具有疑问语气的反问句便具有推知功能和评议功能,因为说话人对某问题的评议常根据自我的一种推断而来。表应变也未尝不可以理解为表推知,因为应变反应正是出于应对某种推测性事态的目的。之所以如此,是由于假设句语义上属于推断类因果复句,主要就是表达判断和推测的,表推知或推断是其基本语用功能。

### 1.4.3 假设句的篇章功能

假设句是一种非现实句,主要用来表达假言判断,也可用来表达推理,因此常用来说明事理和进行论证,多用在非叙事性语篇中,在叙事性语篇中通常表达背景信息。如下面三例是可能假设句,代表了假设句的一般用法,(23)说明事理用于论证,(24)(25)说明客观事理。

(23) 任何一个民族,**如果**停止劳动,不用说一年,就是几个星期,也要灭亡,这是每一个小孩都知道的。(《中国儿童百科全书》)
(24) 比如在正常条件下,2千克大米和1千克大豆都卖2元钱,**如果**某个时候大米生产过多,要的人少,而大豆生产过少,要的人多,<u>那么</u>,大米的价格<u>就</u>会下降,大豆的价格<u>就</u>会上涨。(同上)
(25) **假如**没有空气阻力,小球将一直摆动下去,永不停止,这种运动叫无阻尼振动。(同上)

两个可能假设句常常并列使用,语义上形成相似比较,或形成正反对比,表达严密,说理有力,例如:

(26) **如果**呼号,<u>就</u>等于要毁掉喉咙;**如果**沉默,<u>那就</u>是等待内火自

焚。(张炜《柏慧》)

(27) **如果**发了双薪,筹款的问题**就**解决了,**如果**公司**不**肯发,大家**就**立刻发动罢工,一直到胜利为止。(欧阳山《苦斗》)

反事实假设句具有特殊的语用表达功能,利用反证法,批驳对方的观点进行说理和论证,比正面论证具有更强的说服力,例如:

(28) 但是现在,对方辩友要知道,现在全世界的现代化工业几乎都建立在农村劳动力到处流动的基础上,中国自然也不例外,**假如**没有他们的流动,怎么会有祖国东北、西北边疆的开发?(《报刊精选》,1994年)

假设句表述非现实事态,一般不能用于叙事和描写,但有时也具有一定的叙事性和描写性。如非类比现实假设句相当于"话题—说明"句,语义上兼有现实性特征,因而有一定的叙事功能,如(29)用"如果"引导的分句实际上是限定了结果分句所述计算结果的时间起点,相当于时间状语从句,句子便具有一定的叙实性。

(29) **如果**从康熙算起,也有近200年。(《人民日报》,1995年)

类比现实假设句和类比虚拟假设句用对比手法构成类比关系,表达形式相似,有以前衬后、以前突后的作用,一般用于论证或说明事理。分别如:

(30) **如果说**章草是隶书的快写体,**那么**今草也可以说是楷书和行书的快写体。(《中国儿童百科全书》)

(31) **如果说**椭圆星系是太空中的"老人国",**那么**不规则星系**就**是一个"小人国"。(同上)

类比虚拟假设句还具有描写性和说明性,常用比喻或比拟手法,通过形象化描写来说明客观事理,如(32),句中使用了比喻句来进行类比,形象地说明了重庆市和朝天门的地形特点及其二者之间的关系;在特定的语篇中,可能假设句有时也具有一定的描写说明功能,如(33)。

(32) **如果说**重庆的地形像一条长长的舌头,**那么**朝天门**就**是舌头

尖了。(初中《语文》第三册)

(33) 最奇的是,随着夜幕的降临,淅沥细雨随风潜入。你睡在床上,屏声敛息,方能听到细而密的沙沙声。你的家**假如**枕着河道,后门口还挂下一条瘦瘦的石阶,到翌日开门一看,你会立时惊呆了,河水竟涨上了两个台阶,盈盈地向你展露着风姿,似还伴着窃窃的笑语。(《人民日报》,1995年)

表推知、疑问和评议的假设句主要用于说理或论证,而表应变的假设句用在应用文中则常用于说明,如下面两例表应变的假设句表述上都近似客观说明:

(34) **假如**你感到缺铬,或者开始近视,<u>那么</u>,不妨经常吃含铬量较多的食物,如糙米、全麦片、小米、玉米、粗制红糖等等。(《中国儿童百科全书》)

(35) **假如**你有条件上网**的话**,可以访问它的网址……(《MBA宝典》)

假设句有时还具有篇章衔接功能,特别是非类比现实假设句,常用于引出话题或者转换话题,而使上下文语义上得以连贯。如(36)用假设句引出一个新的话题"蛇口有什么特别之处",(37)则是用假设句把话题从宗教转换为"一种超越宗教的宗教,即人类之爱"。

(36) 这一条全国各地都要求这么做,**如果说**蛇口有什么特别之处**的话**,<u>那就是</u>:十多年来,这里从没出现过举报人遭受打击报复的案例。(《人民日报》,1994年)

(37) 他首先以代表团团长的身份即兴讲话,他说耶路撒冷像个恢宏的宗教博物馆,我们远道而来的四个中国人都不是教徒,但我们尊重世界上一切宗教,就像尊重人类一切美好的信念,**如果说**还有一种超越宗教的宗教,<u>那就</u>是人类之爱,这是一种崇高的永恒的精神,作家和诗人们都应该是寻求这种精神的先驱,因此我希望这座小礼堂能够成为铭刻这种精神的文学圣殿。(《作家文摘》,1994年)

# 第二章 假设句次类的结构、功能和特征

根据原型范畴理论,一个范畴内部的成员有典型和非典型之分,典型成员是该范畴的原型,是人们心目中的理想化成员,最具有心理现实性。吕叔湘(1944/1982:407)指出:"普通说到'条件'都是指可能实现的事情(未知的,且多数是未来的)。"提到假设句,一般人最先想到的大多是"如果下雨,地面就湿""要是发炎就会发烧"之类由假设连词标记的可能假设句。这说明假设句次类在典型性上是有差别的,假设是个原型范畴。

我们在 CCL 语料库里"应用文、报刊、小说、散文、戏剧/电视电影"这几类语篇中,分别随机抽取了常用假设连词"如果、要是、假如"标记的假设句290 例①,以及用"如果说、要是说、假如说"标记的假设句 118 例,合计 408例。经分析统计,其中 258 例(63%)为可能假设句,69 例(17%)为反事实假设句,66 例(16%)为现实假设句,15 例(4%)为虚拟假设句。语料库中有标假设句占绝对多数,使用这 6 个假设标记的有标假设句频率比较高,具有代表性,而无标假设句非常少(参见 2.5 节),因此,这个结果大致反映了四种语义的假设句在真实语料中的使用频率差异。根据新的标记理论,一个范畴内部无标记项的使用频率要高于有标记项,至少也一样高(沈家煊,1999a)。可能假设句的使用频率远高于其他三种假设句,是假设句中的无标记项,也是假设句的典型成员。反事实假设句和现实假设句频率较低,不典型;虚拟假设句频率最低,最不典型,它们都是假设句的非典型成员。

从逻辑关系上看,可能假设句最能体现假设从句和主句之间的充分条件和结果之间的蕴涵关系,而三种非典型假设句不一定能直接体现这种关系。从逻辑功能上看,可能假设句表达一个假言判断或命题,一般不独立表达推理,而反事实、现实和虚拟假设句,主要功能是表达推理。可能假设句体现了假设句的典型语义语法特征,三种非典型假设句比较特殊,个性较强,特别是现实假设句和虚拟假设句,是本书所分出来的假设句语义次类,

---

① 含少数"如果/假如/要是+不是/没有"类假设句。参见第三章表 3-2、表 3-5。

相关研究较少,需要深入讨论。本章先对典型的有标可能假设句的语义、结构及其语用变化和表达功能加以描写,然后以它为参照,着力讨论三种非典型假设句的结构特征和表达功能,以便通过比较分析,深入认识不同语义的假设句的共性和个性特点,从而得出其范畴化特征。

从语法形式上看,以语料库中用例为依据,无标假设句很少见,其使用频率远低于有标假设句;从句后置型假设句也很少见,其使用频率也远低于从句前置型假设句。因此,从形式上看,也可以说有标假设句、从句前置型假设句为典型假设句,而无标假设句、从句后置型假设句是非典型假设句。典型形式的假设句,使用频率高,具有心理现实性,第一章关于假设句的概述和本章前四节的讨论,以假设句的典型形式为主,后面章节中还会论及,本章不再专节考察。两种非典型形式假设句在句法语义或语用表达上有特殊性,将专节讨论。

本章将从结构形式、表达功能,以及句法、语义和语用特征等方面,具体分析假设句的四种语义次类和两种非典型形式次类各自的结构、功能和特征,着重探讨三种非典型假设句的特殊之处,特别是把现实假设句、虚拟假设句分别从真实假设句和非真实假设句中独立出来的必要性及其理论意义,进一步用实例证明第一章所构建的假设句分类系统的合理性。还会论及假设句语法标记的使用及其意合问题,以及假设句的语序特点及其成因,以达到比较全面深入地认识各种假设句的功能和特征的目的。

## 2.1 可能假设句

可能假设句(possible hypothetical sentence)以未定事实——可能发生或存在的事情为假设条件,且所述事情具有可能实现的意义,是假设句的典型语义次类,其结构和语义特征及表达功能体现着假设句的基本特征和功能。本节具体分析最常用的有标可能假设句的语义模式、结构形式、语用变化和表达功能,以说明最具有心理现实性的典型假设句的句法语义语用特征,后文就以它为参照,进一步讨论几种非典型假设句。

### 2.1.1 可能假设句的语义模式

可能假设句的条件可能为真或可能成真,具有[＋假设][＋条件][＋/(－)未然][＋未定]特征。该语义特征的概括着眼于两个方面:一是假设条件性,这决定了其语义上的非自足性,即一般情况下假设分句不能独立自足,要有相应的结果分句;二是时间特征,可能假设分句一般具有未然性句法语义特征,有时虽具有已然性句法标志,但说话人对所言条件的真实性并不确知,仍然是一种主观假定。可能假设句假设条件分句的可能性决定了其推断结果分句的可能性,前后分句构成"可能性条件+可能性结果"的假设关系。具体而言,其假设可能性主要表现在时间上的未然性和认识上的不确定性上。

从假设分句的时间特征上看,可能假设句常见以下几种语义结构模式:

1) 未然性条件+或然性结果。可能假设句的假设分句大多具有未然义,结果分句相应也具有未然义,表示假设在某个未然性事件发生的情况下,推知的将来可能产生的或然性结果。前后分句或上下文语境中会出现"将、将来、再"等未然义时间成分,结果分句中还常出现"会、要"等含有将来义的可能情态词,略举几例:

(1) 德国的奔驰、宝马、奥迪、保时捷等顶级汽车**如果**将来不能符合欧盟标准,厂家将被课以数亿欧元的罚款。(《人民日报》,2007年)

(2) **要是**我们两人不和,秦国知道了,就会趁机来侵犯赵国。(《中华上下五千年》)

(3) 你**要**再跟红海在一块,我就连一个铜板也不给你;去!(老舍《残雾》)

2) 已然性条件+或然性结果。有些可能假设句的假设分句在句法上具有已然特征,但说话人并不确定所说事态是否为真,句子表示在某假设性已然条件下将会出现的或然性可能结果。如下面两例由"如果"所引分句中出现了已然义的"已经""了",但也只是一种主观假定,结果分句具有主观推断性,常用可能义情态词"会"。

(4) **如果**姚明已经努力了三次都失败了,那么他作为球员的发展会成为首要考虑。(姚明《我的世界我的梦》)

(5) **如果**有人在球场上打败了我,我不会在赛后抱怨,或者说他们的坏话。**如果**我赢了,也是一样,我不会吹嘘自己有多棒,也不会肆意贬低对手。(同上)

3) 常然性条件+必然性结果。有的可能假设句的假设条件表述常态性的事件,如(6)是说的白族的待客习俗,(7)中说话人讲的是自己小时候受父母兄弟呵护的日常情景。句中一般不出现惯常义时间成分，可以从常识或语境中判断。常然性事态是惯常发生的事件的概括，带有说话人的主观认识，具有一定非现实性（Givón，1994；张雪平，2012），与假设句的非现实性特征相容。相比有未然和已然特征的假设句，与常然性假设分句相应的结果分句事件的实现便具有必然可能性，也可用"会"来表示。

（6）<u>如果</u>主人家里来了客人，而客人又是和男主人很要好，吃饭时餐桌上除有其它菜肴外，还会有一盘花生米（白族话叫"弟兄子"），含在其中的寓意是不分彼此，亲如兄弟。（《人民日报》，1995年）

（7）父母只有我这么一个女儿，兄弟只有我这么一个姊妹，我天生来的可贵。连父母都得听我的话。我永远是对的。<u>要</u>在平地上跌倒，他们<u>便</u>争着去责打那块地；我<u>要是</u>说苹果咬了我的唇，他们<u>便</u>齐声的骂苹果。（老舍《阳光》）

从假设分句的"未定"特征上看，可能假设句常见以下几种语义结构模式：

1）揣测性条件＋行为性结果。假设从句最常见的是揣测性条件，相应的结果分句表示在此条件下会出现的行为或行动，例如：

（8）<u>如果</u>香港在过渡时期内发生大的波动，中国方面将不得不考虑改变收回的方式和时间。（刘宝毅《千古流芳》）

（9）真<u>要是</u>打起来，我们可以设法保护他。（老舍《大悲寺外》）

（10）你<u>要</u>怕面子太难看<u>的话</u>，我去向局长说，教他在外头另立一份家，各不相干。（老舍《残雾》）

2）行为性条件＋断言性结果。假设条件常见表述一种假定可能发生的行为，结果分句表达在该条件下得出的主观判断或评价，一般用陈述语气，有时用感叹语气，例如：

（11）西哈努克亲王说，<u>如果</u>不接受他组成的民族政府，<u>那么</u>柬埔寨<u>就</u>不得安宁。（《人民日报》，1993年）

（12）<u>要是</u>由外表上看，他们离着精明还远得很呢。（老舍《柳屯的》）

3）意愿性条件＋意愿性结果。假设分句表述说话人或行为主体的某种意愿,包括合意的或不合意的,结果分句表示依此意愿性条件而应出现的意愿性行为或该当性态度。前后分句中可出现表示意愿性的情态词"想、愿意、宁愿、宁可",以及该当义情态词"要、应该"等。例如:

(13) 如果企业真的想留住人,要看员工离职的原因是哪一类。(《名家对话职场7方面》,转引自北大CCL)

(14) 要是有个贤人来帮助我报仇雪耻,我宁愿伺候他。(《中华上下五千年》)

(15) 爱和不爱是每个人的权利。假如你不愿意把自己的爱交付给他,你就应该把你的真实想法向他说出。(《人民日报》,1995年)

4) 祈使性条件+指令性结果。结果分句表述说话人的某种指令,假设分句表述发出该指令的祈使性条件。假设分句中有时用"需要、想"等必要义或意愿义词语,结果分句为祈使语气。例如:

(16) 我在文化馆工作,家乡如果需要演唱材料,说话!(贾大山《迎春酒会》)

(17) 对啦,要是不交人,就把你的金条拿出来!(老舍《茶馆》)

5) 未知性条件+疑问性结果。结果分句是疑问语气,表示言者对某种假设情况出现后会发生的结果的询问、疑惑或反问,相应的假设条件则表述一种未知的主观假定性事件,例如:

(18) 如果你下岗了,你将如何对待?(《MBA宝典》,转引自北大CCL)

(19) 我的祖宗的坟都在城外,要是燕国军队真的创起坟来,可怎么办呢?(《中华上下五千年》)

(20) 假如不幸父母的棺材真叫人家给掘出来,他一辈子的苦心与劳力岂不全都落了空?(老舍《四世同堂》)

### 2.1.2 可能假设句的句式特征

假设句是表示假设条件和推断结果的非现实认识情态句,假设分句的假设义和非自足性决定了句子要以复句形式出现。由于要提出一个假设条件,并以此条件推断相应的结果,假设条件和结果分句的内容都要求具有表述性,表现在句法上就是主从分句的结构成分都是谓词性的,一般不能是名词性成分。可能假设句是最常用的典型假设句,其句法结构形式可以反映一般假设句的句法特征,本节根据对语料库中实例的分析做简单描写。

#### 2.1.2.1 句子的结构形式

一般认为假设句常使用假设框架"如果/要是……就/那么……",我们也有这样的语感。可能假设句是最高频的典型假设句,应该最具备这个句式特征。从语料库中实例来看,可能假设句的假设分句中一般要用"如果、要是"等假设连词(参见第三章3.2节),而结果分句中使用承接性关联词语的比例并不是很高。我们抽样统计了用于"应用文、人民日报、小说、散文、戏剧/电视电影"中的"如果、要是"引导的可能假设句共137个,结果分句中使用"就、那么"等关联词语的不到半数。详情如下:

"如果"句共79个,结果分句中出现的关联词语及其次数:

就23、则1、那2、那就3、也就1、那么……就……5、那么……还……1。

即约45.5%(36:79)的"如果"句的结果分句中使用"就"等承接。如果按照每个关联词出现的次数合计:就32、则1、也1、还1,那么6、那3,副词性的"就"等的次数是连词性的"那么"等词的近4倍(9:35)。

"要是"句共58个(其中《中华上下五千年》46个,报刊、小说等12个),结果分句中出现的关联词语及其次数:

就12、那2、那么4、还1、也1、那就2、那可就1、也就1。

即约有41.4%(24:58)的"要是"句的结果分句中使用"就"等承接。这些语料偏书面色彩,自然口语中"要是"句后分句较少用承接词语呼应。如果按照每个关联词出现的次数合计:就16、也2、还1,那么4、那2、那末1,副词性"就"等词的次数是连词性"那么"等词的2.7倍(7:19)。

综合"如果"句和"要是"句的用例情况来看,可能假设句结果分句中承接性关联词语的使用比例约为44%(60:137),不足一半,而不用关联词语显性承接的占56%。使用最多的是关联副词"就",合计约占总用例的35%(48:137);其次是连词"那么",把"那末"一并计算,占比不足7%(9:137),再把"那"(5次)一并计入,约占10%,可见连词的使用比例很低。结果分句中的这两类关联词有时会连用或间隔配合使用。表关联时"就"有时兼有强调作用,"那"有时兼有指代性。其他副词使用频率很低,而且更凸显的往往是其他语义功能。"就"的使用也有条件限制,通常是要表示可推知的结果时才能使用,疑问性结果分句中不能使用。

可见,假设句主句中关联词语的使用频率远没有假设标记高,而且也不具有强制性,从假设关系的表达上看,更是可用可不用。连词"那么/那末"频率很低(不足7%),而且还可以出现在推论因果句中和"既然"配合表推断结果。副词"就"频率相对较高,但也只是三分之一强(35%),而且还常与"只要、既然、因为、为了"等表示各种因果关系的连词配合使用,其基本功能是引出推断结果。因此说,假设句结果分句中的关联词语用于关联条件分句引出推断结果,具有凸显句式的推断义、加强主从分句之间的因果联系的作用。但对句式的假设义没有贡献,所以对句式的假设关系的表达不发挥作用,这也就是我们不把"就、那么"等看作假设标记的根本原因(参见1.2.3节)。

#### 2.1.2.2 分句的结构形式

从分句的结构形式来看,可能假设句的前后分句都可以是一个单句形式,我们以常用的假设连词"如果"引导的可能假设句为例,从应用文、人民日报、小说、散文、戏剧/电视电影这几类语篇中各抽取20例左右,共得可能假设句110个,结果是:假设分句为主谓结构(记作SVP)的68个①,为非主谓式谓词性结构(记作VP)的47个;结果分句为SVP的69个,为VP的41个。可见,"如果"引导的可能假设句的假设分句和结果分句均以主谓式为多,非主谓式较少。"要是"等连词引导的可能假设句也大体如此。以"如果/要是"引导的可能假设句为例,具体有以下四种结构模式:

1)SVP+SVP。较多的可能假设句的前后分句都是一个主谓结构,主语一般比较简单,以名词或代词多见,而且两个分句主语多数不同;谓语可以是简单的谓词或状中、述宾、述补结构,也可以是连动和兼语结构,略举几例:

(1)<u>如果</u>新陈代谢停止了,生命<u>也就</u>结束了。(《中国儿童百科全书》)

(2)<u>如果</u>你一直告下去,他<u>就</u>一直不让我们上班!(孙方友《官司》)

(3)他<u>要是</u>咧了嘴,别人<u>就</u>不用想干了。(老舍《铁牛和病鸭》)

---

① 若一个假设句中出现两个假设分句的,按两个计算,以此类推;其结果分句只按一个计算。

2) SVP+VP。可能假设句常见由主谓式假设分句和非主谓式结果分句构成,结果分句主语往往和假设分句主语相同,在语境中可以承前省略:

(4) <u>如果</u>我在枪里装钢霰弹,<u>就</u>连野猪脑袋也崩得开!(崔晓《麻子阿哥》)

(5) 咱<u>要是</u>掏出那么一个半个的来,再说话可<u>就</u>灵验多了。(老舍《上任》)

3) VP+SVP。假设分句的主语在语境中省略,结果分句为主谓结构:

(6) 在未得到作者授权的情况下征订和重印此书,业已构成侵权。<u>如果</u>诉诸法律,出版单位将处于不利地位。(效雄、知了《张扬不再"第二次握手"》)

(7) 这本书不便宜呀,55块钱一本,<u>要是</u>卖不出去,我<u>就</u>要给学校550块钱呀。(土一族《从普通女孩到银行家》)

相比而言,前后分句的主语只出现一个的假设句比主语都出现的更常见,因为在语篇中,只要表义明确,主语往往可以承前或蒙后省略。这是受语言表达的经济原则制约的结果。

4) VP+VP。前后两个分句的主语都不出现,都是非主谓式:

(8) <u>如果</u>不注意经常读书学习,<u>就</u>容易在忙忙碌碌中迷失方向。(《人民日报》,1993年)

(9) <u>要是</u>结婚了,稳定了,<u>就</u>不会这样了。(赵赵《动什么,别动感情》)

这种结构的假设句可表达真理性认识,但比较少见,因为即使在语境中可以省略主语,也不能过于简省,否则可能导致表义不明。

可能假设句的假设分句有时还会使用介词"从"等构成的"从……而言/来看/来讲/来说"等固化性的介词框架(见陈昌来,2002),由于其中心语是言说动词,因此还可看作谓词性结构,如下面(10)。也有(11)这样的例子,"在……内"常被看作介词结构,但之所以能充当假设分句,是由于"在"有动词性,还具有表述性。

(10) <u>如果</u>从积极方面来讲,我认为"一国两制"是双赢。(《李敖对

45

话录》）

(11) 女儿已经上小学高年级了，<u>要是</u><u>在国内</u>，她早该为考重点中学玩命学习了。（土一族《从普通女孩到银行家》）

### 2.1.3 可能假设句的语用变化

#### 2.1.3.1 句法降级

假设句作为一种复句，应该是自足成句的，但在实际应用中，也可以作为一个句法成分出现在一个单句中，从而造成句法降级。较常出现在言说动词"说"和认知动词"觉得、担忧、担心、怕、想"等的宾语位置，例如：

(1) 于是他就对她说<u>如果</u>难受<u>的话</u>，<u>就</u>把胃里的老鼠药吐出来。（余华《难逃劫数》）

(2) 我只是觉得他<u>要是</u>追我<u>就</u>应该在单身的情况下追，哪儿能说有主儿了还要追别人？（赵赵《动什么，别动感情》）

(3) 我不必担忧<u>如果</u>我失败了，什么事情会落在我家庭头上。（姚明《我的世界我的梦》）

句法降级不改变假设句式本身的结构，仍然常用"如果……就……"类格式。用在言说动词后是间接引述语，用在认知动词之后，表述说话人的心理活动和主观认识。

#### 2.1.3.2 分句扩展

可能假设句前后分句都可以是一个单句形式，也都可以扩展，即都可以是两个以上分句构成的复句形式，从而造成整个句子结构和关系的复杂化。如下面(4)的从句是两个分句构成并列关系，(5)的主句是一个递进关系的复句形式，(9)的主句是无条件关系。这样的假设复句内部的逻辑语义关系复杂，比较适合表意丰富逻辑严谨的书面表达。

(4) 雅<u>如果</u>不考虑观众现有的接受水准，不考虑他们的喜闻乐见，提高还是空话。（《人民日报》，1993年）

(5) <u>假如</u>我们生了病，黄先生<u>不但是</u>殷勤的看顾，<u>而且</u>必拿来些水果，点心，或是小说，几乎是偷偷地放在病学生的床上。（老舍《大悲寺外》）

(6) **如果**每台戏总是七八个观众看,那么,不管导演和演员多么可怜,也还是要挥泪斩马谡。(《人民日报》,1993年)

可能假设句的结果分句较常见包含假设让步关系,且往往比较简短,常见紧缩形式,例如：

(7) **如果**不是我所应该有的东西**时**,即使是一分一毫我也不去占有。(《中国儿童百科全书》)

(8) **如果**票用完了,就算有钱也没办法。(姚明《我的世界我的梦》)

#### 2.1.3.3 结构变异

在实际应用中,由于表达的需要,可能假设句的主从分句有时会被其他成分隔开,或者出现省缩、紧缩、倒置等结构变异现象,甚至出现从句独立成句的特殊语用现象。

1) 主从分句隔离

一般情况下,可能假设句的假设分句和结果分句紧接着出现,构成一个结构完整的复句形式,有时也会被其他成分分开,造成主从分句的隔离,但分句之间的语义关系不变。这种情况多见于对话中,主从分句中间插入的内容通常指明说话人以及描述其说话时的情状,例如：

(9) "**如果**你们需要了解情况,"我诚恳地说,"我可以汇报一下那天……"(刁斗《伪币制造者》)

(10) "**要是**你愿杀我,"他说,还是笑着,"请,我决不计较。"(老舍《大悲寺外》)

有时不用于对话,假设分句之后插入的成分是补充说明言者提出该假设条件的背景知识,书面上会用破折号把插入的分句与主从分句连接起来,例如：

(11) 工人们**若**献给他钱——比如卖猪菜的钱——他绝对不肯收。(老舍《不成问题的问题》)

2) 主从分句紧缩

假设句主从分句之间一般有语音停顿,但也有少数用例采用紧缩形式,主从分句之间没有语音停顿,造成看似单句形式而表达假设关系的不典型假设句式(见第一章1.2.3节),这也是假设句结构的变异现象。可能假设句频次高,紧缩式也较常见,主句中常见副词"就",有表示主从分句界限的作用,例如:

(12) **如果**你不敢**就**请回去。(余华《四月三日事件》)

(13) **如果**你愿意傍一台湾大款**就**另说了。(赵赵《动什么,别动感情》)

(14) 你们学校**要是**上鞋上这儿上来。(《北京话》)

紧缩式可能假设句一般见于口语中,比较简短,分句之间没有语音停顿,所以假设分句末尾出现假设语气助词的假设句,由于"的话"等兼有表停顿的作用,一般不会紧缩在一起,但也偶有所见,如下面两例,其特点是从句或主句特别简短,只有一两个词,说起来语气连贯一气呵成。

(15) 先两千五吧,先干两个月,看看咱俩磨合得怎么样,**如果好的话**再涨,再商量。(赵赵《动什么,别动感情》)

(16) 有人说**如果**这个结断了**的话**不吉利,我不相信这些。(姚明《我的世界我的梦》)

假设句发生紧缩的现象,除了可能假设句,还有反事实假设句,更多见于无标假设句,详见2.5节。

3) 主从分句倒置

假设句大多采用从句在前主句在后的结构形式,但在语篇中使用时也可以采用主句在前从句后置的形式。这是假设句的一种非典型语序,也是由于表达的需要而发生的一种结构形式上的语用变异现象。相对较多见于可能假设句,主要是为了满足补充说明或篇章连贯的功能需要,句子的语义重点在前置的主句上。后置的从句末一般要用假设语气助词,如下面两例,详见2.6节。

(17) 我很喜欢白居易的这首"小品"——**如果**可以这样分类**的话**。(《市场报》,1994年)

(18) 其实回家兜个圈子就可以再来,**要是**你愿意**的话**。(亦舒《异乡人》)

4) 主从分句省缩

假设句的分句要求是谓词性结构,但在语境中为了表达的需要,也会出现内容不完整的分句,造成假设分句结构的变异。这种用例主要见于对话中,老舍的作品中比较常见,例如:

(19) 我已经走出大门,王五把我叫住:"明天我**要是**——"他摸了摸头上的疤,"你可照应着点我的老娘!"(老舍《黑白李》)

(20) 李先生**要是**——什么呢,那我可也就爱莫能助了!(老舍《铁牛和病鸭》)

例中假设连词"要是"后面用了破折号,假设分句要表述的具体内容都没有出现,造成从句中表述性谓词性成分的省缩而结构上不完整。这是为了照顾听话人的感受或面子,说话人不愿或不便说明某些负面意思,却是听说双方都能明白的,如(19)是说要是自己遇到不幸,(20)是说要是李先生也不关照你,但不好直说,就只故意说了个含糊其辞的拖延语"什么呢"。

还可见到如(21)中这样只有一个主语和假设连词、结构高度省缩的用例。从语境中可知,这是廉伯当着客人面要询问父亲是否因年老犯困需要休息之类的话,用了这个半截式"要是"假设句,既表示了做晚辈的尊敬和关爱,也显得礼貌含蓄,照顾到了听话人的面子,表达效果显然优于一般询问句。

(21) 陈老先生不打牌,也反对别人打牌。可是廉伯得应酬,他不便干涉。看着牌桌摆好,他闭了一会儿眼,好似把眼珠放到肉袋里去休息。而后,打了个长的哈欠。廉伯赶紧笑着问:"老爷子**要是**——"(老舍《新时代的旧悲剧》)

不但假设分句可以在语境中因语义隐含和表达需要而结构省缩,结果分句有时候也可以在语境中因语义隐含和表达需要而省略主要表述性成分,甚至完全省略,书面上一般用省略号代替。被省略的结果分句的意思也是明确的,如(22)意思就是"很难取胜",(23)应该是"爸妈就更发愁了"。

(22) 敌人已被我们打乱,失去组织联络,否则那些坦克、火焰喷射器……**要**都发扬了火力,恐怕我们……想到这里,连每战必胜的英雄都轻颤了一下!(老舍《无名高地有了名》)

(23) 姐求你了！爸妈为你和小玲的事儿那心都操碎了，这要是再知道我下岗了……（广播剧《普通人家》）

从上述例句不难看出，这种语境中从句或主句省缩的可能假设句，其语义内容大多是消极负面义的，如人们避忌的不幸、灾难、忧伤等，是言谈双方都不希望发生的事情，说话人使用带有主观假定性的可能假设句，并且采用了话说半截这种话语策略，只点到为止，以便把话语中隐含的负面信息尽量降到最低，充分考虑到了听话人的心理感受或面子。这是假设句交互主观性表达功能的一种鲜明体现。

要说明的是，结果分句内容省略的现象不只见于可能假设句，也见于反事实假设句，例如：

(24) 唉，要是小妞子还活着……（老舍《龙须沟》）

5) 从句独立成句

假设句是主从复合句，从句对主句具有依赖性，假设分句通常不能自足成句，但也有独立成句的，即单独一个假设分句语气是完整的，句末多用问号，而且一般用疑问语气词"呢"，形成一个语气完备而结构不完整、语义不自足的假设句。这显然与上面谈到的因语义隐含而造成的假设句从句减缩或主句省略的现象不同。邢福义(1996:345)指出，"如果……"有时独用，有一定的上下文，且限于问句，句末要求带"呢"。我们从CCL中检索到600余个独立成句的"如果"引导的假设条件小句，可见还比较常见。从与上下文语句是否构成假设条件和结果关系的情况看，大致有以下几种情况：

A. 假设条件提出问题，下文有答语，一问一答构成假设条件和结果关系。这样的用例用于对话中的上下句，是假设句发挥交际互动功能时的一种表现形式。如下面两例中"如果"和"要"引出的假设条件表询问，其后是他人的回答，答语表应对态度。前后一问一答两个话轮语义上构成了假设关系，但从句法结构上看，算不上假设复句。

(25) 王成德说："如果上级决定去陇东分区作战呢？"
马长胜说："那就坚决执行呗！"（杜鹏程《保卫延安》）

(26) 好久好久，他才张开口："高第，咱们赶紧去救你妈妈，没有第二句话！她出来，咱们还有办法；不然……"

## 第二章 假设句次类的结构、功能和特征

"她要真出不来呢?"

"托人,运动,没有不成功的!"(老舍《四世同堂》)

B. 假设条件提出问题,上下文中有答案,但不用于对话,是言者的自问自答。如(27)中前文两个"如果……呢?"句提出问题,隔一句之后又重复使用这两个假设分句,且与回答语构成了结构完整且语义自足的假设句。前面的两个假设分句形成的问句是设问,可引发听/读者的注意和思考。(28)的"假若……呢?!"句与其前一句"不能在此停留!"构成了假设条件和结果关系,这是描写的祥子的心理活动,也算是自言自语,因他心理紧张,自问和自答都用了感叹语气。

(27) 现在的问题是:对 100 以内的加法,三种方法对应的程序哪一个是正确的?**如果**扩大到 100 以上的加法呢?**如果**扩大到实数域呢?显然,对 100 以内的加法,三种加法对应的程序都正确。但**如果**扩大到 100 以上的加法,第三种加法对应的程序就会出错,……进一步,**如果**加法扩大到实数域,那么第二种加法对应的程序也会出错。(CWAC,转引自北大 CCL)

(28) 刚一坐下,好似惊了似的又立起来。不能在此久停!**假若**那个姓孙的再回来呢?!心中极快的转了转:对不住曹先生,不过高妈带回信去教他快跑,也总算过得去了。(老舍《骆驼祥子》)

C. 假设条件提出问题,前后文中不出现有针对性的回答语,作为疑问句出现的假设条件表示设问或提问,如(29)提出"如果输了呢?"之后转而推测该假设条件实现的可能性,而没有给出答案。(30)"万一"引导的假设分句独立成设问句,与表示假设让步的"即使"句对举,也没有说出"结果"。(31)用于对话语境,但答语并非针对提问的正面回答,而是否认了提问的内容,实际上也没有真正的答语。

(29) 钱宇平与马晓春的"大国手赛"决赛,对于钱宇平来说,又是一个关键,赢了固然很好,但**如果**输了呢?事实上,钱宇平输的可能性比较大。(《报刊精选》,1994 年)

(30) "不绕远儿"在一个洋车夫心里有很大的价值。不过,这条路上没有遮掩!**万一**再遇上兵呢?**即使**遇不上大兵,他自己那身破军衣,脸上的泥,与那一脑袋的长头发,能使人相信他是个拉骆驼的吗?(老

舍《骆驼祥子》)

(31) 廖宇打断她:"不对,哪儿听着不对。他**要是**对所有的女的都这样呢?""他不是",佳期很自信:"今天你也看见了吧,他对我是真心的。"(赵赵《动什么,别动感情》)

实际上,这类从句独立成句的可能假设句只问不答,主要想表达说话人的疑问或提醒,其结果分句内容大概是"会怎么办?""怎么好?"之类,这样的意思在语境中不言自明,属于语境隐含,故可以省略不说。其语义结构相当于"疑问性条件+未知性结果(隐含)"。这样的假设小句独立成句的设问/提问式可能假设句的功能主要是把问题提出来,留给听/读者去思考,增加了话语表达的含蓄性,用在对话中还有委婉提醒听话人注意的作用。

### 2.1.4 可能假设句的表达功能

#### 2.1.4.1 判断推理功能

假设句的基本逻辑功能是表达假言命题或判断,一般不独立表达推理。(参见1.4.1节)可能假设句是最典型的假设句,其基本逻辑表达功能即表达一个假言复合判断,如下面例子中由"如果/要是"引导的假设句:

(1) **如果**改革成功,会为中国今后几十年的持续稳定发展奠定基础。(《邓小平文选》3)

(2) 大概的说吧,他只要有一百块钱,就能弄一辆车。猛然一想,一天**要是**能剩一角**的话**,一百元**就**是一千天,一千天!(老舍《骆驼祥子》)

在语篇中出现的可能假设句也常用于推理,其假设条件和推断结果常作为小前提和结论,与前文相关话语一起用于事理层面的逻辑推理,形成简单的三段论推理结构。如(3)中的"如果"句是个假言复合判断,它与前面一句构成了一个三段论推理。(4)相似,连用了两个"如果"假设句,它们都与前面一句中的大前提"活性炭还能净化水质"构成三段论假言推理。这样使用的可能假设句用于说明事理,显得更具有客观性和合理性,多见于客观说明性应用文。

(3) 他认为,自然界的生命物质,都是在运动中发生发展的。**如果**运动停止了,生命也就结束了。(《中国儿童百科全书》)

(4) 活性炭还能净化水质。**如果**有一瓶被弄脏的水,变得有颜色了,可以用活性炭去"捕捉"色素;**如果**水里混进了脏东西,只要让水流过一根装着活性炭的管子,就可以把水净化。(同上)

可能假设句也可以用于论证文中对相关事理进行分析和评说,这时也要以前文语句作为论说的前提,再用假设句进行分析和推断,形成逻辑严密的论证结构,凸显话语的推理性和思辨性,具有很强的说服力和论证性。如下面一例是邓小平表明中国收回香港主权的基本立场和态度的语段,邓公态度鲜明而坚决,认为"应该明确肯定:一九九七年中国将收回香港",在这个大前提下,后文连用了三个"如果(S)不 VP……"假设句,说明假如不能实现这个愿望将会带来什么样的严重后果,以证明我国在一九九七年收回香港的必要性和必然肯定性。

(5) 关于主权问题,中国在这个问题上没有回旋余地。坦率地讲,主权问题不是一个可以讨论的问题。现在时机已经成熟了,应该明确肯定:一九九七年中国将收回香港。……**如果**中国在一九九七年,也就是中华人民共和国成立四十八年后还不把香港收回,任何一个中国领导人和政府都不能向中国人民交代,甚至也不能向世界人民交代。**如果**不收回,**就**意味着中国政府是晚清政府,中国领导人是李鸿章!我们等待了三十三年,再加上十五年,就是四十八年,我们是在人民充分信赖的基础上才能如此长期等待的。**如果**十五年后还不收回,人民**就**没有理由信任我们,任何中国政府都应该下野,自动退出政治舞台,没有别的选择。(《邓小平文选》3)

### 2.1.4.2 言语行为功能

可能假设句可以用来表达建议、请求、要求、命令、威胁、提问、质疑、评价、告知等言语行为(姚双云,2012),例如:

(6) **如果**自己有错误,**就**要进行认真的自我批评,并且切实改正。(《邓小平文选》3)

(7) 请帮我留心,**要是**你从什么人那里碰巧找到了,**还**请速寄来。(《人民日报》,1998 年)

(8) 她郑重地说:"**要是**哪一天我不行了,你们可要节俭点办,千万

别瞎折腾。"(《人民日报》,1995年)

(9)"你老实给我呆在屋里！明儿你**要是**把大伙的事坏了,我**就**叫全村的人跟你算帐！"(冯骥才《石头说话》)

(10)**假如**有那么一天,你的歌友不会再喜欢你了,你会怎么想呢？(程明《程琳访谈录》)

(11)**假若**从人情上说,从良心上说,你是不是对不起我呢？(老舍《残雾》)

(12)**如果**从建国起,用一百年时间把我国建设成中等水平的发达国家,**那就**很了不起！(《邓小平文选》3)

(13)一切问清楚了,我便起身告辞:"主席,**如果**没有别的事,我**就**走了。"(水静《毛泽东密召贺子珍》)

当用于表述威胁到受话人面子的"威胁、提问、质疑"等消极义言语行为时,使用可能假设句不仅显得有理有据,还可以降低语力,便于听话人遵从和接受,如(9)(10)(11),因为"在假设空间里实施言语行为是说话人的语用策略,假设空间与现实空间的距离可维护交际双方的面子,进而实现和谐的交际"(孙亚,2013:14)。这是可能假设句的假设可能性语义使然,也是它在互动交际方面不同于一般陈述句、祈使句、疑问句的独特之处。

### 2.1.4.3 篇章修辞功能

语篇中的可能假设句的假设分句内容可能会承接前句而来,与前面语句内容部分重复,属于旧信息或易推知的信息,在篇章中起着承上启下的衔接作用,主要用于分析事理。例如:

(14)还有一个更重要的人格问题,自我是人格当中最核心的部分,自我就是对自己的了解。这里面最重要的就是正确公正的描述,**如果**你得不到公正、正确的描述,这对人格的发展是极其不利的。所以我们的老师要鼓励我们的学生,正确公平的对待每一个学生。(《百家讲坛》·吴瑞华《心理学知识与科学施教》)

(15)字根,看看差数是否对得上c的数字根。**如果**对不上,**那么**前面的结果肯定是算错了；**如果**对上了,**那么**计算正确的可能性是8/9。(《中国儿童百科全书》)

(14)中"如果"句的假设分句中的宾语内容等于其前一个分句的宾语,

结果分句句首用了指示代词"这"回指假设分句内容,延续了正在谈论的话题。"如果"句之后的一句是本段话的结论句,核心意思是"应该正确、公平对待学生",可见"如果"句承上启下,提出假设和推断性认识,发挥了论据的作用。(15)从正反两面进行假设和推知,两个假设从句的内容"对不上""对上"都承前面一句中"差数是否对得上 c 的数字根"而来,其结果分句得出的结论自然是由假设条件而推出的。

可能假设句常见连用两个,从正反两面进行假设和推断,结构上具有对举性,语义上具有鲜明的对比性,用于分析说明事理或论证时,显得说话人考虑周全,思路严密,分析全面,也显得说理透彻,论证严谨,如(15),再如:

(16)语言又总是在发展变化着,这中间也总会出现一些不合语法的东西,<u>如果出</u>现得少,可以把它算成例外,<u>如果</u>例外情况太多了,人们<u>就</u>得想出一条新的语法规律来概括它,承认它。(《中国儿童百科全书》)

(17)刘四晓得不晓得他女儿是个破货呢?<u>假若</u>不知道,祥子岂不独自背上黑锅?<u>假若</u>早就知道而不愿意管束女儿,<u>那么</u>他们父女是什么东西呢?(老舍《骆驼祥子》)

有时连用两个以上可能假设句,从几个相对或相关的方面提出假设,语义上往往是列举几种事况,为说话人论证自己的某个观点作为支撑,如(18)中姚明一连用了三个"如果"假设句,列举了中国人看球的诸多表现,很好证明了他的观点:中国人还不真正了解篮球和理解球赛。

(18)我的梦想是中国人能够了解篮球。现在他们不在乎你怎么打球,只在乎输赢。<u>如果</u>你赢了,他们说你打得好;<u>如果</u>球员们为了对抗或者为了追球奔跑而摔倒,他们会笑而不是欢呼;或者<u>如果</u>一个个头小的后卫防守大个球员,他们会嘲笑他而不是佩服他的勇气。不是所有得分的投篮都是好球,也不是所有没投中的球都是坏球,但观众不理解这点。(姚明《我的世界我的梦》)

值得注意的是,只要是两个或几个假设句对举使用,不管是肯否极性独立,还是平列几种相关情况,都表可能假设,不会表现实假设、反事实假设和虚拟假设义。这是因为只有存在两种或几种可能性的情况才可以这样对举着进行假设性分析讨论。

语篇中有时连用两个以上的假设分句,一口气提出几个假定条件后才

说出结果,显得很有气势,用于对话时可能会有咄咄逼人威逼受话人的意味,例如:

(19) 全民学雷锋的年代,**如果**有人出资十万请别人替他工作,**如果**一个孩子骂同伴"穷光蛋",**如果**老师竟敢强令孩子买东西挣回扣,会看作非常严重的问题,会受到严肃的批评处理和比刀子还锋利的嘲笑。(《学苑》,1994)

(20) "你是老李,你别回避我,**如果**你有勇气,**如果**你是男人,你**就**听我说——"(李国文《关于狗的传奇》)

## 2.2 现实假设句

现实假设句(realistic hypothetical sentence)是指以既定事实为假设条件的假设句。它具有假设句的[假设][条件]共性特征,又内含现实句的[已然][已定]特征(张雪平,2012),是一种兼有现实句和非现实句语义特征的特殊假设句。从意义上看它并非真的假设,而是说话人为表达需要而采用的一种变实为虚的修辞手段,其结构形式和功能也有不同于其他三种假设句的个性特征。

### 2.2.1 相关研究与存在的问题

学界较早注意到现实假设句的特殊性,我们见到的最早论及这种句子的文献是舟丹发表在《中国语文》1958 年 5 月号上的《"如果"新例》。文中指出,"如果"跟"要是、倘若、假设"等一样,是用来连接假设主从句的假设连接词,除此以外,"如果"还有另一种用法,是许多语法书上都没提到过的,也可以用"如果"后加"说"来表达,且"说"已失去作为动词"说"的作用,没有"说"也无损原意,例如:

(1) **如果**一九一八年帝国主义对苏联的联合武装干涉,一九三九年帝国主义在世界范围发动的反苏反共逆流,一九四一年希特勒大举进攻苏联,都没有能阻挡社会主义的胜利,没有能挽救资本主义的失败,那么今天帝国主义再一次地想利用匈牙利事件来动摇强大的社会主义的基础,也只能是一种垂死挣扎了。(《中国青年报》,1956 年)

(2) **如果**在四十年前,即一九一七年苏维埃政权初生的时候,人们

还不能判断社会主义这股历史激流,究竟有多么大的冲击力,那末现在,事情看得越来越清楚了。(《人民文学》,1958年)

该文首先看到了这种假设句语义上的特殊性,认为它并不"假设",如(1)的从句"一九一八年帝国主义对苏联的联合武装干涉……没有能挽救资本主义的失败"并不是"虚拟的条件""推想的预言"或"浪漫的设想",而是众所周知的事实,作者的意思也是肯定的;同时,主从句之间并没有明显的条件、因果关系,主句的种种推断并不是立足在从句之上的。这种认识是很有见地的。该文还认为,用了"如果……那末"之后,分句相互映衬,句意更加肯定,是一种修辞手段。其实,"更加肯定"的只是主句的意思,而从句是用来衬托主句的,吕叔湘(1999:469—470)指出:"'如果'可以有'如果[说]……[的话]',说明一种事实或做出一种判断。前一小句衬托后面的小句,加以对比。"

此后,有些现代汉语教材中也提到了这种假设句,如邢公畹、马庆株(1994)指出:"假设关系复句还有一种新兴用法:偏句说的是一种已然的事实,但故意当作假设提出来,以此来强调正句意思的肯定无疑。"所举的两个例句都是"如果说"引导的:

(3) **如果说**文如其人,**那么**字也如其人。
(4) **如果说**我还有什么长处**的话**,**那就**是敢于直言。

由于这种假设句的特殊性,语法学界对其逻辑性质和语义关系的认识分歧较大,对它是否应归属于假设复句意见不一。王忠良(1996)认为这种句子表达一个联言判断而非假言判断,李连(1997)认为它所表达的是类比关系而非并列关系,故此看作是一种类比复句,李晋霞、刘云(2003)认为句子表达一种隐喻推理关系,高再兰(2006)则把它看作一种对比修辞。但邢福义(2001)、沈家煊(2003)认为这还是一种充分条件蕴涵关系复句,表示一种说法和另一种说法之间的假设条件和结论之间的关系,属于"言域",不过未论及假设句内部的语义分类及这种假设句的语义特征及内部差异。产生上述分歧的原因主要在于,这种语义特征和语法形式不能对应的句子,实质上并不是一种具有一致性语义关系和表达功能的复句。现有研究大都并未把它放到整个复句系统中,尤其是假设句系统中去全面考量其语义关系和形式特征,或者只是从逻辑或语用修辞角度进行讨论,因此难免带有主观片面性,因而未能准确把握这种复句的语法属性及其在复句系统中的归属。

根据我们的考察,现实假设句使用假设句的结构形式,分句之间表层上具有假设条件和推论结果关系,但不同用例所表实际语义关系不具有一致性,有的具有类比性假设条件关系,如上引(1)—(3);有的只是假设性话题和说明关系,如上引(4)。第一章1.2.2节即分为类比和非类比两种,前者比后者的用例多见。① 类比现实假设句表达类比推理,非类比现实假设句表达假言判断或命题,二者虽有语义共性,但表达功能和结构形式均有所不同,语法学界对此尚乏全面考察,大多关注前者,鲜见论及后者,未见把它们作为一类进行讨论。从语料看,现实假设句尽管在语义、功能和形式上具有特殊性,但仍与一般假设句有较大一致性,而与表示现实意义的现实句有着本质的不同,也并非表达联言判断或者仅具有类比推理功能。因此,本节将分别考察这两种语义关系的现实假设句,揭示其语义功能和结构形式上的特殊性及其异同,概括其句法特征,说明它们与假设复句的相似性和与其他复句的差异性,阐明本书把它们作为假设句的一种次类处理,具有客观理据和理论意义。

### 2.2.2 类比现实假设句的表达功能与结构形式

#### 2.2.2.1 类比现实假设句的表达功能

**1)类比推理功能**

类比现实假设句分句之间具有类比关系,从逻辑功能上看则表达类比推理而非联言或假言判断。所谓类比推理,按传统的定义,是"由两个或两类事物的某些属性相同,推出它们在另一属性上也相同的推理"(陈宗明,1984:275)。两个事物之间的属性的类比,通常包括性质类比和关系类比两种。传统类比推理所侧重的是事物或现象之间的性质方面的类比,现代类比推理更侧重事物间的关系类比(刘霖,2007)。李玉兰(1995:69)指出:"所谓类比推理就是指从两个或两类事物之间的相似关系出发,根据对其中一方的特征和规律的认识来猜测另一方的特征或规律。"类比推理的实质是寻求事物间的相似性。"相似"本身不是一个精确的概念,因而对相似的判断就带有一定的主观随意性,体现为相似判断可以从不同角度、不同层次、不同背景下产生。由于类比是在两个或两类对象之间具有一定的相似性关系下进行的,因此,它是一种从特殊到特殊的推理方法。类比推理的结论是或

---

① 在我们随机抽样统计的144个现实假设句中,有类比现实假设句81个,非类比现实假设句63个。

然的,因为推理的根据不充分,也属于一种归纳推理。但类比推理具有启发思路、提供线索、举一反三、触类旁通的作用,是人类进行创造性思维的重要方法(陈宗明,1984)。科学的思维或论证往往离不开假设,所以使用假设句进行类比推理在逻辑上和认知上都是有理据的。

类比推理有许多模式,最简单的是单一型类比,其推理形式(陈宗明,1984:277)是:

　　A 和 B 同类,
　　A 有(或没有)属性 a
　　―――――――――――
　　B 有(或没有)属性 a

"A 和 B 同类"这一基本前提在语言表达中经常被省略。

类比现实假设句,把两类或两种相同或相似的事物或情况并列在一起,目的是将两者加以比较,以强调后者的性质或作用,是以前导后,以前衬后,以前凸后;而不是像并列复句那样,把两个或几个分句并列在一起,分叙相关的几件事情或说明相关的几种情况,分句之间没有主次之分。所以说这种复句表达的是类比推理而不是假言或联言判断,其前后分句之间构成了假设性类比关系,是类推比较,以一事物具有某种属性来类推另一事物或情况也具有相同或相似的属性(结果)。如上举(3)"如果说文如其人,那么字也如其人",一个人所写的"文"和"字"同属个人的个性化创造的结果(前提"A 和 B 同类"),属于一个概念域,具有相似性,那么,如果已知"文"具有"如其人"的性质,便可以推出"字"也具有同样性质。像一般的类比推理在语言运用中常常省略基本前提一样,现实假设句表达类比推理时一般也不出现这个前提,因为通常为常识或相关背景知识范围内的,不言自明。语言表达追求经济,听/读者明知而又无益表达的内容通常不会出现。

再如上面所引(1),一连用了三个假设条件分句,说明事物 A "帝国主义"在"今天"之前所做的三件事都具有同样的性质(结果),即"都没有能阻挡社会主义的胜利,没有能挽救资本主义的失败"。那么,以此完全可以推知同类(同样)事物 B "帝国主义"在今天再一次重复上述行为,也只能得到同样的结果:"今天帝国主义再一次地想利用匈牙利事件来动摇强大的社会主义的基础,也只能是一种垂死挣扎了。"这种表达类比推理的假设句,列出的相同事物的相同属性越多,类推出的结果越可靠,论证的力量越强。

(1)属于比较明显的同类类比,是相同比较,属性质类比。有时,这种假设句的前后分句的假设条件或结果之间表面意思上可以不一致,形成一定程度的对比。如上引(2),事物 A "四十年前"和事物 B "现在"表面意思上形成对比,都属于时间域,仍为同类;A 所具有的属性"人们还不能判断社会主义这股历史激流,究竟有多么大的冲击力"和 B 所具有的属性"事情看得越来越清楚了",从表面意思上看并不一致,正好相反,但都属于"对事物的认识"这样一个概念域,所以实际上在一个更抽象的层次上它们还是具有相似性的,仍属于同类。这样的类比现实假设句属于相似关系层次上的类比,是关系类比,在 A、B 两事物属性的差异比较中突出事物 B 的属性,不妨称为相异比较。

(1)和(2)的推理形式可以作为类比现实假设句的代表。(1)是相同比较,即性质类比,后分句中有表类同的关联副词"也";(2)是相异比较,即关系类比。前者句子语义上是一种相同关系,后者虽为对比关系,但更高层次上仍具有相似关系。

**2)篇章修辞功能**

类比现实假设句也是类比修辞格的一种表达形式,具有特有的篇章和修辞功能。常用在议论性或说明性语篇或语段中,用于比较论证或说明客观事理,以假设分句做铺垫,以前衬后,能够突出结果分句的意思,能够增强论证的力量或突出要说明的事理。例如:

(5)<u>如果说</u>,南郭先生的装腔作势,只是骗了一个齐宣王<u>的话</u>,<u>那么</u>,在革命队伍里装腔作势,那就是骗党,骗群众。(《伟大转变和重新学习》)

(6)<u>如果说</u>,十年动乱中的那种对"孝"的全盘否定,是从"左"的方面对我国传统道德的摧残,<u>那么</u>,如今西方价值观的侵入,则是从另一个方面对我们提出的挑战。(《人民日报》,1995年)

(7)<u>如果说</u>,受到破坏的热带森林可以在较短的时间内得到恢复,<u>那么</u>,处于寒带的植被恢复则要慢得多。(同上)

(8)<u>如果说</u>地球的公转产生了四季的交替,<u>那么</u>,地球的自转,是形成昼夜更替的主要原因。(《中国儿童百科全书》)

(5)用作议论,由南郭先生"装腔作势"的局部危害推导出革命队伍里"装腔作势"的全局性危害,通过比较充分揭示出在革命队伍里装腔作势危害的极其严重性。(6)同(5)类似。(7)用作说明,以受到破坏的热带和寒带森林的恢复期做对比,突出说明后者恢复慢的情况。(8)同(7)类似。

类比现实假设句具有现实语义特征,故而有时也用于描写。如(9)描写了金秀"进门之前"和"进门之后"的心理活动,以前者衬托后者,突出了人物心理的变化之快及其复杂性。

(9) **如果说**,进门之前,金秀想得更多的,是拦着陈玉英,不让她见着老爷子<u>的话</u>,<u>那么</u>,进门以后,更复杂的感情仿佛突然间涌起,把她那颗心荡得简直不知道在想些什么了。(陈建功、赵大年《皇城根》)

但这种句子不能用来叙事,跟一般假设句的篇章功能一致,而与"达尔文发现有机界的发展规律,马克思发现了人类历史的发展规律"这样的现实性类比句有着质的不同。这种句子采用假设句式来进行类比,就有了假设性,是实言虚说,因此成为"变实为虚"(邢福义,2001)的一种修辞手段,在句法上也要受到一定的限制,详见2.2.4节。

#### 2.2.2.2 类比现实假设句的结构形式

类比现实假设句一般使用"如果说……(的话),那么……(也/则)……"这样的假设框架结构来表达。其假设分句通常用假设前标"如果说/要是说"等"X说"引导(详见第三章3.3节),而极少用一般假设连词,结果分句一般用"那么"来承接,不用紧缩形式,如前面9例,除(2)中写作"那末"外,均是如此。再如:

(10) **如果说**"虚拟"是戏曲反映生活的基本手法,<u>那么</u>"写实"是话剧表现生活的基本手法。(《中国儿童百科全书》)

(11) **如果说**前两球是冲吊战术的成功,<u>那么</u>申思射进的第三记入球则是全队配合的成果。(《人民日报》,1995年)

(12) **要是说**高频瓷厂是西周镇的一大支柱企业<u>的话</u>,<u>那么</u>另一家企业也身手不凡,它足以支撑起中国轿车空调的大半个天地,这就是——宁波华翔电子有限公司。(《报刊精选》,1994年)

(13) **若说**这些妇女生活可悲可悯,公务员和小市民同样可悯。(沈从文《沅水上游几个县份》)

语料库中实例像上引(1)(2)一样用假设连词"如果"等做前标的类比现实假设句极少见,在100个"如果"句和200多个"倘若"句中也只见到下面两例:

(14) **如果**把一个人的思想感情、性格品质、道德情操、文化修养等作为内在美的因素,<u>那么</u>仪表<u>就</u>是外在美的因素。(《中国儿童百科全书》)

(15) **倘若**神话中的女娲是以她特有的神威创造了人类,而今天我

61

国军事医学领域的巾帼群英,则是用她们的才学、智慧和美德创造着人类文明,物质的文明,精神的文明。(《人民日报》,1995年)

从其他结构形式特征上看,表示相同比较的类比现实假设句,在结果分句中常用表示类同的关联副词"也",如上面(1)(3)(12),(13)中用了表类同义的"同样";表示相异比较的类比现实假设句的结果分句中,则常用一个带有对比意义的连词"则"和"那么"配合使用,如上面(6)(7)(11)(15)。

### 2.2.3 非类比现实假设句的结构关系与表达特点

#### 2.2.3.1 非类比现实假设句的结构形式

非类比关系的现实假设句同样较多使用"X 说"做假设前标,很少使用一般假设连词,不过相对类比现实假设句略多些,常用含有假设后标"的话"的假设框架结构,同样不使用紧缩形式。如下面(16)—(22)这 7 例中,只有 3 例用了"如果""假如",仅(18)没有使用"的话"。其假设分句一般是一个存在义"有"字句,结果分句一般是一个"是"字判断句,构成"如果说/如果……有……的话,那(就)是……"这样的假设框架结构,如上面(4),再如下面 4 例中的前 3 例:

(16) **如果说**,金枝和朱信脾性上也有那么一点儿不对路**的话**,**那就**是金枝觉得朱信太把自己练的这"老祖宗的玩艺儿"当"老祖宗的玩艺儿"了。(陈建功、赵大年《皇城根》)

(17) 那里的树,差不多可以说只有这三种,**若说**有第四种树木**的话**,那是指少许的几株桐子树,而这是稀少得往往被人们所忽略的。(施蛰存《栗和柿》)

(18) **如果**从明朝中叶算起,到鸦片战争,有 300 多年的闭关自守,明成祖死后,明朝逐渐衰落。(《人民日报》,1995年)

(19) 他说,**假如**他有一个愿望**的话**,**那就**是带给儿童一个安全的童年。(同上)

#### 2.2.3.2 非类比现实假设句的关系与表达特点

非类比现实假设句同常用的可能假设句一样,表达一个假言判断或命题,但从句法语义上看,这是比较典型的表达肯定判断的假设格式,类似于一个单句。其前后分句之间的逻辑语义关系并不紧密,也谈不上必然性因果联系,这是由于它通常表达"言域"内的蕴涵命题,而不是"行域"或"知域"内的典型性蕴涵命题。从其表层意思来看,并不表达必然相关的衍推关系,只是说话人自己主观上认为表面上似乎不相干的两件事情之间具有必然性的依从关系。因此,Sweetser(1990:132)认为这种具有言语行为功能的假设句是事理域(行域)内假设句语义功能的一种扩展,结果小句常常没有真值,条件小句只是用来表达某种言语行为的适宜性条件。沈家煊(2003)也认为其假设条件实际上是说话人做出某种断言的适宜条件,而不是充分条件。从话语表达层面来看,不少学者认为假设条件是话题,如果这种说法成立的话,在汉语假设句中最突出的应该就是体现在这种非类比现实假设分句中(张雪平,2010),它往往表达的是话题性假设条件和说明性结果的关系;而其他的假设分句未必具有话题性,如前述类比现实假设句的假设分句就不大能看作话题,英语等外语中也存在类似的情况。①

由于非类比关系的现实假设句并非表达真正的蕴涵关系,而是故意把事实性的内容放到假设句式中来说,也是实言虚说,便具有特殊的话语修辞功能,通常作为礼貌表达个人见解或态度的一种修辞手段来用,在表达上就显得比较含蓄、舒缓,如上面(16)—(19),再如(20)。若是说话人用它来陈述对自我的认识和评价时,更具有了谦虚的话语风格,如(21)(22)。

(20) 有一位贵夫人在台湾百货公司周年庆的时候,她一次刷卡就刷掉了970万元,一次刷信用卡刷了970万元。**如果说**有这种惊人的消费能力**的话**,你觉得她一个人花了700万元去进行一趟太空旅行有什么差异性呢?(中央电视台"海峡两岸":《6名台湾人要上太空》,2010年)

(21) **如果说**在这个问题上中央有点功绩**的话**,**就**是中央制定的搞活政策是对头的。(《邓小平文选》3)

(22) **假如**我理解正确**的话**,这种幽默感是老奸巨猾的一种,本身带有消极的成分。(王晓波《积极的结论》)

---

① 关于条件小句是话题的观点,参考赵元任(1968a/1979),Haiman(1978),Givón(1984),徐烈炯、刘丹青(1998),江蓝生(2004)等的相关研究。Sweetser(1990:132)指出:"英语条件句的条件小句好像分析为纯粹的话题小句并不是最好的。要试图确定条件句是否在普遍语法中是典型的话题,还有很多未回答的问题。""Haiman对两个范畴之间的相互关联的解释是合理的,但更完美的解释是,a.它与传统的条件句的充分条件语义之间的一致性,b.在话题性和其他(非条件)类别的从属小句之间的相似的功能上的相互关联。"我们认为Sweetser的看法有一定道理,是否所有的假设条件小句都可以看作话题还值得再讨论。

### 2.2.4 现实假设句的句法特征

#### 2.2.4.1 强制性要求有标

由上文的描写可知,现实假设句多使用假设框架结构形式,而且强制性要求使用假设标记,特别在缺少后标"的话"时,必须使用前标。这种句法上的强制性与虚拟假设句相似,但与可以不用假设标记的可能假设句、反事实假设句有所不同(参见 2.4.3 节)。

首先,当句中缺少后标"的话"时,若去掉前标,句子就不成立或语义性质会发生变化,如上举(8)(18),变换如下:

(8')*①地球的公转产生了四季的交替,那么,地球的自转,是形成昼夜更替的主要原因。

(18')从明朝中叶算起,到鸦片战争,有 300 多年的闭关自守,明成祖死后,明朝逐渐衰落。

(8)是类比现实假设句,是用假设句式来进行类比推理的,把句中的前标"如果说"去掉后,前后分句之间的关系就不明确,句子显然不合法,不能成立,见(8')。(18)是非类比现实假设句,把句子前标"如果"去掉后,句子虽然合法,但意义发生了根本变化,失去假设义,变成表达现实性客观陈述的现实句了,见(18')。

其次,当句中有后标记"的话"时,似乎可以省略前标记,但省略后句子不大自然,表达效果也会发生变化。如上面(21)(22)都带有假设前标记和后标记"的话",(21)似乎可去掉前标记"如果说",见(21'),但不大自然,可接受度要低些;(22)把前标记"假如"去掉后似乎不大影响句子语义的表达,见(22'),但自然度更低些。

(21')? 在这个问题上中央有点功绩的话,就是中央制定的搞活政策是对头的。

(22')? 我理解正确的话,这种幽默感是老奸巨猾的一种,本身带有消极的成分。

---

① 例句首"*"或"?"为笔者所加,分别表示不能说和不大能说。下文同。

这两个例句的变换式语感上可接受度的细微差异,主要在于所用假设前标记不同。用一般假设连词做前标的现实假设句,若同时使用后标"的话",去掉假设连词也不影响句子基本语义的表达。用"如果说"之类假设词语做前标的假设句,以同时使用后标"的话"为最自然的用法,一般不可以去掉前标记。这是由于其中的"说"虽由言说义走向虚化,但还有一定的词汇意义,表示一种"说法"或"看法",类似于间接引语标记;而假设后标记"的话"由助词"的"和名词"话"跨层连用而来,除了发挥假设关联作用,还兼做话题标记和停顿标记,它跟"X 说"合用,从语义和话语表达上看,最融洽不过,因此,若不用它,便会感觉语感上不自然。

再从篇章层面的话语功能角度看,话题往往具有连续性,因而具有关联前后文的作用。非类比关系的现实假设句的从句通常是个话题性小句,这种假设句往往在语篇内容的行进中起着衔接连贯作用。试看(21)的上下文,见下面(21″),可以看到例句本身正是对上文内容的概述性评论,是表述言者评价认识的,就所言内容来说不是什么新信息,但从表达效果来看,这是相对于上文"这不是我们中央的功绩"这种断言性陈述而言的,使用"如果说"引导的这个非类比话题性假设条件句,使得上下文内容衔接更自然,表达上便也显得比较主观、谦虚。(22)是由假设连词"假如"引导的非类比现实假设句,也是发表言者评议的概述性假设条件句,具有衔接前文的篇章连贯作用,表达上带有主观性和故意"谦虚"的话语风格。因此说,这种用例中的假设前标记实际上是不宜删除的。

(21″) 农村改革中,我们完全没有预料到的最大的收获,就是乡镇企业发展起来了,突然冒出搞多种行业,搞商品经济,搞各种小型企业,异军突起。<u>这不是我们中央的功绩。</u>……<u>**如果说**在这个问题上中央有点功绩**的话**</u>,就是中央制定的搞活政策是对头的。这个政策取得了这样好的效果,使我们知道我们做了一件非常好的事情。

(22″) 据我所见,我们这里年轻人没有幽默感,中老年人倒有。在各种讨论会上,时常有些头顶秃光光的人,面露蒙娜丽莎式的微笑,轻飘飘地抛出几句,让大家忍俊不禁。<u>**假如**我理解正确**的话**</u>,这种幽默感是老奸巨猾的一种,本身带有消极的成分。

### 2.2.4.2 强烈倾向使用肯定形式

现实假设句是有意把事实性的内容放到假设框架结构句式中来表达,

因此语义上具有肯定性倾向,句法上强烈倾向使用肯定形式。从 CCL 语料库中的用例看,表现为其假设分句基本不使用否定式,结果分句一般也不用否定式。类比现实假设句较早期还见到个别否定式用例,如上面所引(1)(2),而非类比现实假设句未见。这一点跟虚拟假设句相似,也是不同于常用的可能假设句和反事实假设句的特殊之处。

### 2.2.5 现实假设句的语法属性

汉语语法学界对"现实假设句"的逻辑语义关系及其在复句中的归属有不同意见,那么,是把它另立为一种复句还是仍看作假设复句更好呢?

由上面的分析可知,现实假设句用例多半表达假设性类比关系,少半表达话题性假设条件和说明性结果关系,使用假设框架"如果说……的话,那么/那就……",而且强制性要求用假设义关联词语作标记,假设义和假设框架是其基本的语义和句式特征,这与一般假设句一样。虽然其从句内含现实性特征,但说话人把现实事态放入假设框架中说,就被框定为假设性的,变"实"为"虚"了。因此它同联言判断和现实性类比句有着实质性的不同,成为表达言者主观认识和言语态度的一种修辞手段,也被看作是修辞假设条件句(张新华,2023)。

Wierzbicka(1997)基于跨语言的证据还提出了"假设性连续统",指出 if 条件句在跨语言中实现的情况不同。就现代汉语假设句的语义和句法特征来看,它也是一个连续体,"现实假设句"就是语义特殊的非典型假设句,兼有现实句的语义特征,看似矛盾,但其假设义是更高层面的句式义,现实义是从句内容义,我们对这种假设句的命名正是考虑到了其语义上的双重性及其假设义的决定性。我们认为,语法体系的构拟以系统性、简明性为上,不管是从现实假设句的结构形式、句法语义特征和表达功能等方面考虑,还是从复句系统的简明性上考虑,似都不宜把它另立为一类复句,仍归入假设句为好。现实性情态范畴是一个具有连绵性的认知—语用性功能范畴(Givón,1994),现实假设句的存在正是现实范畴和非现实范畴之间没有明晰界限的一种语法表现。

## 2.3 反事实假设句

反事实假设句(counterfactual hypothetical sentence)以现实世界做参照,所述事情与已定或已知事实相反。它表达说话人对所假设事情的心理否定,语义特征为[＋假设][＋条件][＋否定][－可能][＋现实基础]。这种假设句跟常见的可能假设句不同,语义容量大,前件明显为假,不是表达假言命题或判断,而是表达假言推理,是人们进行反事实思维常用的一种语言手段,是哲学、逻辑学、心理学和语法学界的共同研究对象。本节在分析相关研究的基础上,主要从语法角度探讨现代汉语中反事实假设句的结构形式特征和表达功能。

### 2.3.1 相关研究与存在的问题

反事实假设(counterfactual hypothesis)是一个跨语言的语法范畴,英语中一般用时态后移(backshiftiny)的句法手段来表达,西班牙语、德语、波兰语、希腊语等也有相似的句法表现(Quirk,1973;Comrie,1986;Plado,2013;陈国华,1988;邵京,1988;近如,1958;韩万衡,1984)。哲学和逻辑学领域研究可能世界和条件句逻辑时涉及反事实假设句(周礼全,1994;李小五,2003),语法学界、心理学界也有所讨论。语法学界一般认为汉语反事实假设句没有特有的语法标记,反事实语义是语用解释的问题,依赖语境达成。

论及汉语反事实假设句及其语法标记的文献,较早的重要成果当为陈国华(1988)。他从英汉对比的角度,考察了现代汉语反事实假设句的一些句法表现,发现一些时间性成分可以帮助确定假设条件的反事实性,特别是"早知(道)"这个词组,表示"事先了解到"的意思时,由它引导的条件从句表达的总是反事实假设条件。他认为,汉语的条件从属词大部分是中性的,既可以用于开放条件,也可用于假设条件,"假如、假若、假使、假设、假定"这些带"假"字的条件从属词,似乎倾向于表达反事实假设条件,汉语真正的假设条件从属词是"要不是、若不是"和文言的"若非"。上述认识很有启发意义,对汉语反事实假设句的研究影响较大,不过,并非完全合乎汉语事实。李传全(1991)在陈文的基础上,也从英汉比较角度讨论了汉语的反事实假设句,认为汉语虽有可以作为反事实标记的词汇手段,但没有明显的反事实标记,汉语反事实意义的实现,是靠语言形式和语境共同作用的。但跟陈文有所不同的是,李文认为,汉语没有任何词汇给出了完全反事实意义。蒋严(2000)和蒋严、潘海华(2005),从条件句的真值语义出发,参照印欧语言的相关研究成果,对汉语的反事实假设句做了进一步考察。同李文相似,他们也认为汉语的反事实假设句没有真正的标记,违实语义是一个语用解释问题,强调语境效应对反事实语义达成的关键作用。我们的语料调查结果表明,这三篇文章的认识有失偏颇,汉语并非没有一个真正的反事实假设标记词。

王维贤等(1994)认为,违实性假设句是一种特殊的假设句,用的是反证法,常用反问句式来表达。邢福义(2001)考察了"要不是p,就q"假设句式,认为其形式上构成假设复句,在内容上则表达了事物之间事实上或推论上的因果联系,还分析了其逻辑基础、语用功能等。近年来汉语语法学界从类型学、句法表现、话语功能及情态表达等角度进一步展开了多角度的研究,如李晋霞(2010)、王春辉(2010a)、董秀英(2014)、张雪平(2015b)、章敏(2016)等。袁毓林(2015)以古今汉语中的用例说明,汉语自古以来就有不少词语可以表达反事实义,如"微、向/乡、假使、使"等,汉语有反事实条件句,只是学者们明确提出这一点的比较晚,从语法形式上看不发达,汉语专用的反事实条件标记也不发达,许多反事实推理关系要从上下文语境中去意会。袁文的"反事实句"概念宽泛,不但包括一般所说的"反事实假设句",还包括"否则"类假逆句。杨红升、黄希庭(2000),卿素兰等(2004),张坤(2007)等,从心理学角度对汉语反事实假设句进行了研究,证明反事实思维是一种普遍存在的思维现象。

综合来看,汉语语法学界对反事实假设句的研究多限于举例说明,或者讨论某个具体句式,有些认识带有推测性,未能基于真实语料进行充分验证,显得说服力不足;有些问题尚未取得共识,尤其是真正反事实假设标记的有无问题。此外,基于英语条件句逻辑的语法研究,也把"反事实假设句"称为"非真实/非事实/虚拟/假设"条件句,汉语学界也称之为"违实/虚拟"假设句,不再进一步分类。可见,对反事实假设句的研究还不够深化。我们通过分析统计发现,现代汉语假设句实例在语法、语义和功能上仍有差异,故从情态语义角度把假设句分为两类、四种,其中的反事实假设句(counterfactual hypothetical sentences)是"非真实"假设句的下位分类(参见第一章1.2.2节),比语法学界一般所谓的"反事实/违实"假设句范围要窄。这样分类显然更加细化,可为认识假设句次类的共性和差异提供一个理论参照。

鉴于上述对汉语反事实假设句研究的不足,本节通过对CCL语料库中实例的分析统计,全面考察现代汉语反事实假设句的表达功能和语义实现手段,说明反事实假设标记的典型性问题,以消除多年以来的认识分歧。

### 2.3.2 反事实假设句的表达功能

#### 2.3.2.1 假言推理功能

反事实假设句用的是反证法,具有假言推理功能,表达假言三段论推理,使用了假言推理的否定后件式,它本身其实是个大前提,但省略了小前提和结论。其推理形式为:如果 p,那么 q;非 q,所以非 p(陈宗明,1984)。这里的支命题 p 和 q 只代表假设句式的前后分句,不管它本身肯定或否定。若从前后分句本身的肯否形式来看,上述逻辑推理形式可具体化为以下四种表现形式(包括它本身):

　　1)如果非 p,那么非 q;q,所以 p。
　　2)如果非 p,那么 q;非 q,所以 p。
　　3)如果 p,那么 q;非 q,所以非 p。
　　4)如果 p,那么非 q;q,所以非 p。
分别如:

　　(1)更远处游乐园的大观览车缓慢地移动着,**如果不是凝神远眺**,是看不出它的移动的。(余华《命中注定》)
　　(2)**如果不是傍晚的来临**,阮海阔**便**会继续遵照大道的指引,往另一个方向走去。(余华《鲜血梅花》)
　　(3)在那种政治情况之下,**假如蒋经国先生稍稍露了一点声色的话**,说不定我**就**已经被摧毁了吧!(《人民日报》,1995 年)
　　(4)他**若是**这么老实,**就**不会绰号曹操!(姚雪垠《李自成》)

(1)的假设分句和结果分句都是否定式,相当于蕴涵式的前后件:非 p,非 q。整个句子的意思要靠反推识解,即"之所以看出它的移动,就是因为凝神远眺"。其完整的推理形式是上述假言推理的形式 1),具体为:

　　大前提:如果不是凝神远眺,是看不出它的移动的。[如果非 p,那么非 q]
　　小前提:(事实上)看出了它的移动,[q]
　　结　论:(是因为)凝神远眺(的结果)。[所以 p]

同(1)相似,反事实假设句的语义识解都要靠反推完成。(2)的假设分句是否定式,结果分句是肯定式,句子表达的意思是"阮海阔之所以没有继续遵照大道的指引,往另一个方向走去,是因为傍晚的来临"。其推理形式为上述假言推理的形式 2):如果非 p,那么 q;非 q,所以 p。(3)的假设分句和结果分句都是肯定式,句子表达的意思是,"我之所以没有被摧毁,是因为蒋经国先生没有露一点声色"。其推理形式是上述假言推理的形式 3):如果 p,那么 q;非 q,所以非 p。(4)的假设分句是肯定式,结果分句是否定式,句子表达的意思是,"他既然绰号曹操,就说明他不会这么老实"。此例表达的是推论因果关系,前 3 例表达的是说明因果关系。

总之,从逻辑关系上看,反事实假设句在形式上构成假设复句,在语义上则表达了事物之间事实上或推论上的因果联系,也就是借假设条件句的结构形式,表达事实或推论因果的内容(邢福义,2001)。因而实际要表达的是与已定、已知事实相反的意义,隐含否定,用于推理,语义内容丰富,不同于只表达假言命题或判断的可能假设句。

### 2.3.2.2 反证功能及其表现

通过对反事实假设句实例的分析发现,撇开逻辑形式上前后分句肯否形式的及其意义的差异,只就其语用功能来看,反事实假设句可分为两种类型:反证释因和反证归谬。反证释因反事实假设重在"立",作用在于肯定某种认为确是原因的事情,用于证明;反证归谬反事实假设重在"破",作用在于否定某种荒谬的说法,用于反驳(邢福义,2001)。据此,我们把反事实假设句分为反证释因和反证归谬两种,(1)—(3)表达的是说明因果关系,为反证释因反事实假设句,(4)表达的是推论因果关系,为反证归谬反事实假设句。再如:

(5) **如果不是**因为这项特殊的任务,他们<u>就</u>将在这年的农历八月十五中秋节同朱预道和岳秀英一起举行婚礼,成为一对革命和战斗的夫妇。(电视电影:《历史的天空》)

(6) 当然,**假如**照抄都市小人物的生活,《武林外传》<u>就</u>少了些梦幻色彩,也少了让观众坐在地上傻乐时遐想的空间。(电视电影:《武林外传》)

(7) **如果说**是看山人的房子,那么坚硬的大山有什么可看护的?(张炜《柏慧》)

(8) **要是说**娶妻是废话,天下<u>就</u>没有一句正经话。(老舍《老张的哲学》)

(5)(6)为反证释因反事实假设句,通过结果分句内容与已知事实相反来反证假设分句内容与已知事实相反,从而证明说话人推断的正确。(7)(8)是反证归谬反事实假设句,通过结果分句内容与已知事实相反来反证假设分句内容的荒谬或不正确。(7)的意思是"事实上坚硬的大山没有什么可看护的,所以就不能说这是看山人的房子",(8)的意思是"天下不可能没有一句正经话,所以就不能说娶妻是废话"。

反事实假设句的主要作用是利用反证法来论证,比正面论证具有更强的论证力量,强调了假设条件分句所述原因的重要性,或者驳斥了其所述观点或认识的谬误不成立。从这点来看,反事实假设句是作为一种修辞手法来运用的,与反语相似。

两种不同语用功能的反事实假设句,在假设标记的使用上有重要差异。反证释因句多使用"如果、假如"等"如果"类假设连词,以及这些连词和"不是/没有"连用而成的"X 不是/没有",而反证归谬句多使用"如果说、要是说"等"如果说"类假设词语。我们从语料库中"应用文、报刊、小说、散文、戏剧/电视电影"这几类语篇中各抽取若干例,具体分析了使用频率高低不同的 10 个假设连词("如果、如若、如、假如、假使、假若、倘若、若是、若、设若")标记的反事实假设句 150 个,其中反证释因句 141 个,反证归谬句仅 9 个,占总数比例分别为 94%和 6%。又以同样方法随机抽样,分析统计了较高频的"如果说、要是说、若说"之类做标记的 42 个反事实假设句,其中反证释因句 5 个,而反证归谬句却有 37 个,占总数比例分别为 12%和 88%。如表 2-1:

表 2-1　两种反事实假设句及其标记的使用频次和百分比

|  | 反证释因句 | 反证归谬句 |
| --- | --- | --- |
| "如果"类 | 141 例/94% | 9 例/6% |
| "如果说"类 | 5 例/12% | 37 例/88% |
| 合计 | 146 例/76% | 46 例/24% |

表 2-1 结果说明,两种反事实假设句对假设标记有明显的选择倾向,这正是其语义语用功能与语法形式对应性的表现。

"如果"类假设连词是最常用的典型假设标记,倾向用于反证释因句,尤其是后面跟上"不是/没有"构成否定形式"X 不是/没有"时更是如此,表 2-1 所统计的"如果"类反事实假设句中,包含这种用例 31 个,全部是反证释因句。"如果、如、倘若、若"这 4 个假设连词标记的反事实假设句,也没有见到反证归谬句。从标记论(沈家煊,1999a)视角来看,用典型的假设标记标志典型的反事实假设句,是一种自然关联。相反,"如果说"类假设词语总体使用频率比较低,较多用于频率较低的反证归谬句,也是一种自然关联。从"如果说"类假设词语的含义上讲,其中的"说",在多数用例中还有一定意义,表示一种说法或看法。"X 说"引导的从句内容即是某种已知的说法,是言者姑且假定或认可某种说法或观点,即先树立批驳的靶子,然后再由结论的虚假不成立,反驳或反推假设条件所述内容的荒谬或不正确。反证归谬是为了反驳,用"如果说"类词语作语法标记,在语义语用功能上是和谐一致的。

两种反事实假设句的使用频率差异较大。反证释因句的使用频率要远高于反证归谬句,二者用例比例分别为76%和24%。这主要是由不同的语用目的所造成的,可以从论证策略和认知心理上加以解释。

假设句基本的篇章表达功能是说理或论证,就一般的论证逻辑来说,更常见的是通过论证树立正面观点,而较少通过论证驳斥反面观点。反证释因句是通过反证来"立",而反证归谬句是通过反证来"破",这自然造成反证释因句较反证归谬句使用频率高。从认知心理上来说,树立某种观点是人们普遍的心理追求,而反驳某种观点则必须有前提条件,即在已知某种观点谬误或不能认可的情况下才采取的表达策略。相比而言,可以说,反证释因是无标记的典型反事实假设表达法,而反证归谬则是有标记的不典型反事实假设表达法。这也是造成反证释因句比反证归谬句使用频率高的原因。

### 2.3.3 反事实假设意义的表达手段

一般认为汉语反事实假设句的反事实假设意义的表达缺乏特定的语法标记,主要依赖语境。但实际上,除了语境的促成作用外,现代汉语反事实假设句还可使用某些特定的语法标记和词汇成分,或者依赖句子本身的内涵意义,实现反事实假设意义的表达。

#### 2.3.3.1 反事实假设标记

从结构形式上看,反事实假设句多在结果分句中使用关联副词"就"与假设词语配合,构成"如果(不是/没有)……,就……"这样的假设框架结构形式,如上面(2)—(8)。

我们对语料库用例分语体抽样统计的结果(参见第三章3.4.2节)表明:"X不是/没有"用于反事实假设句的比例较高,"X不是"平均为88%,"X没有"平均为69%。其中连词化的"要不是"所标记的假设句100%为反事实假设句,可以说是最典型的反事实假设标记[①];"假如不是""若不是"是

---

[①] 李晋霞(2018)分析了CCL语料库中的四种用法的"要+不是"格式的有效例共2296个,其中用于直陈条件句的64例,约占6.8%;用于违实条件句的2145例,约占93.4%。该文也特别指出了这两种假设用法的"要不是"在语音停顿和所处句子中重音成分均有所不同,用于直陈条件句时"要不是"内部可分析为"要+不是",用于违实假设条件句时"要不是"只能作为一个整体,中间不可以再这样停顿。这正说明,仅能组块化理解的"要不是"已经连词化。我们所考察的连词化"要不是"用例,只能用于反事实假设句。

比较典型的反事实假设标记,它们所标记的假设句分别有98%、95%为反事实假设句。但有文言色彩的"若非"用于反事实假设句的比例为84%,是不太典型的反事实假设标记。但"假如、假若、假使"等含"假"字的假设连词,用于反事实假设句的用例,要比用于可能假设句的少得多,它们并非"倾向于表反事实假设"(陈国华,1988)。因此可以说,现代汉语中称得上是真正的专职反事实假设条件标记的只有连词化的"要不是"。

#### 2.3.3.2 词汇成分与假设标记配合

有些词汇成分可以用在假设句中和假设标记配合使用,也使得句子基本上只表达反事实假设意义。这些词汇成分主要有:表示已然意义的时间词"早、当时、那时"等,出现在结果分句的"不会……了"或句末语气词"了",出现在假设条件分句中的副词"真的、真"(陈国华,1988;李传全,1991;蒋严,2000),例如:

(9) 如果不是战友早就察觉了他的意图,两天前就收走了他的枪,一切也就简单了。(张炜《唯一的红军》)

(10) 假若箱子不空,我早就被压死了。(老舍《我的母亲》)

(11) 假使当时我和我们的战士们知道,他们搞的那个《571工程纪要》,知道他们反党反人民的阴谋,甚至要谋害毛主席,恐怕那段历史,就不会是今天这个样子了。(《报刊精选》,1994年)

(12) 相反,如果那时强调无产阶级向资产阶级学习,那就成为资产阶级帮凶了。(《人民日报》,1995年)

(13) 假使今天你的商品非常畅销,我也就不会这么说了。(《市场报》,1994年)

(14) 假使真的没有文明和文化,宇宙就像是个未成品,宇宙本身也会感到不完全的痛苦。(冯友兰、涂又光《中国哲学简史》)

(15) 如若真是这样,也许人类至今还与原始人一样生活着!(《中国儿童百科全书》)

从例句中可知,当上述几类词汇成分出现在有假设标记的假设句中时,假设句便表达反事实假设意义,而且这些词汇成分往往是两个或多个与假设词语共现,如(9)—(13),也可以单独和假设词语共现,如(14)(15)。这种情况可以说明,汉语反事实假设义的表达通常可以通过假设标记和一些词汇成分的配合来实现。

"早"还常与"知道/知"连用,"早知(道)"有词汇化倾向,用在复句的前分句中可诱发反事实假设意义,从而与后分句构成反事实假设句。例如:

(16) **早知道**会这样,我怎么能让她出去?

(17) 如今已时隔一年半,安置工作仍完成得不甚理想,负责此项工作的一位行署领导叹息:**早知**企业如此难"死",<u>就</u>不让他"死"了。(《报刊精选》,1994 年)

### 2.3.3.3 句子内涵义

有些反事实假设句反事实假设意义的表达是由句子本身的内涵意义决定的。这是指假设条件所表述内容具有明显的反事实内涵,即假设句所述内容有悖于常识常理或自然规律、社会规律等。理解这样的句子需具备一定的社会常识、文化背景知识等。例如:

(18) **设若**炸酱面不是大众化的美食,说相声的解释它当包袱底儿使吗?(苏叔阳《咖啡炸酱面》)

(19) 于是我特别思念我的父亲,**假使**他还健在,仍旧隔着饭桌坐在对面听我说,他一定会笑,一定笑不禁,一定低下头会朝着桌面笑,然后举着筷子朝我点点,一句话就让我成了明白人。(高晓声《架子和房子》)

(20) **假如**我会说国语——哈语该多好,那样我将拥有一笔财富,<u>就</u>能更准确地理解哈族议员的发言。(《人民日报》,1995 年)

根据常识和自然规律及社会文化背景知识,这三个例句所假设的条件内容都是与客观事实相反的,结论自然也是与客观事实相反的。句中的反事实意义是通过假设分句所述内容表现出来的。

现代汉语书面语中还常用"假如"句来表达与现在事实相反的意义,如以下两例。这种"假如"句是反事实思维的具体表达,多用作某项活动的主题或文章标题。这不是典型的反事实假设复句,句子形式上可以只有一个假设小句,结果是开放性的,不一定是完整规范的假设复句形式。

(21) 一次问卷调查的结果显示:"**假如**你有一大笔钱",60%的人要直接用于商业投资,15%的人要用于购买房子,用于储蓄的占20%,

购买高档商品的仅占 4%。(《人民日报》,1995 年)

(22) 为了搞好"爱民月"活动,武汉市公安局在干警中开展了"**假如**我是受害者、报案人""**假如**我是申报户口者"等专题讨论,引导干警进行换位思考,有力地促进了广大干警增强职业道德观念。(同上)

自然口语中还常用发誓义假设句来表示与现在、过去或将来事实相反的反事实假设意义,在真实书面语料中极少见到。如以下几例,根据常识,说话人在发誓赌咒时,听话人一般宁可相信说话人所言的假设事情不会发生或没有发生过。所以这样的假设句也可以看作语义上不大典型的反事实假设句。

(23) 我告诉一个人,立刻现死现报。(《红楼梦》,转引自陈国华,1988)

(24) **如果不是**这样,使我母子二人,当下烧死。(明旸法师《佛法概要》)

(25) 我昨天**要**拿了你的笔,我<u>就</u>不是人!

(26) 以后我**要是**对不起你,<u>就</u>天打雷劈。

#### 2.3.3.4 上下文语境

有些反事实假设句没有上述特殊词汇成分和特定假设标记,其反事实假设意义的表达必须在特定的语境(即上下文)中才能实现,例如:

(27) 幸亏后来又被改了回来,**如果**仍叫琅山,那多没劲。(余秋雨《狼山脚下》)

(28) **倘若**艺术家都把握住戏外功,何愁戏曲不兴旺? **倘若**各行各业的人培养外硬功夫,何愁事业不兴旺? **倘若**公仆们都具有场外真功夫,又何愁党风不正民风不淳呢? 问题是近年来某些部门的戏外功、行外功、场外功太不足了,以致歪风倒成了小气候。(《人民日报》,1995 年)

(27)只有从"如果"假设句前面一背景小句"幸亏……",才知句子所述的是与事实相反的事情;(28)只有从三个"倘若"假设句后面"问题是……"这一句,才知它所述为与事实相反的事态。因此,这种假设句反事实假设义的表达高度依赖语境,是靠前后句这样的狭义语境实现其反事实语义的表达的。

75

## 2.4 虚拟假设句

虚拟假设句(virtual hypothetical sentence)以纯粹虚拟想象的事情为假设条件,且所述事情具有完全不可能实现的意义,具有[＋假设][＋条件][＋虚拟][－可能][－现实基础]的语义特征。其所述事态仅在现实客观世界之外的可能世界中具有合理性和可实现性,因此说无现实基础;其假设分句和/或结果分句一般使用比喻等想象手法,表达一种幻想性的认识,造成了语义上的纯粹虚拟性。其假设分句和结果分句之间有的具有类比关系,形成了比喻性类比修辞格式,如(1);有的分句之间不构成类比关系,句子表达一个假言命题或判断,为非类比虚拟假设句,如(2)。

(1) **如果说**电脑是一支现代化的笔,软盘便是一本本空格的纸,笔好纸不佳,照样写不出好文章。(《人民日报》,1994年)

(2) **如果说**中国是一辆车,在前进途中还将有困难和阻力。(同上)

张雪平(2013)对清代中晚期白话叙事小说的初步调查发现,到清末还未见到真正的虚拟假设句,这很可能是到了现代汉语中才出现的一种新型假设句,使用频率还很低。由于其语义上也具有反事实性,所以学界一般放在反事实/违实假设句中,未见把它专列为一种进行讨论的。实际上,虚拟假设句具有鲜明的个性特征,尽管它和反事实假设句同属于非真实假设句,但在语义、功能、语用特点和结构形式上都有差异;它与类比现实假设句一样都可表达类比推理,但其语义语用特点和表达目的不同,句法上也有明显区别;非类比虚拟假设句也不同于非类比现实假设句或可能假设句,也有其语义和形式特点。为弥补学界对虚拟假设句认识的不足,本节采用描写和比较分析法,具体分析其语义和形式特征及功能,证明这是一种有个性特点的非典型假设句,在现代汉语假设句语义分类系统中也宜单独列出,以达到加深认识假设句的系统性及其次类特征的目的。

### 2.4.1 类比虚拟假设句的结构与功能

#### 2.4.1.1 结构形式与语义特点

类比虚拟假设句的假设分句句首多使用"如果说、假如说"等含"说"

的假设词语做前标,如(3)—(8),而较少使用"如果、假如"等一般假设连词,如以下例句仅(9)使用的是连词"假若";结果分句句首一般使用连词"那么"与假设标记配合,如下面 7 例中除了后 2 例均是如此。"如果说……,那么……"这样的假设框架,为类比虚拟假设句的基本结构形式,如(3)—(7)。

(3) 如果说钢琴是"乐器之王",那么小提琴就是乐器的"王后"了。(《中国儿童百科全书》)

(4) 如果说椭圆星系是太空中的"老人国",那么不规则星系就是一个"小人国"。(同上)

(5) 如果说,建筑是凝固的音乐,那么,方庄则是一首色彩浓郁的现代风格的交响诗!(《人民日报》,1993 年)

(6) 假如说长江黄河是孕育华夏文明的摇篮,那么一条条柔婉曲流就是滋养古镇文明的清泉。(《人民日报》,1994 年)

(7) 倘若说江西是一座还未完全开发的"物华天宝"的宝库,那么,京九铁路便是打开这座宝库的又一把钥匙。(《报刊精选》,1994 年)

(8) 若说他是那深森静水,她便是那耀亮的火焰。水火不容的两个人,却成就了亲友口中称道的好姻缘。(《读者》,转引自北大 CCL)

(9) 假若北平是树,我便是花,尽管是一朵闲花。(老舍《四世同堂》)

再从分句的句法语义特征来看,类比虚拟假设句的分句多为以肯定判断词"是"做比喻词的暗喻句,把具有相似性的不同事物关联起来;结果分句中的"是"多与副词"就/便"连用,偶尔也与连词"则"连用,以"就是"多见,采用"就是/便是/则是"来对结论性认识加以肯定强调。类比虚拟假设句的典型结构形式可记为"如果说 A 是 X,那么 B 就是 Y",如例(3)—(7)。

少数虚拟假设句的从句中使用动词性关系词语"比作/比喻成"直接打比方,构成"把 A 比作/比喻成 B"格式,而且从句句首不使用假设词语"如果说、要是说"等做假设前标,而使用"如果、假若"等假设连词,从而构成"如果把 A 比作 X,那么 B 就是 Y"这样的类比虚拟假设句式。例如:

(10) 假若把整个江南比作一部委婉柔丽、行云流水般的乐章,那么古镇就是一个个非常精彩的乐段。(《人民日报》,1994 年)

(11) 云南省省委书记普朝柱在谈到水利建设的地位和作用时曾作过这样的生动比喻:如果把云南农村经济比作一只大鹏,那么市场就

是导向小康的头,科学技术软件和农田水利硬件就是两只翅膀,乡镇企业就是支撑的骨架。(《人民日报》,1993年)

(12) 第二天大家一上班就发现办公室彻底变了个样,如果把过去的办公室比喻成猪圈,那么经过南希整理的编辑部就像银行的写字间。(王朔《谁比谁傻多少》)

综上可知,类比虚拟假设句的句法形式和语义特点为:采用"如果说 A 是 X/如果把 A 比作 X,那么 B 就是 Y"格式;必须使用假设标记,否则句子会失去假设义,而且均用假设前标记;不使用紧缩形式;分句都是肯定形式,因而句式具有"肯定"的语义内涵,表达肯定性认识情态。

#### 2.4.1.2 比喻性类比推理和描写说明功能

类比虚拟假设句是运用比喻手法表达类比推理的一种假设复句句式,沈家煊(2003)举过如下例句:

(13) 如果[说]你是牛郎,我就是织女。
(14) 如果[说]你是老虎,我就是武松。

这两例使用了虚拟假设句式"如果说 A 是 X,B 就是 Y"。沈文指出:这样的假设复句"属于'言域',即使没有'说',实际也不是表示 p 是 q 的充分条件,而是表示'说 p 是说 q'的充分条件","这类句子属于隐喻,是在两个概念域之间的投射,在投射的过程中两个概念内部成分之间的关系保持对应"。(13)就是从现世域投射到神话域,现实世界中你和我之间的关系对应于神话世界中牛郎和织女之间的关系。正因为有这种"关系的对应",所以"你是牛郎"这种隐喻说法就成为"我是织女"这种隐喻说法的充分条件。(14)亦然。邢福义(2001)也指出,使用假设关系词语"如果说"引导的类比关系假设句①,是在"如果"后加上"说",表示说法上的假设和结论之间的关系。上述主要是虚拟假设句的逻辑语义关系特点。

从逻辑角度来看,类比虚拟假设句的假设分句和结果分句之间形成了比喻性类比关系,不存在必然的推论性因果关系。如(14)的主从分句中均运用了比喻手法,用历史故事中"老虎"和"武松"之间的关系来类比

---

① 该书所论"如果说"标记的类比关系假设句,包括本书所说具有类比关系的虚拟假设句和现实假设句两种,其异同下文详述。

现实世界中"你"和"我"之间的关系,这是两个不同的时空域和认知域,不存在因果关联,却具有关系上的相似性,可以进行比较或类比,便形成了这种比喻性类比推理结构式,能够形象地说明现实世界中"你"和"我"之间的关系。再如上举(11),主从分句均使用了比喻手法,在假设分句中把事物 A"云南农村经济"比喻成"一只大鹏",在结果分句中就把事物 B"市场""科学技术软件和农田水利硬件""乡镇企业"这些"云南农村经济"的有机组成部分分别比喻成"导向小康的头""两只翅膀""支撑的骨架",本体和喻体之间均为整体和部分关系。由于两对事物之间"整体—部分"关系的相似性,可以进行类推比较,句子即把动物域中"大鹏"和"翅膀"等之间密不可分的整体部分关系投射到经济域中"云南农村经济"和"农田水利硬件"等的关系上,达到了生动形象地说明"水利建设的重要地位和作用"的表达目的。

类比虚拟假设句是利用两个不同认知域中事物之间关系的相似性来进行比喻性类比推理的一种修辞性假设句式(陈宗明,1984;刘霖,2007;李玉兰,1995;周斌武、张国梁,1996;李晋霞、刘云,2003),从句和主句都是比喻句,运用比喻辞格,生动形象,具有较强的描写性。句式并非表达一般的蕴涵性条件关系,分句之间使用对比手法构成了类比关系,句子的表义重心在结果分句上,具有以前衬后、以前突后的表达效果,从而凸显了主句中的断言性认识。

虚拟假设句在篇章中主要是以生动形象的手段来说明事理或描写事物的,而较少用于论证,见上述例句。这一点与最常用的可能假设句有所不同,可能假设句多用于论证说理,一般不用于描写说明。但它们都不能用来叙事。

### 2.4.2 非类比虚拟假设句的结构与功能

非类比虚拟假设句使用频率比类比虚拟假设句还要低,句式是用假设句法表达一种虚幻的想象、设想或不可能实现的愿望等,通常也使用比喻等想象手法,但其内部逻辑语义关系却跟可能假设句相似,表达一个假言命题或判断。在假设分句中多使用"假使、倘使、设若"等书面色彩较强且假设义较重的假设连词做前标,不见使用高频而假设义泛化的假设连词"如果",也极少使用"如果说"类假设前标。这与类比虚拟假设句不同,如以下各例,仅(18)用了"如果说"做前标。假设从句谓语中心语多用判断词"是/像[①]"表

---

[①] 有的书面用例中把"像"写作"象",如(19)。

想象、做比较或打比方,如(16)(18)(19),也有个别使用"把……比作……"格式的,如(17)。结果分句中可以用"那么"或"就/便"等承接词配合,也可以不用。非类比虚拟假设句的典型结构形式为"假使……是/像……,(那么)……(就)……"。

(15) **假使**我们知道了火星里张龙和赵虎打架,<u>便即</u>大有所为,请酒开会,维持张龙,或否认赵虎。(《中国儿童百科全书》)

(16) **设若**我们几千年的文化积累和经验是车中之物,如今车换了,但那车上的东西仍在,并且获得了被更好地利用的可能。(《人民日报》,1995年)

(17) **假如**把沸石比作旅馆,<u>那么</u>1立方微米的这种"超级旅馆"内竟有100万个"房间"!(《中国儿童百科全书》)

(18) **如果说**中国是一辆车,在前进途中还将有困难和阻力。(《人民日报》,1994年)

有的非类比虚拟假设句不使用比喻等手法,采用纯粹虚幻的想象手法来直接表达情感、认识或主观愿望等。例如:

(19) 在笔记小说中,人变蟋蟀,这里却有严密得多的内在逻辑。**假使**人可以象善变的孙悟空那样变这变那,<u>那么</u>成名家的孩子<u>就</u>不可能变成别的,变一只蟋蟀该是他最大最高的愿望了。(《读书》,转引自北大CCL)

(20) **倘使**有一双翅膀,我甘愿做人间的飞蛾。(巴金《日》)

由上面例句可知,非类比虚拟假设句同类比虚拟假设句相似,也不使用紧缩形式,而且从句也都是肯定形式,主句一般也是肯定形式。从假设标记的使用上看,非类比虚拟假设句也必须使用假设标记,而且所见例句用的也都是假设前标。但从语感上看,似乎可以不用假设连词而只使用假设后标"的话",如(19),若把"假使"删除,添加"的话",或者让它们共现,都不会影响句子基本语义的表达,见(19')。但如果只删除"假使",不添加"的话",就会使句子的语义关系发生变化而不成立,见(19''),删除了"假使"后,前分句表示认识上的既定事实,后分句表示推断结果,句子语义上就变成了一般推论因果关系,而非假设性推论因果关系了。但可能是频率低用例少的缘故,并未见到只用后标"的话"的真实用例。

(19') (**假使**)人可以象善变的孙悟空那样变这变那**的话**,那么成名家的孩子<u>就</u>不可能变成别的,变一只蟋蟀该是他最大最高的愿望了。

(19")* 人可以象善变的孙悟空那样变这变那,那么成名家的孩子<u>就</u>不可能变成别的,变一只蟋蟀该是他最大最高的愿望了。

从表达功能上看,非类比虚拟假设句与类比虚拟假设句相似,常用于说明事理、表达认识,如(15)—(18),或者表达愿望、抒发感情,如(19)(20)。但非类比假设句的判断性强而描写性弱,故一般不用于描写,当然也不能用于叙事,这点同可能假设句相似。

### 2.4.3 从与其他假设句的比较看虚拟假设句的特征

#### 2.4.3.1 虚拟假设句与反事实假设句的比较

同虚拟假设句语义最相近的是反事实假设句,它们都表示非真实假设条件,具有共同的语义特征[＋假设][＋条件][－可能实现],因此国内语言学界不加区分,称为"反事实/违实假设句";国外语言学界传统上也归为一类,称为"反事实/虚拟/假设/非真实/非事实假设句"。当代功能语法学者Wierzbicka(1997)基于跨语言的证据提出了假设性连续统,把假设条件句(hypothetical conditionals)列在真实可能性条件句和反事实句之间(参见第一章1.2.1节)。处在这个连续统中间的"假设条件句"比较接近本书所讲的虚拟假设句。在现代汉语中,从语法角度来观察的话,虚拟假设句和反事实假设句在语义和形式上都存在一定差异。我们认为,把它们分开讨论,更有利于深入认识非真实假设句的语义、形式与功能特征。

由上节和本节前文所述,反事实假设句是以与已定事实相反的事情为假设条件的假设句,其区别于虚拟假设句的语义特征为[＋否定][＋现实基础]。反事实假设句表达说话人对所假设事情的一种心理否定,其[＋否定]特征是虚拟假设句所不具备的;反事实假设句总是以现实世界为参照,它所具有的[＋现实基础]特征,也与虚拟假设句形成了对立。反事实假设句是针对已定的或言者已知的事实反而言之,用假设句法表达否定意义,因而成为运用反证法进行推理论证的一种修辞性假设句,常用于议论性语篇或语段中,具有反证释因和反证归谬功能。但使用虚拟假设句,言者根本不考虑"现实基础",表述纯粹虚拟性的想象或幻想,句中所假设的事情,在言语当时的现实世界中,是完全不可能实现的,其情境只存在于言者所虚构的可能世界中,因此语义上表肯定而非否定。可以说,说话人使用虚拟假设句的目的,并不在于反证,而是借虚拟假设手法,进行正面描述或说明,以表达言者对相关事物之间的关系的认识,或者对某事态的主观推断或认识态度。

　　虚拟假设句和反事实假设句在结构形式上也存在一定差异。如下面几例均为反事实假设句,不管其假设分句用肯定形式还是否定形式,句子所表达的意思都是与字面义相反的。如(21)的假设分句和结果分句都是否定式,句子表达对已经发生的事实的一种反思式推理,具有反证释因功能,意思是"出事了,就是由于后来我看到了车轮上有血迹,没有钻进驾驶室继续开车"。(22)也是反证释因句,假设分句和结果分句都是肯定式,句子意思是"之所以发现抽大烟和嫖娼,轻者不会重罚,重则不会杀头,那是因为没有退回到早几年石云彪和莫干山在世的时候",句义也与字面意思相反。(23)用"要不是"这个否定义专职反事实假设标记引出假设条件,同(21)(22)一样,句子也是为了反证释因,以说明前后所述事件的因果联系的。(24)的语境明示,"假如"所引导的反事实假设句是对"有人说它无聊,没有深度"这种观点的反驳,句子的意思是"我们拍这个戏的态度很严肃,不是(像有人认为的仅仅是)因为无聊"。这是反证归谬式,运用反证推理手段驳斥了某些人的错误认识。(25)用"倘若说"引导假设分句,也具有反证归谬功能,结果分句采用反问式,这也是有反证归谬功能的反事实假设句最常用的句式(参见第三章3.4.3节),更加凸显了反事实假设句所具有的修辞性。

　　(21)**如果**后来我**没**看到车轮上有血迹,而是钻进驾驶室继续开车**的话**,也许**就**没事了。(余华《死亡叙述》)

　　(22)**如果**退回几年,石云彪和莫干山在世的时候,发现抽大烟和嫖娼,轻者重罚,重则杀头都是可能的。(电视电影:《历史的天空》)

　　(23)**要不是**张洪传的侄子张桂应闻讯赶去解救,张洪传还不知会被打成什么样子。(《中国农民调查》)

　　(24)至于它有没有深度,包括有人说它无聊——我相信**假如**仅仅是为了无聊是不可能拍这个戏的,我们的态度很严肃,喜剧背后的态度**一定**是严肃的,甚至是理想主义的。(电视电影:《武林外传》)

　　(25)**倘若说**在君父前独立敢言算是佞,**难道**在君父前谀谄面谀为忠么?(姚雪垠《李自成》)

　　反事实假设句由于具有否定内涵义,如上述例句所示,常使用否定形式,这一点也与只使用肯定式具有肯定语义内涵的虚拟假设句形成了对立。

另一点明显的差异是,常用关系标记不同。首先,虚拟假设句中表类比关系的占大多数,总体上看倾向使用"如果说"类假设前标;而引导反事实假设分句的通常是"如果"类假设连词或"要不是、假如不是、若不是"等否定义假设成分,只有以反驳对方的谬误认识为表达目的的反证归谬句,才较多使用"如果说"类含"说"的假设前标。但反证归谬句的频率远低于反证释因句,所以总体看,反事实假设句中"如果说"类假设前标的使用频率是很低的(参见第三章3.4.2节)。其次,虚拟假设句的结果分句中常用连词"那么",而反事实假设句常用"就"类关联副词,从而构成"如果不是/没有……(早)就/怎么能……"类反证释因反事实假设句形式,或者"如果(说)……,那就/怎么会……"类反证归谬反事实假设句形式。此外,反事实假设句的前标不是"如果说"类词语时,还可以使用紧缩式,虚拟假设句则不用紧缩式。

考虑到上述虚拟假设句和反事实假设句语义和形式上的明显差异或对立,我们认为,把"虚拟假设句"从非真实/反事实假设句中分离出来更好。

### 2.4.3.2 虚拟假设句与现实假设句的比较

从逻辑语义关系上看,现实假设句和虚拟假设句最相似,并非表达典型的蕴涵关系,而是类比关系或话题与述题/说明关系,大都可看作"言域"层面的言语行为条件句(Sweetser,1990;沈家煊,2003),而且前后分句之间都具有类比和非类比两种语义联系,如(26)(27)是类比现实假设句,(28)(29)是非类比现实假设句。

(26) **如果说**过去殖民者是明火执仗公开掠夺,**那么**现在则是用现代化的方式攫取经济利益。(《人民日报》,1994年)

(27) **倘若说**日本的幸运在于现成地利用了既有文化传统以迅速形成近代民族意识**的话**,**那么**中国的不幸恰恰在于相反。(《读书》,转引自北大CCL)

(28) **如果说**浦东有什么相对静寂的事物,**那就**是横穿境内长达28公里的一条河——川杨河。(《人民日报》,1995年)

(29) **要是说**在这世上有一样东西可以让人们永远向往并且有时还可以让人们得到**的话**,**那么这就**是人间的柔情。(《读书》,转引自北大CCL)

我们把具有相同逻辑语义关系的虚拟假设句和现实假设句分别归属于非真实、真实假设句,这首先是从句式的语义特征上考虑的,看其表达的内容在现实世界中是否有实现的可能性。虚拟假设句采用比喻等想象手法，所述的是在现实世界中完全不可能实现的事情，而现实假设句所述事情是现实世界中客观存在的或者说话人主观上所相信的事实，二者在语义上形成了虚实对立。

从结构形式上看，现实假设句的假设分句一般使用"如果说"之类含"说"的假设前标，同时还多使用假设后标"的话"配合，尤其是非类比现实假设句更常用。类比现实假设句的结果分句中还较多出现表示前后分句语义对比的关联词"则/却"，如(26)，非类比现实假设句的假设分句中常用存在动词"有"，如(28)(29)。这些句法特征都与虚拟假设句有所不同。

再从表达功能上看，虚拟假设句是一种典型的修辞性假设句式，常使用比喻或比拟等想象手法，因此具有描写性，在篇章中主要用于说明事理，也用于描写和抒情，表达虚幻的想象和愿望，但较少用于论证。而现实假设句却常用在议论性或说明性语篇或语段中，用于对比论证或说明事理，而不用于描写。

综上可知，虚拟假设句也是具有特定语义和句法特点及表达功能的一种非典型假设句，在假设句语义分类系统中也不宜跟现实假设句合并，单独列为一种为好。

### 2.4.3.3 虚拟假设句区别于其他假设句的特征

本节立足于现代汉语的语言事实和假设句的语义分类系统，比较分析了虚拟假设句的语义特征、句法结构形式特点及其表达功能，说明了虚拟假设句和与其语义最近似的反事实假设句，仍具有语义上和结构形式上的对立和差异，以及和与其逻辑关系具有一致性的现实假设句，也具有语义对立和句法形式上的差异，简要归纳了虚拟假设句同可能假设句、反事实假设句和现实假设句在表达功能上的差异。为更明确起见，把虚拟假设句区别于其他三种假设句的主要特征总结如下：

1) 虚拟假设句以纯粹的虚拟性假设语义区别于可能假设句、现实假设句和反事实假设句。

2) 虚拟假设句具有独特的结构形式。类比虚拟假设句的典型结构形式为"如果说 A 是 X/如果把 A 比作 X，那么 B 就是 Y"，非类比虚拟假设句则为"假使……像……，(那么)……(就)……"。

3) 虚拟假设句一般不使用紧缩形式，从句都是肯定形式，主句一般也是肯定形式。这与强烈倾向于肯定形式的现实假设句具有相似性，但不同于肯定和否定形式均常见的可能假设句，更与倾向于否定形式的反事实假设句形成了对立。

4)虚拟假设句必须使用假设标记,而且一般要求使用假设前标,未见使用假设后标的,也未见无假设关联词语的虚拟假设句。

5)虚拟假设句分句中多采用比喻手法,句式具有描写性,可形象化地说明事物之间的关系或用于说明事理、抒发感情、表达认识和愿望,与其他假设句一般用于论证说理不同。

### 2.4.4 从古汉语和跨语言角度看虚拟假设句的类属

虚拟假设句在古代汉语中可能不存在。我们穷尽考察了成书于十八世纪的三部长篇小说(《红楼梦》《儒林外史》《歧路灯》)中的假设句共2000多例,没有发现虚拟假设句(张雪平,2013),还考察了清末小说《儿女英雄传》《老残游记》,也未见此类用例。但到了现代汉语中,虽然虚拟假设句用例远低于其他三种假设句,但也不难见到。相比而言,在有虚拟语气范畴的一些外语中,与汉语虚拟假设句具有语义和功能对应性的"虚拟/假设/非现实条件句",古已有之,而且比较常见,如古希腊语和古阿拉伯语中,都有表示不可实现愿望的虚拟假设标记(相当于英语的"if only"),专用于引导虚拟条件句(Greenberg,1986:258—259),法语和德语中也有这种语义的虚拟条件句(张雪平,2015b)。在英语中,虽然自1700年以来,虚拟语气有明显衰落的趋势(〔丹麦〕叶斯柏森,1924/1988:378—379),但仍保留有用时态后移的形态变化来表达的虚拟语气条件句,如英语口语中常用的虚拟语气形式的固化结构"If I were you",用于非真实性条件句,其语义上对应于本文所述虚拟假设句。事实上,英语中有的虚拟语气条件句,是表达纯粹虚幻性的想象的,如"If I were a bird, I could fly freely in the sky"(Quirk et al.,1985)。Palmer(2001:217)指出,英语跟古希腊语相似,有时使用包含条件连词"if only"的表达式表达愿望(wishes),作用相当于更常用的词汇动词"wish"。但由于从动词的形态变化上看,这种"含蓄"条件句与反事实条件句具有一致性,因此,英语学界一般把条件句进行二分或三分,并不单列出一种"虚拟/含蓄条件句"。但对于没有狭义虚拟语气形态特征的汉语来说,从假设标记和句中一些句法成分的使用,以及结构形式的差异上,可以区别虚拟假设句,因此,有必要单独列为一类。

总之,我们认为,把虚拟假设句从假设句里单列出来,有助于深入认识汉语假设句的语义形式特征及功能异同,对建立现代汉语假设句的语义系统,探讨古代汉语假设句的语义演变,以及对假设句/条件句进行类型学研究,均有重要的理论意义。

## 2.5 无标假设句

### 2.5.1 相关研究分析

根据第一章 1.2.3 节的界定,含有假设标记的假设句为有标假设句,不含假设标记的假设句为无标假设句。

不用关联词语而由分句意义上的联系直接组合构成假设句的句法现象,学界通常看作意合法,在古代汉语中更为常见。王力(1946/1982:144)指出,"复合句里既有两个以上的句子形式,它们之间的连系有时候是以意会的,叫做'意合法'",例如"[假如]你死了,[那么]我做和尚"《红楼梦》),原文本没有虚词"假如"和"那么",是由假设小句和结果小句直接组合而成的假设条件关系复句。这是意合法在复句层面的表现。赵元任(1968a/1979:68)指出了现代北京口语中的情况:条件或假设由"要是、假如"等假设词表示,但"条件小句里可以没有'要是'等字眼,光在结果小句里用'就'字,或者在两个小句或其中之一里用上否定词",如:"你打电话给他,我就不用写信了","你不来(,)我不去"。王克仲(1990:439)指出:"从汉语复合句构成的发展趋势来看,表示假设语义关系的早期复合句,有标志的较为少见。"他还指出,从金文到清代汉语假设义类词呈现出由少变多的发展趋势。该文所说的假设关系标志是指假设义类词,主要是假设连词。江蓝生(2002:291)指出:"汉语的假设复句可以没有任何句法上的标记,而仅靠主从复句语义上的关系表达,从句表示事况、条件,主句表示结果,即所谓意合法。古今皆然。""加上标记是为了使句子的假设义更为明确,使假设语气或显得突出,或显得委婉、和缓。"她根据从句前部还是后部带有假设义类词,把带标记的假设句分成前置式、后置式和并用式三种(参见第一章 1.2.1.3 节)上述文献中,除了赵元任提到可以只在结果小句里用"就"字,均未把仅在结果分句中使用承接性非假设义关联词语的假设句列入有标假设句。参照第一章 1.2.3 节的介绍可知,学界对有标假设句的认识有分歧,即"就/那么"等推论标记是否算假设关系标记。考虑到只有假设义关联词语才能够明确标示句子的假设关系,所以本书把只含有这种虚词语的假设句看作有标假设句,而不包括仅含有承接性关联词语的假设句。

学界对有标假设句的研究相对比较充分,但很少关注无标假设句,更鲜见专题论述,如王维贤等(1994)、邢福义(2001)、徐阳春(2002)、罗进军(2007)、姚双云(2008)、李晋霞(2015)等所讨论的均为有标假设句。根据前面三节的考察,现实假设句和虚拟假设句必须使用假设标记,因而只有有标形式;可能假设句和反事实假设句可以不用假设标记,会出现无标形式。为弥补无标假设句研究的不足,本节在定量统计的基础上,描写不含假设标记的无标假设句,全面考察其句法表现和语义语用特点,认识假设句意合性的一面,以便更加全面地认识假设句的形式和语用特征。

### 2.5.2 无标假设句的句法语义特点

#### 2.5.2.1 典型无标假设句的句法语义特点

典型的无标假设句不用任何关联词语,由条件分句和结果分句直接组合而成,在语境中表义明确,只能理解为假设关系,如下面各例(非单独一个假设句的,见下画线部分。下文同):

(1) 早知道有这特长,中苏谈判请你去得了。(王朔《顽主》)

(2) "你老嘟囔什么呀,烦不烦?"坐在前座回头扒着说话的马青说,"再嘟囔你下去。不就罚两个钱嘛。"(同上)

(3) "你爸给你办大事呢。妈得保他,他混好了,咱们都成吃干饭的了,忍耐一下。"(王朔《一点正经没有》)

(4) 马青顿时露出笑容,亲亲热热搂着于观肩头:"换了你,见我走向深渊,你能不挺身而出么?救不了起码能做到同归于尽吧。"(同上)

(5) "你等着,我收拾不了你,我还不姓古了。"(同上)

(6) "你们真得快点了"。我说,"这儿都是作家,来吃一回不容易,真发了脾气砸了你的饭馆,告到哪都没人管。"(同上)

(7) 区长说:"你不问我替你问!"(赵树理《小二黑结婚》)

(8) "给你五分钟,你能干什么?"(《姜昆表演相声精品集》)

(9) "五分钟能干什么?五分钟能抽一根烟。"(同上)

从表义特点上看,无标假设句多表可能假设意义,少数表反事实假设意义。如上面例句中,仅(1)(5)为反事实假设句,其他均为可能假设句。但(1)有词汇性成分"早知道",不是典型的无标反事实假设句,(5)为发誓式反事实假设句,不表典型的反事实假设义(参见2.3.3节)。

从结构形式上看,无标假设句常用紧缩形式。语料中典型无标假设句极少见,在王朔的《顽主》《一点正经没有》这两篇共8万余字的小说中,没有歧义的无标假设句只有 10 个,其中 5 个为紧缩式,如(2)。

从分句的句法特征来看,无标假设句存在句法成分减缩现象。(1)—(8)的条件分句和结果分句均为谓词性结构,结构形式完整,同有标假设句的区别只在于无假设标记。但(8)(9)不同,这是对口相声脚本中的现场问答,作为答句的(9)中两句也表示假设关系,采用了重复问句内容又加以省缩的形式,句首都只出现了"五分钟"这个名词性短语表示假设条件,意思是"要是给我五分钟"。这与假设分句由谓词性结构充当的一般形式要求不合,但在这样的问答语境中,表义明确,表述简洁,既避免了对问话的完全重复,又使话语更加连贯,并为回答赢得了思考的时间。这是现场即时对话中假设小句的省缩变形,可以看作特殊的假设分句。① 这种省缩句法成分而形成的结构形式不完整的经济型假设句,具有高度语境依赖性,体现了对话中无标假设句因语境提示作用而意合性增强的语法特点。

### 2.5.2.2 非典型无标假设句的句法语义特点

与上述不含任何关联词语的典型无标假设句相比,较多见的是仅在结果分句中使用"就"或"也、还"等承接性关联词的非典型无标假设句。一般表示可能假设意义,基本上只用紧缩形式,如下面一组例子中的假设句均为可能假设意义,除了(19)(20)外,都是紧缩形式。在王朔《顽主》《一点正经没有》中穷尽检索所得的 24 例中,只有(19)这 1 例为非紧缩形式,(11)(14)的主句连用几个小句,第一个小句与从句之间也没有停顿。

(10)"动?动就剁你!赶紧走,疙瘩在他们那儿就带牌,大供给车不算臭!"(王朔《顽主》)

(11)"我这人吃亏就吃亏在太善良,干了缺德事就睡不好觉,老在梦里哭醒,怕遭报应,下地狱。"(王朔《一点正经没有》)

(12)小二黑说:"你愿意养你就养着,反正我不要。"(赵树理《小二黑结婚》)

(13)"你老嘟囔什么呀,烦不烦?"坐在前座回头扒着说话的马青说,"再嘟囔你下去。不就罚两个钱嘛。""又不是罚你,你当然没事"。司机一面小心地驾驶,一面回嘴,"换我我也会说。"(王朔《顽主》)

---

① 汉语单句和复句之间界限不甚分明,学界早有讨论。关于某些语境中的名词性结构可以充当分句的问题,邢福义(1979)认为"这么远的路,他从来不坐车"一例中,很有必要把句首的定中结构"这么远的路"看成一个分句。

(14)"主要就是说,一个中国人对全体中国人的恳求:千万别把我当人!把我当人**就**坏了,我**就**有人的毛病了,咱民族的事**就**不好办了。"(王朔《一点正经没有》)

(15)"你这话是什么意思?"我蹿了起来,"还有没有原则?国民党给你钱你**也**去拍?知识分子的人格、气节什么的还讲不讲?"(同上)

(16)马青得意地说,"一应闲事一概不用你们操心,你们只管专心创作。写出好作品**则**罢,写不出**也**没关系,咱们照样出大名让人敬着让人爱着,这就叫光棍闯天下,空手套白狼!"(同上)

(17)"不签!"我把纸摔回小瘦子怀里,恶声恶气地说,"管你们那么多闲事呢!少拉着我们犯错误,我们这点人权够用了,多了**还**不会使呢!"(同上)

(18)"你这是不是有点玩世不恭?""那我不这么着**又**怎么着啊?"(同上)

(19)只要哥儿们就扶持,实在不得不打,**也**是高高举起,轻轻落下,跟我不和的对我不敬的再好也狠狠打击绝不留情。(同上)

(20)当然咱们的算法有点儿夸张,可不珍惜时间,再不走正路,**那就**会成为社会的废品。(《姜昆表演相声精品集》)

在王朔上述两篇小说中检索到的 24 个只含承接性关联词语且只表假设关系的非典型无标假设句,其中用"就"的 12 例、"则"1 例、"也"7 例、"还"2 例、"又"1 例、"也就"1 例,一般不用连词"那/那么"。像(20)中连用"那就"的很少见,"那"兼有一定的回指作用,凸显了前面两个假设分句的条件话题性。主句中也有用副词"也/还/又",以"也"多见。它们除了关联主从分句组成一个假设句外,往往还兼有其他语义表达功能。如(13)中用"也",除了使"换我"和"我会说"能够组成一个假设句外,还起着承接前述话语的作用,表示后分句隐含的意思与上文"这样说"相同;(16)中的"也"与语境中隐含的让步义呼应;(19)中的"也"兼表委婉语气。"还"往往还表示情态语气,如(17)。(18)中用"又"关联,带有轻微的转折意味。

"就/便/则"和"也/还/又"等承接性关联词,能够标明主从分句的界限,在语境中对假设条件—推论结果关系的辨认具有一定的明示作用,相比不用关联词语仅靠分句意合的典型无标假设句,使用这类承接词的无标假设句的意合程度略低些。

### 2.5.3 结构的紧缩性和表义的不确定性

由上述描写可知，典型无标假设句大概有半数用例为紧缩形式，非典型无标假设句几乎都用紧缩形式。结构紧缩，句式简短，尤其是从句特别简短，这是无标假设句的典型结构特征，如(10)和(17)的从句只有一两个词。

要说明的是，尽管无标假设句常使用紧缩形式，但紧缩式并不限于无标假设句，少数只使用假设连词的前标假设句也可以使用紧缩式，如以下 2 例（参见 2.1.3.3 节）。但使用后标"的话"的有标假设句，由于"的话"表停顿语气的作用，一般不用紧缩形式。

(21) **要是**真离了怎么扯得清楚？（赵赵《结婚进行曲》）

(22) "刚请过。"一个体面的小伙子也同样回答，"**要是你们手里有歌星影星什么的我倒愿意再请**。"（王朔《一点正经没有》）

由于不用假设标记，无标假设句的语义关系便具有不确定性，即使在上下文中有的也难以确定是否只表示假设关系，通常可做假设句或充分条件句、连贯句、将来时间条件句等理解，形成歧义现象。如(23)无假设标记，可做假设句或时间条件句理解，(24)只用了关联副词"就"，可以做连贯句或假设句、充分条件句三解，(25)只用了副词"还"，可做假设句和充分条件句两解。这是由于这几种复句的逻辑关系相似，都是顺接性的。又由于假设句本就表示充分条件关系，便更常见做假设句/充分条件句两解的无标假设句。

(23) "好好想想仔细想想颠过来倒过去想想，甭着急给你们时间——**想好了给我来电话**。"（王朔《一点正经没有》）[假设句/时间条件句]

(24) "唉——"我叹道，抚摸着自己的脸颊，"我这人吃亏就吃亏在太善良，干了缺德事**就睡不好觉**，老在梦里哭醒，怕遭报应，下地狱。"（同上）[连贯句/假设句/充分条件句]

(25) "你譬如说，谁见我都知道我是个骗子，我还骗谁去？**一不留神还得让人骗了**。"（同上）[假设句/充分条件句]

无标假设句表义的不确定性降低了其表达效果，造成了其使用上的低频性，也不适合用于正式的书面语中。

### 2.5.4 低频与口语性及其成因

从语用分布上看,无标假设句与有标假设句相比,使用频率低得多,表现出鲜明的口语化特点。张志公、庄文中(1996:317)指出:"紧缩句灵活精炼,含义丰富,兼有单句形式和复句内容,是汉语特有的句子格式,在口语中使用频率很高。"如上所述,无标假设句常使用紧缩形式,出现承接性关联词语时,以口语性的"就"占绝对多数,很少用书面性的"便/则",这些形式表现正显示了其口语性特点。这个特点,从语篇分布上可以更明显地看出来。在主观性强的叙事语篇中,无标假设句一般只见于有典型口语语体特点的对话部分,在非对话的叙事部分基本不出现,在客观正式的书面语体中则极难见到。穷尽检索王朔的上述两篇小说,得到只表假设关系的有标假设句共 78 个,其中 76 个用于对话中;而 39 个无标假设句,全部用于对话中。这个结果虽然与王朔小说的口语性强有关,但也可见无标假设句的口语化特点。还检索了近期北京味儿小说赵赵的《动什么,别动感情》(约 19 万字),见到无标假设句 4 个,也用于对话中,有标假设句 178 个。刘宝毅的广播剧本《千古流芳》(约 5 万字)是比较正式的对话语料,见无标假设句 15 个,有标假设句 55 个。上述三种语料中的假设句合计 369 个,无标、有标假设句分别占 16%、84%。这可以说明,在书面媒介语料中,即使是口语性语料中,仍然是有标假设句占绝对优势,无标假设句呈现出低频性和强口语性的语用特征。

近代汉语晚期白话语料[①]中假设句的语用分布情况,也有与上述近似表现。我们对《红楼梦》《歧路灯》《儒林外史》中的无标假设句做了穷尽摘录分析,结果是:出现在对话中的合计 260 个,占无标假设句总用例的 95%(260:274),是出现在非对话中用例(仅 14 个)的近 19 倍(260:14)。由此可以充分证明,在加工过的叙事性语篇或口语语体中,无标假设句以绝对优势分布在人物对话中,表现出鲜明的口语语体特点。

还可用于对比的是,在典型的书面语体——应用类操作说明语体中,常用带假设连词和文言性假设语气助词"时"的有标假设句。在 10 万字的汽车驾驶文本语料中,出现假设标记词"如、若、如果、假如、要、一旦、如若"和

---

[①] 王力(1943/1985:4)《中国现代语法》导言中指出:"我们所谓现代,并不是指最近的十年或二十年而言。《红楼梦》离开现在二百余年了,但我们仍旧承认《红楼梦》的语法是现代的语法,因为当时的语法和现在北京的语法是差不多完全相同的。"所以,这部现代语法研究早期重要著作中多用《红楼梦》等清代白话语料中的用例。

"时"总共949次。① 这些词都具有明显的书面色彩(参见第三章3.2.4和3.5.2节)。其中最高频的是假设后标记"时",出现了589次(包括时间兼假设义两解的),而有口语色彩的"的话",与"时"功能相同,却仅出现2次。尽管这部分语料中存在少量双标假设句,这个结果也足以说明,在书面性操作语体中,高频使用的是含书面性假设标记的有标假设句。事实上,仅发现极个别为单独使用的无标假设句,如(26)(27),见到15个对举并列使用的无标假设句,其中对举前项有的是典型无标形式,但对举后项全部为有承接词"则/就"的无标假设句,如(28)(29)。对举的假设句具有结构依赖性,自足性弱,不同于可单独成句的假设句。

(26) 汽车前束不当,将使前轮胎面磨损加剧,使转向机构的机件产生不正常的磨损,因此应及时进行调整。(陈玉龙《汽车驾驶技术考试指南》)

(27) 视线越远,发现偏差就越早,修正偏差也就越及时。(劳动和社会保障部教材办公室《汽车驾驶技术》)

(28) 汽车行驶中制动时,汽车向左偏斜为右轮制动不灵,向右偏斜则为左轮制动不灵。(陈玉龙《汽车驾驶技术考试指南》)

(29) 向上扳动则油面降低,向下扳动则油面升高。(同上)

汽车驾驶文本属于操作性说明语体,书面性强。由于要假定可能出现的各种情况,所以有标假设句比在叙事语体中使用频率高得多,但无标假设句的使用频率却极低,这显然与无标假设句的口语性强有关。

无标假设句的语体分布特点,可以从语义和语用功能上加以解释。由于不带假设标记,无标假设句具有表义上的不确定性,也具有表达上的随意性,与严谨正式的书面语体风格不相和谐(冯胜利,2010;冯胜利、施春宏,2018),而与简短随意的口语语体特点相合。进一步看,无标假设句的口语化特点,正是假设句主观表达功能与口语语体互动的结果。如第一章所述,假设句是一种假言判断句,主要用来表达说话人的认识和态度,推知和评议是其基本语用功能。不管是出现在叙事小说中,还是用于

---

① 陈柯言(2015)所用60万字的操作语体语料库是在笔者的指导下自建的,内容包括汽车驾驶、菜谱、摄影、武术、实验、说明书等六类,每类10万字。本书所用操作语体语料即来自该语料库。陈文对汽车驾驶类语料中出现的假设标记词的统计结果是964次,其中"时"604次,我们再进一步查验,排除15个时间义凸显的"时",得949次。

对口相声中，无标假设句主要用于对话中，多用来表达说话人对相关事态的推断评议和主观态度等背景信息。这正合乎对话语体的现场性和评论性强的互动特点，而与具有过程性和事件性、表达前景信息的叙事语体特点形成了对照。① 可以说，是互动性的口语对话语体塑造了形式简单、表述经济、有主观表达功能的无标假设句。反过来也可以说，常为简短的紧缩形式又具有主观评议功能的无标假设句，选择了口语对话语体，而比较排斥书面说明语体。

从意合法上看，典型无标假设句采用了典型的意合法，非典型无标假设句也采用了比较典型的意合法。但正如袁毓林(2016)所指出的，真正严格的意合法过于经济和简约，只有允许跳跃式话语的场合(诗歌等)才能奏效。由于不用假设标记，或者只用非假设义的推论关系标记等，造成了无标假设句形式过于简单，而有时表义不明，从而导致了其使用上的低频性。这也是导致汉语假设句从古到今意合性减弱、形合性增强(王克仲，1990)的内在原因。实际上，现代汉语偏正复句以形合为主，特别是条件类复句，不用任何语法标记的意合句很少用，在书面化语料中更是如此。

不过，由于无标假设句简短经济，合乎口头表达的需要，较常用于口语对话中，有些已凝固成富含哲理的谚语、俗语、格言等熟语，如"身正不怕影子斜""心正何愁着鬼迷""好心总有好报""人无远虑，必有近忧""小洞不补，大洞吃苦"等。

## 2.6 从句后置型假设句

### 2.6.1 相关研究分析

黎锦熙(1924/1992)、王力(1943/1985)、朱德熙(1956)、林裕文(1962/1984)、胡裕树(1995)等注意到，假设句及其他偏正复句具有偏句通常在前的语序特点。张炼强(1992)从常式句和变式句相互变换角度，描写了假设从句后置的多种条件限制。古代汉语假设句只有从句在前主句在后一种语序，因此，一般认为假设从句后置是受了西文尤其是英文翻译的影响，形成

---

① 关于叙事语体的过程性与事件性、对话语体的现场性和评论性的特点，参看方梅(2008:75)。

的一种欧化结构形式。① 贺阳(2008)、黎洪(2012)和谭全呈(2019)对现代汉语偏正复句的变序问题进行了综合研究,也论及了假设复句的语序变异现象。王春辉(2010b)从类型学比较视角对汉语条件句的语序类型特点做了比较深入的研究,在对相关解释讨论的基础上,从语义和篇章连续性角度,对从句前置优势语序和从句后置特殊语序的成因进行了比较合理的分析。

Greenberg(1963)通过跨语言调查得出的第 14 条语序共性为:在条件陈述句中,所有语言都以条件从句处于结论之前为正常语序。这条普遍语序规则跟时间顺序原则(戴浩一,1988)一致,适合汉语假设句。假设句从句前置语序符合时间顺序,是句法相似性的表现,而从句后置型违反时间顺序,使用频率低得多。据姚双云(2011)对 579 个"如果"假设句的考察,只有 1 例假设从句后置,比例不足 0.2%,而其他学者的调查结果大致为 3.7%。我们对王朔《顽主》《一点正经没有》穷尽检索得到的 78 个由"要是、要、如果"等引导的有标假设句中,有 4 个从句后置,占比约 5.1%。可见,不管语料的来源如何,从句后置型假设句在现代汉语中绝对处于劣势,频率极低。

语序是汉语中一种重要的语法手段,非常规语序的从句后置型假设句,在现代汉语中非韵律需要而使用,固然与语言接触有关,但能被汉语所接受并使用,也与它所具有的特别语义表达功能有关。本节即在国内外相关研究的基础上,根据真实语料,描写分析从句后置型假设句的句法语义之间的互动关系,探讨其语体特征与语用属性,揭示其存在的语用动因。

### 2.6.2 结构形式与语义关系

从句后置型假设句要使用假设标记,我们所检索的语料中未见无标句,而且一般只使用"如果"等假设连词做前标,且多与后标"的话"合用,结果分句中不用关联词语,形成"……,如果……的话"这样的双标假设句式,例如:

---

① 据贺阳(2008:272)对"五四"前从 14 世纪到 20 世纪的 5 部白话作品《水浒全传》《西游记》《红楼梦》《儿女英雄传》《老残游记》)中的有标假设句(包括"若"等 18 个假设连词和"即使"等 8 个假设让步连词标记的)的统计表明,没有从句后置型假设复句。我们对清代白话小说的初步调查,也没有发现从句后置型假设句。贺阳(2008:276)统计了当代小说和论著中"如果"所引的假设句用例,发现从句后置型在原创文本中占比为 4.4%,而在翻译文本中占比为 12%。我们在 CCL 语料库中设定"要是"与"的话"间隔小于/等于 10 字,所得 72 个从句后置型假设句,只有 6 个见于原创作品中,66 个出现在翻译作品中。这种分布倾向说明学界的认识是有一定道理的。不过,杨伯峻、何乐士(2001:962)曾举出 1 例因押韵的需要而偏正句倒置的:"制芰荷以为衣兮,集芙蓉以为裳。不吾知其亦已兮,苟余情其信芳。"(《楚辞·离骚》)

(1) 当时为取得这一成果,宋庆龄作出了她的贡献。这使她很愉快;想来也一定会使孙中山愉快,**如果**他还健在**的话**。(陈廷一《宋氏家族全传》)

(2) "行,我把这个座位让给您,**要是**您不拒绝**的话**。"钢琴家微微一笑说。(《读者》,转引自北大 CCL)

(3) 他还带着一筒牙膏,给伤员抹在口中,润一润唇舌,**假若**一时找不到水**的话**。(老舍《无名高地有了名》)

(4) 这个,请老兄自己去判断,**假如**你想结婚**的话**。(老舍《婆婆话》)

有少数用例只使用假设前标,不用假设后标,形成"……,如果……"这样的单标假设句式,例如:

(5) 鞋跟高点走起来有点踩泥的感觉,深一脚,浅一脚,**如果**宽厚点。(王朔《千万别把我当人》)

(6) 是的,你的妈妈一定比我还欢喜你,**要是**在病中看见你这样远跑回去。(叶紫《古渡头》)

(7) 他如今每年作一次水墨画,一个半月,怕丢掉。他感慨地说:"做画家是自己找麻烦,**假如**要做一个实在的画家。"(《人民日报》,1998 年)

不少从句后置型假设句的假设从句与主句之间书面上有逗号相隔,如上面各例。有的假设从句出现在破折号或省略号后、小括号中:

(8) 你必须把自己的感情问题安排妥当——**如果**可能**的话**。(《读者》,转引自北大 CCL)

(9) 你不喜欢独自一个人呆着,你需要有朋友围在身边。你非常喜欢帮忙……**如果**这不花费你太多精力**的话**。(同上)

(10) 至于评价,那它是对价值的主观关系的表现,因而既可能是真的(**如果**它符合价值),也可能是伪的(**如果**它不符合价值)。(《读书》,转引自北大 CCL)

有时,前置的结果小句是疑问语气,后置的假设小句是陈述语气,如(11);或者前置的结果小句和后置的假设小句之间被其他成分隔开,如(12),甚至相隔较远,如(13)(见下画线部分)。这种情况下,虽然假设小句和

95

结果分句一般都带有独立的句调,但语义上并不自足,还是彼此依赖,仍构成假设条件关系,这是口语篇章中因交流互动而带来的假设句式的语用变化。

(11)"什么条件?**如果**我帮你。"(王朔《人莫予毒》)

(12)"到我那儿去吧。"丁小鲁说,"你们**要是**还想聊。"(王朔《顽主》)

(13)"噢,我建议您还是照常去参观那个展览,"分局长出门前回头说,"我去看过,办得挺不错,你能看到一些真正的国宝……**如果您身体允许的话**。"(同上)

从上述描写可知,与常规语序的从句前置型假设句相比,从句后置型假设句在结构形式上具有以下特点:

首先,强制使用假设标记。从句后置型假设句必须使用假设前标记,多同时使用假设后标记"的话",不能是无标形式。这种句法特点主要是基于表义的需要。从句后置型假设句是非常规语序,主从分句之间的语义关系不够明确,若不使用假设标记,便很难确定句子是否表假设条件关系。这样,就会造成主句和从句语义上的不连贯,从而导致句子不合法,或者语义发生变化,如上举(2),若删除从句中的假设标记"要是",句子语义不连贯,不能说;(6)从句中的"要是"删除后,则变成现实性叙述而非假设了,如下:

(2')*"行,我把这个座位让给您,您不拒绝。"钢琴家微微一笑说。

(6')是的,你的妈妈一定比我还欢喜你,在病中看见你这样远跑回去。

其次,主句中排斥推论标记。从句后置型假设句的主句不用推论性强的连词"那/那么",一般也不用推论性较弱的关联副词"就"等。这主要是受假设句式推断性因果关系义制约的结果。"那么、就"等用于引出结果小句,其出现必须以假设条件小句的出现作为推断的前提,在前提未出现时,推论标记便无法使用。这也与前置主句对后置从句语义上的依赖性弱有关。从句后置型假设句的主从句之间往往不存在必然的推论性因果联系,有的前置主句甚至是对事实的陈述,如上举(3)中"假若"所引从句前的几个分句,再如下面2例,从句前主句(下画线部分)的命题内容都是事实性陈述,主从分句之间也无逻辑上的蕴涵关系。

(14)"实际上,"马锐继续朝夏经平说,"他最近对我什么都没干,**如果**什么都不干就算好**的话**。"(王朔《我是你爸爸》)

(15)"知恋君飞呀!任意的飞呀。可惜你的伴儿离你渐远了,**假使**你会想**的话**。听说你是不大会想的,那么也好吧,好好的飞呀。"(俞平伯《稚翠和她情人的故事》)

黎锦熙、刘世儒(1962)指出,常式句"如果你要迎合我的心意,那么我们的谈话就没有什么好处"不可变为从句后置的变式句,但若去掉主句中的"那么"且把"就"改为"怕"的话,则可以。张炼强(1992)也指出,"如果……那么……"句中,如果要后置从句,非把"那么/那"去掉不可,但认为主句中可以出现"就",并举出下面2例:

(16)真理,它要你的一切,等到你真相信它时,你<u>就</u>不能拒绝,**若是**它要你的一切。(黎锦熙、刘世儒《汉语语法教材》)

(17)但将来的命运,不也<u>就</u>可以推想而知吗?**如果**乡下人还是这样的乡下人,老例还是这样的老例。(鲁迅《坟·再论雷峰塔的倒掉》)

不过,我们在557万多字的老舍等现代作家的文学作品文本中,穷尽检索得到的30个从句后置型假设句,仅1例主句中出现了有关联作用的"就",见(18),但语义上还与其前小句联系紧密,主要表示顺接连贯,与假设标记呼应引出推论的作用并不明显。其实(16)也属于这种情况。(17)中的"就"可能有引出推论的作用,但由于用在反问句中,而且与假设小句相距较远,所以与"如果"所引两个假设小句的呼应及其关联作用也不明显,其强调语气功能更凸显。因此,我们认为,从句后置型假设句前置主句中排斥推论标记。

(18)自己的车,当然格外小心,可是他看看自己,再看看自己的车,<u>就</u>觉得有些不是味儿,**假若**不快跑**的话**。(老舍《骆驼祥子》)

因从句后置而必须使用假设标记,致使从句后置型假设句一般不会紧缩在一起,这与常用紧缩形式的无标假设句不同,也与可以紧缩的可能和反事实义有标假设句不同。在我们所检索到的用例中,主句与从句之间没有书面上停顿标记的后置型假设句,仅见到王朔小说中1例,还主要与王朔小说的个人言语特点有关,他的小说中往往很长一段话不用标点符号,并非规范用法。

### 2.6.3 语体分布与语用属性

贺阳(2008:277)依据语料统计数据指出:"语体正式程度的高低似乎对从句后置现象并无明显影响,正式程度较高的学术语体和正式程度较低一些的文学语体,在从句后置现象上并没有呈现出比较齐整的差异。"但就假设句来说,从句后置型在语体分布上存在一定倾向性。我们从2200余万字的当代小说、戏剧等文学作品及少量应用文等文本中,检索到"……,如果……的话"结构的典型形式后置假设句共48个,其中17个(35%)用于对话中,所用假设标记情况为:"如果"36、"假如"6、"要是"4、"假若"1、"若不是"1。从557万多字的老舍等作家的现代小说、戏剧、散文作品中共检索到30个这种后置假设句,只有3个(10%)用于对话中,并且有27个见于老舍作品("假若"句17个、"假如"句10个),另有2个"假使"句分别见于苏青、俞平伯作品,1个"倘若"句见于施蛰存作品中。从这些现代语料中的用例情况来看,口语色彩强的假设连词"要、要是"未出现,在当代语料中也很少见。[1] 由此可见,从句后置型假设句与无标假设句的口语性特点不同,它偏于书面性,多用于书面语体中,尤其是在现代汉语早期,主要见于文学作品中,典型的口语体对话中极少使用,其书面化倾向很明显。到了当代语料中,书面色彩有所淡化,不过仍较少用于典型口语语体对话中。

从语用角度来看,各种复句的语义关系都处在"行、知、言"三个认知域中,分别基于客观事理、主观推理和言语行为层面。处于"行域"中的假设关系是典型的蕴涵关系,最不典型的是处于"言域"中的假设关系。[2] 从复句三域理论来看,从句后置型这种非常规语序假设句具有明显的语用属性,较多用于言域层面,主从分句之间不具有真正的蕴涵性语义关系,从句为主句的言语行为提供一个适宜性条件,从而满足了书面表达追求严谨的逻辑要求。因此,从语义内容上来看,后置的从句多表达对主句内容的解释说明,学界通常认为是"追补"或"补充说明"。如(19)的从句用于表示补充说明的破折号后,其语义上的补充说明性质更加凸显,表述得出主句的评价性断言的适宜性条件,(20)亦同;(21)(22)的从句分别补充说明主句提出要求、请求的适宜性条件;(23)则补充说明表示感谢的适宜性条件。当用于口语对话中表示请求时,表达上显得更礼貌,如(22)。

---

[1] "要是、要"是典型的口语词,"如果、假如"偏于书面色彩,"假若"有明显的书面色彩。参见第三章3.2.4节。

[2] 关于复句三域的区分,参考 Sweetser(1990)、沈家煊(2003)和张宝胜(2006)。

(19) 大言不惭的尽管普遍,落落大方的也比比皆是——**如果**你不恶毒地管这叫"恬着脸"**的话**。(王朔《一点正经没有》)

(20) 曲时人绝对的不管什么是应有的客气,或者几乎是故意的假充乡下佬,**假如**他也会假充**的话**。(老舍《蜕》)

(21) 旁的人不要说三道四,**假如**你没有经历过那种婚姻。(毕淑敏《婚姻鞋》)

(22) 大卫:是,我想跟他谈一谈。当然**如果**你允许**的话**。(电视电影:《北京人在纽约》)

(23) 我知道有些人专门对我进行研究,把我历史上多少年的东西都找出来。我感谢他们,**如果**是"好意"给我提出来**的话**。(金戈《外交部"夺权"前后的周恩来与陈毅》(五))

### 2.6.4 凸显强调与篇章连贯

王春辉(2010b)参考前人研究指出,条件从句后置的动因有二,一是作为事后追补语,二是主句而非条件小句与前文保持着篇章的连续性或连贯性。这个概括比较简明,但还不十分准确。现代汉语中从句后置型假设句的使用,从外因上看是受西文翻译的影响,而内因主要是基于凸显强调前置主句内容以及与前后文保持篇章连贯的语用需要。

作为偏正复句的假设句,其主句本是句子表义重点所在,却前置于假设条件先说出来,违背了正常的逻辑顺序和思维规律。从语用上看,具有凸显强调前置主句/小句内容的特别表达作用,而后置的假设从句,在语义内容上几乎都可以看作对前面小句内容的补充说明。如上面(19)—(23),用于补充说明主句中所实施的某言语行为的适宜性条件。还常见从说法的得体性或合宜性上,对主句中某个词语或部分内容加以补充说明的用例,如下面3例,分别是对前置主句/小句中的"小品、姑娘、来世"的补充说明,这种假设句也被称为元语篇/元交际条件句(项成东,2006),英语中比较常用。

(24) 我很喜欢白居易的这首"小品"——**如果**可以这样分类**的话**。(《市场报》,1994年)

(25) 从那时到现在,又过了很多年,现在无双简直就要变成个老姑娘——**假如**她还是姑娘**的话**。(王小波《寻找无双》)

(26) 吴松桥是在刘桂英疯了的时候收留她的,这样的好心人死后

应该有一座好坟,这样的好心人来世应该有好报,**如果**有来世**的话**。(蔡康《花烛泪诉人间情》)

从我们对近 3000 万字语料的调查来看,多数用例中主句前置,只是为了把说话人的认识或结论先说出来予以凸显强调,这才造成了从句作为"追补语"后置这种句法后果。如(27)表义的重点在从句前"他"的认识上,(28)在得出的检查结论上,后面的假设小句只是补充了得出该认识或结论的一个适宜条件。从语音上看,后置的假设小句在语调上要低于前面的结果小句。我们认为,作为"追补语"只是句法语义表现,凸显强调主句内容,才是假设从句后置的真正动因。

(27) 他晓得,被日本人占据了的北平,已经没有他作事的地方,**假若**他一定"不食周粟"**的话**。(老舍《四世同堂》)

(28) "基本完好。"主管大夫对白度说,"**如果**不作解剖标本**的话**。"(王朔《千万别把我当人》)

还有一部分假设句的从句后置,是由于主句在语义上与前面语句内容联系更紧密。如(29)的前置主句"还得带一壶水"是紧承前一句中的"提醒"内容而说的,前后句之间语义连贯,而假设从句只是针对这最后一个提醒内容而言的,为了使前面几个小句的内容更加连贯,便让从句后置了。(30)(31)的主句(下画线部分)也是因紧承前句内容而前置的。

(29) 明天要记住,得备中午晚上的干粮,每次开发票,给报销的。还得带一壶水,**如果**你们不怕渴死**的话**。(方方《埋伏》)

(30) 但是如果只分内外不分上下地看,由圈外人来研究某一群体似乎的确比圈内人来研究好些,<u>前者至少不应当比后者更差</u>,**如果**不会更好**的话**。(李银河《女性主义》)

(31) 你不喜欢独自一个人呆着,你需要有朋友围在身边,<u>你非常喜欢帮忙</u>……**如果**这不花费你太多精力**的话**。比起爱来说,你更加寻求被爱,但这是不够的。(《读者》,转引自北大CCL)

另有个别用例从句的后置,既是为了凸显强调主句内容,也是由于作为追补语的从句内容上与其后续小句联系更加紧密。如(32)的假设小句中后面一句是对从句中"代价"的进一步说明,二者语义联系紧密;(33)的假设小句中"穿大衫"与后面一句中"找中山装"语义联系紧密。可见,后置的假设小句有时也起到了篇章衔接连贯的作用。

(32) 这就是用我的这种语言,表达这种意思。如果我在北京大学跟学生们讲话,基本的态度就是,我希望你们作李敖第二,**如果**你愿意付代价**的话**。这个代价很大。(《李敖对话录》,转引自北大 CCL)

(33) 可是,今天他须领队。他怎想怎不合适,**假若**穿着大衫去**的话**。他冒着汗从箱子底上把那套中山装找出来,大胆的穿上。(老舍《四世同堂》)

不管是主句内容与其前小句内容联系更紧密,或是从句内容与其后小句联系更紧密,采用从句后置语序的假设句,有些是发挥着篇章连贯作用的。因此说,篇章连贯的需要,同样是后置型假设句存在的一个语用动因。因篇章连贯需要而后置的假设从句,一般不能换位而前置。

## 2.7 本章小结

### 2.7.1 各种假设句的典型结构形式

基于本章的考察,并参照第一章的综合考察和第三章对各类假设标记用法的考察,将本书所分出的各种假设句的典型结构形式总结如下表(不使用紧缩形式的,分句之间加","号表示,否则不加。下文同):

表 2-2 各种假设句的典型结构形式比较

| 假设句 | | 典型结构形式 |
| --- | --- | --- |
| 可能假设句 | | 如果……(的话)就…… |
| 现实假设句 | 类比 | 如果说……(的话),那么……也/则…… |
| | 非类比 | 如果说……有……的话,那就是/就是…… |
| 反事实假设句 | 反证释因 | 要不是/没有……(早)就…… |
| | 反证归谬 | 如果说……,那就…… |
| 虚拟假设句 | 类比 | 如果说……是……/如果把……比作……,那么……就是…… |
| | 非类比 | 假使……是/像……(那么)……(就)…… |
| 无标假设句 | | ……(就)…… |
| 从句后置型假设句 | | ……,如果……的话 |

第一章先从假设从句的假设可能性角度把假设句分成两类、四种,除了最常用的典型假设句(即可能假设句),三种频率较低但语义和表达功能均比较特殊的非典型假设句,又据其主从分句之间的语义关系,或者句子的语用功能,再各分为两种。从表2-2中可以清楚地看到其典型结构形式的异同,这也是我们建立现代汉语假设句语义分类系统的主要形式依据。现实假设句和虚拟假设句,都强制性要求使用假设标记,不用紧缩形式,主句一般用肯定形式,前者的从句强烈倾向用肯定式,后者的从句只用肯定式。可能假设句和反证释因反事实假设句都可以用紧缩形式,反证归谬反事实假设句不用紧缩形式。可能假设句的主从分句肯定式否定式均常见,反事实假设句的从句倾向用否定形式。

　　无标假设句一般表可能假设意义,偶尔也表反事实假设意义,具有口语性特点,多用紧缩形式,结构简短,但表义不够明确,对语境的依赖性强,在现代汉语书面媒体语料中很少使用,体现了汉语假设复句形合性增强、意合性减弱的发展趋势。从句后置型假设句强制使用假设前标记,一般也要同时使用假设后标记,不用紧缩形式。这是受了西文翻译影响而使用的一种欧化句式,带有一定书面色彩,具有凸显强调前置主句内容以及与上下文保持篇章连贯的语用功能。

### 2.7.2　非典型假设句表达推理的原因

　　典型常用的可能假设句一般只表达蕴涵性复合命题或假言判断,不能单独用来表达推理,而非典型的现实假设句、反事实假设句和虚拟假设句却都能表达推理。这是为什么?原因可能有两方面。首先决定于三种非典型假设句自身的语义特点。陈宗明(1984:172)指出:"蕴含和推理毕竟是有区别的。'如果,那么'句通常只表达假言命题,并不表达假言推理。只有在特定的语境中前件显然为真或者后件显然为假的情况下,它才表达假言推理。"现实假设句的假设分句内容显然为真,而反事实假设句和虚拟假设句的假设分句内容显然为假,这是它们能表达推理的一个基本原因。

　　但现实假设句和虚拟假设句中只有类比关系的能表达推理,而非类比关系的仍只表达假言判断或命题,又是为什么呢?这是受制于主从分句之间的语义关系。这两种假设句表类比关系时,前后分句虽各是一个简单判断,但分句之间构成了对比性的相同或相异关系,使得它们具有了表达类比推理的功能。形式上,从句多用含有认识义的"如果说"引出推理前提,典型推论标记"那么"几乎总是出现于主句句首,形成了假设类比推理结构的显著表达式"如果说……,那么……"。非类比现实假设句从句和主句之间具有话题和说明关系,非类比虚拟假设句的从句和主句之间是蕴涵关系,二者主句中都多用表示判断的"是",主句便成为基于前话题/条件而形成的一个判断或命题,所以它们通常不具有推理功能。

# 第三章 假设标记的语义功能与分布特征

## 3.1 假设标记的范围和类别

现代汉语的假设句绝大多数为含有假设标记的有标假设句,假设标记指表假设义的假设关联成分和假设框架,是假设句假设关系和假设情态意义的基本表达形式。

根据句法位置和语法功能,假设关联成分可分为前置连词性的和后附助词性的两个次类。前置假设标记用在假设从句句首或谓语前,做假设句的前标,包括三小类:"如果"类假设连词、"如果说"类假设关联词语、"如果不是/没有"类假设关联成分。后置假设标记位于假设从句末,做假设句的后标,有假设语气助词"的话、时、的时候",以及准假设语气助词"呢、吧"。不同类的假设标记除了表示假设关系这一语义共性外,在表义和用法上都有一些差异。三类假设前标记都有明显的表义倾向,语义功能大致互补,与不同语义类别的假设句大致对应。各类假设前标记内部成员在语义功能或语用特点上具有相似性和差异性,往往并不能随意相互替换使用。

用在假设句结果分句中的承接性关联词语有连词"那、那么/那末"、副词"就、便、则、也、还、又",有的可以连用或合用。它们与假设关联成分配合构成假设框架结构,表假设性推论因果关系。"就"的使用频率最高,"那、那么/那末"其次,"便、则"较少使用,"也、还、又"少用,并且多同时兼有其他语义关联作用。由于这类承接关联词主要是引出推论结果的,不表假设义,也不能独立表明句子的假设关系,故本书不看作假设标记。第二章讨论假设句的结构形式时已涉及,本章讨论假设标记的用法时还会涉及,不做专节讨论。

假设前标记和后标记可以连用、合用,并与承接性关联词语配合构成假设框架,标记各种语义的假设句,前面两章已有所讨论,本章在讨论各类假设关联成分时还会涉及,也不做专节讨论。

假设前标记成员较多,是假设句语义关系的主要表达形式,也是本章讨论的重点,为便于编排,各分一节展开。假设后标记较少,典型的只有一个"的话",放在一节中讨论。前标和后标讨论之后,再综合考察它们的共现问题。为明确起见,把各类假设标记之间的层级关系列如下图:

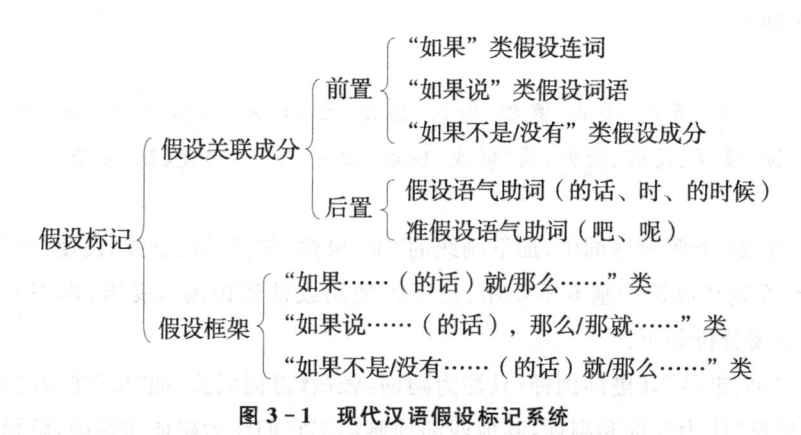

```
                    ┌ 前置 ┌ "如果"类假设连词
                    │      │ "如果说"类假设词语
                    │      └ "如果不是/没有"类假设成分
       ┌ 假设关联成分┤
       │            │ 后置 ┌ 假设语气助词(的话、时、的时候)
       │            └      └ 准假设语气助词(吧、呢)
假设标记┤
       │            ┌ "如果……(的话)就/那么……"类
       └ 假设框架 ┤ "如果说……(的话),那么/那就……"类
                    └ "如果不是/没有……(的话)就/那么……"类
```

图 3-1 现代汉语假设标记系统

本章根据对北大语料库(CCL)中真实语料的调查,分类考察假设标记的使用情况,必要时也辅以其他语料的搜索结果。重点对各类假设关联成分的句内及语篇分布情况、表义规律及语用特点做较为全面细致的考察,以认识并比较其语义功能异同及其成因,从而对众多假设标记共时并存的现象做出解释,并对前面两章关于假设句的分类及其语义、结构和功能特征的初步结论,进一步做出形式和分布上的验证。

## 3.2 "如果"类假设连词

本节所说的假设连词主要指词典[①]上收录的解释为"表示假设"的连词,也包括一些词典未收录以及兼有副词性或动词性的假设连词。这些连词都表示假设意义并具有关联作用,是假设句最常用的一类语法标记,也是假设句表达假设可能性非现实认识情态义的主要语法形式,概称为"如果"

---

[①] 所用六部常用现代汉语(虚词)词典按出版时间前后为:《现代汉语虚词例释》(简称《虚词例释》)、《现代汉语八百词》(简称《八百词》)、侯学超主编《现代汉语虚词词典》(简称侯学超《虚词词典》)、张斌主编《现代汉语虚词词典》(简称张斌《虚词词典》)、《现代汉语词典》(第5版)(简称《现汉》)。用到其他版本时加以说明);朱景松主编《现代汉语虚词词典》(简称朱景松《虚词词典》)。下文同。

类假设连词,不包括具有假设连词性但词类地位尚不稳固、没有完全词汇化的"如果说""如果不是"之类,这两类在后面两节中讨论。

### 3.2.1 "如果"类假设连词的范围

《现汉》等六部词典所收录的表示假设意义的"如果"类连词共 24 个,按音序列下:

<u>果</u>、<u>果然</u>、果真、假如、假若、假使、如、如果、<u>如其</u>、如若、若、若是、<u>设</u>、<u>设或</u>、设若、<u>设使</u>、倘、倘或、倘若、倘使、万一、<u>向使</u>、要、要是

这 24 个假设连词中,加下画线的"果、果然、如其、设、设或、设使、向使"7 个,在现代汉语中基本不使用、已不再使用或使用范围很受限,本书不收录,简要分析如下。

"果、果然",《虚词例释》只注为副词,张斌《虚词词典》把"果"注为副词,把"果然"注为连词和副词,其他四部词典均把它们注为副词和连词,解释也大同小异。以《现汉》为例,把"果然"的第二个义项解释为:"连词。假设事实与所说或所料的相符:'你~爱她,就该帮助她。'"但据我们在语料库中的搜索结果,"果然"主要用作"表示事实与所说或所料的相符"的语气副词,基本不用作假设连词。我们具体分析了"果然"的 600 个用例(分布在"应用文、《人民日报》、文摘《读者》、小说、散文、电视电影"中),只有 3 例用于假设句中,其他都用在现实句中。用在假设句中的 3 例都有其他假设义词共现,并非独立表示假设,还具有修饰功能,可做副词和连词两解,以解作副词为宜,如下:

(1) 不过她又想,<u>假如</u>凭借自己的才华和姚宗民内行的运作**果然**能在文坛冉冉升起,万元的预付款实在是不贵。(张欣《掘金时代》)

(2) 我不明白多少事,我有点怕,又有点希望——**果然**不再挨饿<u>的话</u>。(老舍《月牙儿》)

(3) <u>若</u>**果然**是这样,我们就深盼那大悲剧的出演,把笑改成泪。(老舍《蜕》)

"果"是个文言词,在现代汉语中已经很少做独立的词用。我们抽样分析了"应用文、《人民日报》、小说、散文、戏剧和电视电影"中出现的共 1000 个带"果"字的句子,只有 2 例"果"做独立词用。1 例用在现实义陈述句中

谓语前,做副词无疑,见(4);1 例是用在假设连词"若"后修饰谓语,可做副词和连词两解,以解作副词为宜,见(5)。

(4) 晚自习开始后,他去教学楼侦查,安菲迪<u>果</u>在同学生"拉呱"。(莫怀戚《陪都旧事》)

(5) "<u>若果</u>有其事,这剃头司务剃'活佛'之头,受十元之赏,而以大礼答谢,可谓荣幸而恭敬了。"(丰子恺《野外理发处》)

可见,"果"的情况跟"果然"相似,在现代汉语中极少用于假设句,偶有用例也是用在有其他假设义词共现的假设句中。"果"作为一个文言性的单音节词,在现代汉语中基本上不做连词用,也极少做副词使用了。况且"果"在古代汉语中是否为真正的假设连词还存在争议,参见王克仲(1990)和赵京战(1994)的讨论。

上述分析说明,"果、果然"在现代汉语中基本上不做假设连词使用。
"如其",《现汉》和侯学超、朱景松两家《虚词词典》收录,后两家注释为:"如果",多在方言区使用;文言词,只用在书面语里。我们在语料库中的检索结果是:"如其"在浙江籍的作家巴人(王任叔)的现代作品中见到 3 例,在新中国成立前长期在上海生活创作的作家张爱玲的作品中见到 1 例,"法律条文"(《香港行政区法》)里有 3 例,其他应用文中有 1 例。可见"如其"是一个有江浙一带南方方言色彩的词,其使用很受地域和语体的限制,使用频率也极低。

"设或",《八百词》《虚词例释》和张斌、朱景松两家《虚词词典》均未收录,"设"被《八百词》外的其他五部词典收录,"设使"除《八百词》和朱景松《虚词词典》外的其他四部词典收录。但这三个词都是文言色彩很浓的书面词,使用频率极低,在语料库中的检索结果是:"设或"只有 4 例,"设使"也只有 6 例。"设"的使用次数不好一一统计,但据观察,它作为独立的词用时几乎都是做动词,极少有可以判定为连词的例子,其使用频率应该跟"设或/设使"相当。可见,在现代汉语,特别是当代汉语[①]中,"设、设或、设使"这三个假设连词已经基本不用了。

"向使"是个文言假设连词,只有《现汉》收录,释为:"连词。书面语。如果;假设。"(1490 页)据在语料库中的检索结果,没有发现一个有效例,说明

---

[①] "现代汉语"指"五四"白话文运动以来的汉民族共同语,"当代汉语"是指中华人民共和国成立以后的汉民族共同语(即普通话),隶属于现代汉语。(刁晏斌,2006)

"向使"在现代汉语中已经不再使用了。

"倘然、假定、假设"这三个含假设义词素的词,六部词典均未收为连词,我们认为应该补收,也值得讨论。据在语料库中的检索结果,它们做假设连词使用频率,高于"设、设使、设或"。"倘然"为文言假设连词,使用51次,为《现汉》以前版本(解释为"倘若")和《倒序现代汉语词典》所收录。

"假定"和"假设"是兼有动词、名词和连词用法的假设义词,做假设连词使用次数分别约为80次与40次。陈国华(1988)把"假定、假设"列为假设词,王维贤等(1994:161)把"假定"也列为假设连词,在举假设复句用例时还举了1例"假设"做标记的:"假设(=如果)大姐婆婆的说法十分正确,我便根本不存在啊!"(157页)但词典未列其连词义项,也未见有文献论证,本书第五章和第六章具体讨论。

"果真、一旦、万一"为兼有副词性的假设连词。"果真"与"果、果然"同义,除了较早的《虚词例释》外,其他几部词典上均注为副词和连词,用在假设句中时多用在假设分句谓语前,兼有副词性和连词性。但因为"果真"是语气副词,所以多数用例很难判定是只具有关联功能还是兼有关联和修饰功能,也许把它看作具有假设关联功能的语气副词更好些。考虑到其频率较高,依词典意见,也列入假设连词,但认为它的连词化程度较低,做连词时往往还有一定的副词性。"一旦"词典注为名词和副词,但未注出其连词义项。据彭小川、杨江(2006)和我们的考察,"一旦"已有假设关联副词或假设连词用法,可用在假设从句中,表示假设意义并关联前后分句。语料库中具有假设关联功能的"一旦"的使用次数在8000次左右,我们把表示假设的"一旦"看成假设连词。"万一"在出版较早的词典中注为副词和连词(《虚词例释》与《八百词》、侯学超《虚词词典》),但出版较晚的张斌《虚词词典》、《现汉》和朱景松《虚词词典》已经只注为连词了。其连词化程度比较高,有时还具有一定的副词性。

假设连词存在与副词或动词的兼类或纠缠现象不难解释,因为词类本是原型范畴,特别是副词和连词,一直存在划界问题。从上述5个性质不单纯但具有假设关联功能的词来看,它们已经具有明显的连词性质,不过起关联作用时偶尔还兼有述谓或修饰功能。本章只着重讨论这些词的假设义和关联功能,把它们都归入"如果"类假设连词一类,不是十分必要时,不刻意区分是连词还是副词或动词。第四至六章将对"万一、一旦、假定、假设"进行具体研究,分析并解释这些性质功能不单纯的假设连词的用法。

根据上文所述,在词典收词的基础上,剔除使用频率极低、使用范围极小、基本不使用或已经不使用的"果、果然、如其、设、设或、设使、向使"7个,补充频率较高的"倘然"和已经演化出假设连词用法的"假定、假设、一旦"3个,总共 21 个,这就是本书所要考察的"如果"类假设连词。按照它们使用频率的高低(即按在语料库中使用次数的多少),依次排列如下:①

如果　要是　要　如　一旦　若　假如　若是　倘若　万一　假若
倘　假使　如若　倘使　设若　果真　倘或　假定　倘然　假设

这些假设连词中,"如果"使用次数最多,约 10 万次,"如、要、要是"在 1 万到 2 万次之间,"假如、若、一旦"在 7 千到 9 千次之间,"若是"约 4 千次,"万一、倘若"在 3 千到 4 千次之间,"假使、倘、假若"在 1 千到 2 千次之间,"设若、倘使、如若"在 3 百至 5 百次之间,"果真"2 百多次,"假设、倘然、假定、倘或"在 40 至 90 次之间。

这 21 个假设连词,除"万一、一旦"外,都是含有假设义词素②的。若从这些词本身或第一个词素的语音着眼来分类或分组的话,除了"一旦、万一、设若、果真"这 4 个单独的,其他假设连词可以分为以下五个语音组(按音序):

"假"类:<u>假如</u>　假使　假若　假定　假设
"如"类:如　<u>如果</u>　如若
"若"类:<u>若</u>　若是
"倘"类:<u>倘若</u>　倘　倘使　倘或　倘然
"要"类:<u>要是</u>　要

若每一语音组中以使用频率最高的一个作为代表,即下画线的"假如、如果、若、倘若、要是"。这几个高频假设连词除"若"外,都是双音节词,符合现代汉语书面语用词的基本规律。

除了我们补充的"一旦、倘然、假定、假设"这 4 个词外,其他假设连词均

---

① 赵元任(1968b/1996[1980]:117)根据"出现的多寡"和"假设程度的深浅"列出的假设词依次是:要是(语源上等于"若是")、要、是("如"跟"若"只限于文言)、倘若、假若、假使、倘使、设若。据我们考察,"如"和"若"虽然文言色彩很浓,但在现代汉语,特别是书面语体中,使用频率依然很高,且其单音节的简洁性和文言味的庄重性为应用文等一些语体所偏爱,如科技论文、操作指南语体等。王维贤等(1994:161)列出的 20 个假设连词中有"要不然、若不然、倘不然",本书归入假设逆转关系连词,不归入假设连词。赵元任(1968b)列出的 8 个假设词的频率高低跟我们现在的统计吻合,而王维贤等(1994)的列表跟我们的统计结果有出入。

② 假设义词素是指这些假设词中的表假设义的词素"如、果、假、若、使、倘、设",它们在古代汉语中较早作为一个假设连词用,其中"如、倘、设"在现代汉语中仍可做假设连词用。

为词典中列出的表示假设的连词。词典释义时采取辗转相释的方法,基本上是把它们作为同义词来对待的。以《现汉》释义为例,除了"万一"被释为"表示可能性极小的假设","果真"被释为"假设事实与所说或所料的相符",其他15个连词中,"如果、倘若"被释为"表示假设","倘、倘或、倘使"被释为"倘若","设若"被释为"假如",而"假如"等其他9个词都被释为"如果"。可见,这些假设连词有一个共同的释义"表示假设",使用频率最高的"如果"可作为典型代表。那么,这些同义词为什么能在现代汉语中共时并存?看似不符合语言表达的经济原则,下面的分析将回答这个问题。

### 3.2.2 "如果"类假设连词的语义功能

假设连词共同的假设义是其基本语义,从词本身一般看不出其所表假设义的特点,其语义特点是在使用中表现出来的。以假设句的语义类别为参照,通过实例分析,发现它们主要用于可能假设句,大多也可用于反事实假设句,但大多不能用于现实假设句,一部分也不能或只偶尔用于虚拟假设句。所遵循的分析统计原则是:使用总次数在300次以上的词,按不同语体的语篇(应用文、报刊、小说、散文、戏剧/电视电影)抽样分析200—300个例句;使用次数在300次以下的词则全部分析。这样得出的21个假设连词在四种假设句中的具体使用情况如下表(按语料库中假设连词的频次高低依次列出):

表 3-1 "如果"类假设连词在四种假设句中的分布情况

| 假设句<br>假设连词 | 真实假设句 | | 非真实假设句 | |
|---|---|---|---|---|
| | 可能假设句 | 现实假设句 | 反事实假设句 | 虚拟假设句 |
| 1. 如果 | + | + | + | + |
| 2. 要是 | + | + | + | + |
| 3. 要 | + | − | + | − |
| 4. 如 | + | − | (+) | − |
| 5. 一旦 | + | − | − | − |
| 6. 若 | + | − | − | − |
| 7. 假如 | + | + | + | (+) |
| 8. 若是 | + | − | + | − |
| 9. 倘若 | + | (+) | + | (+) |
| 10. 万一 | + | − | − | − |
| 11. 假若 | + | (+) | + | + |
| 12. 倘 | + | − | + | − |
| 13. 假使 | + | − | + | (+) |
| 14. 如若 | + | − | + | (+) |
| 15. 倘使 | + | − | + | + |

(续表)

| | | | | |
|---|---|---|---|---|
| 16. 设若 | + | − | + | (+) |
| 17. 果真 | + | − | + | (+) |
| 18. 倘或 | + | − | + | − |
| 19. 假定 | + | − | + | + |
| 20. 倘然 | + | − | + | + |
| 21. 假设 | + | − | + | + |

注:"+"表示所分析的语料中有实例,"−"表示所分析的语料中无一实例,"(+)"表示所分析的语料中仅见1例。

有标假设句的假设义主要通过假设标记来表达,根据表中假设连词在假设句中的分布情况,可概括出它们的表义规律:

第一,表示可能假设是假设连词的基本功能和主要功能,表示反事实假设是大多数假设连词的次要功能,表示虚拟假设和现实假设是部分假设连词的微弱功能。

假设连词无一例外都能用于可能假设句,且频率在四种假设句用例中最高。"一旦"和"万一"两个不含假设义词素的假设连词比较特殊,表义功能单一,不能用于其他三种假设句,只能用于可能假设句。含假设义词素的假设连词中,"若、倘或"的全部用例也均为可能假设句。除上述四个词外,其他假设连词都有用于反事实假设句的实例。能用于现实假设句和虚拟假设句的假设连词,其用例都很少。

为了更准确地说明上述规律,我们以使用频率高低有差异的5个假设连词("如果、假如、倘若、假若、设若")为例,分不同语体语篇随机各抽取100个用例,总计500例,分析统计它们在四种假设句中的使用情况,具体见表3-2。这个结果充分验证了上述假设连词的表义规律。

表3-2 "如果、假如、倘若、假若、设若"在四种假设句中的分布情况

| | 可能假设句 | 现实假设句 | 反事实假设句① | 虚拟假设句 |
|---|---|---|---|---|
| 如果 | 79 | 4 | 16 | 1 |
| 假如 | 66 | 2 | 29 | 3 |
| 倘若 | 68 | 0 | 30 | 2 |
| 假若 | 74 | 1 | 24 | 1 |
| 设若 | 71 | 0 | 25 | 4 |
| 总计 | 358例/71.6% | 7例/1.4% | 124例/24.8% | 11例/2.2% |

① 表中124例反事实假设句中,包含含"假设连词+不是/没有"的反事实假设句10例,其反事实假设意由假设连词和"不是/没有"共同表示(参见3.4节)。除此10例,假设连词仍有22.8%的反事实假设句用例。这里主要通过考察假设连词在四种假设句中的分布情况来看其表义倾向,一并计入也不会影响此处的结论。

第二，假设连词的频率高低与其语义范围大小大致正相关。

"如果、要是"使用频率最高，使用面也最广，语义范围大，可表示四种假设意义。相比而言，"要是"的频率要远低于"如果"，后者高出前者5倍以上。"要是"用于现实假设句和虚拟假设句的用例不如"如果"常见，在具体考察的200来个实例中，只见到各2例，占其总用例的2%左右；而"如果"在这两种假设句中的用例比例相对较高，占其总用例的5%（见表3-2）。使用频率低于这两个词的其他19个假设连词，语义范围相对较小，除了"假若"基本也可用于四种假设句外（仅见1例用于现实假设句），多数只用于可能假设句和反事实假设句，或者只用于可能假设句，大多只偶尔用于虚拟假设句，个别偶尔用于现实假设句。

第三，假设连词的假设程度深浅与其频率高低大致负相关。频率越高的假设连词其假设程度越浅，反之则越深。所谓假设程度是指假设句的假设条件与现实世界的距离，或者说假设条件所述事情实现或存在的可能性的大小。这样，四种假设句的假设程度由浅到深依次为：现实假设句＜可能假设句＜反事实假设句|虚拟假设句。据表3-1，频率越低的假设连词越多用于反事实假设句和虚拟假设句，而较少或不用于现实假设句，说明其假设程度较深；而频率较高的假设连词的表义规律则大致相反，说明其假设程度相对较浅。① 具体情况是：

一方面，频次在前11位的"如果、要是"可用于现实假设句，"假如、倘若、假若"也偶尔用于现实假设句；而频次在后10位的假设连词，均未见用于现实假设句的用例。另一方面，频次在后10位的假设连词中，使用100次以下的最后4个和"如若"，用于反事实假设句的用例仍然较少，但"假若、

---

① 赵元任（1968a/1979:68）对所列假设连词假设程度深浅的说明是："越后面的越多用于与事实相反的假设"，或者说"越后头的假设词表示跟事实相左的程度越大"（赵元任，1968b/1996 [1980]:117）。王维贤等（1994:161）认为："假设连词在某些句子里表示假设的程度有深浅的不同。所谓假设程度的深浅有两层意思：一，假设的意味更浓；二，所表示的A、B之间的充分条件关系，即'A真B必然真'的关系更强。"通过实例分析加上语感，我们赞同赵元任先生的说法。至于假设句所表假设条件和结果之间的充分条件关系是否更强，则主要由结果分句中其他成分（如"会、必、定、必定、一定、肯定、必然"等情态词）所表达出来的，似乎与假设句的假设程度深浅并无直接关系。倒是含"假/倘"的假设连词的假设程度通常比含"如/要/若"等的假设连词要深一些，如表3-2所示，"假如、假若、倘若"用于反事实假设句用例比"如果"用例所占比例更高，这可能主要受制于假设连词的词素义。"假、倘"与"如、若、要"等不同，"假"本有"不真"义，"倘"有"惊疑"义，后来引申出假设义。而"如、若"则有"相似"义，"要"是由意愿义演变出的假设义（参见《辞源》；〔日〕古川裕，2006；席嘉，2006）。不过，也有人认为汉语中条件实现的可能性与假设连词没有多大关系（吕叔湘，1944/1982；蒋严，2000；王春辉，2010a），本书对真实语料的统计分析不能支持这一观点。

假使、倘、倘使、设若"①这 5 个词用于反事实假设句的用例都占较高比例，如频次居中的"假若"用于反事实假设的用例高于"如果"8 个百分点（见上表）。此外，除了"倘"，频次居后 10 位的假设连词多能用于虚拟假设句；而在前 11 位的，除两个高频词"如果、要是"和"假若"外，大多无用于虚拟假设句的用例。

### 3.2.3 "如果"类假设连词的用法

上面根据用例分布情况对假设连词的语义功能做了概括说明，下面主要以前述五个语音组中的高频代表词"如果、要是、假如、若、倘若"为例，分析假设连词的具体用法。功能不单纯、用法较复杂的"万一、一旦、假设、假定"，后面章节中具体讨论。

#### 3.2.3.1 表示可能假设

所有的假设连词都可以表示可能假设，例如：

（6）任何一个民族，**如果**停止劳动，不用说一年，就是几个星期，也要灭亡，这是每一个小孩都知道的。（《中国儿童百科全书》）

（7）**如果**有熟人，我<u>就</u>站在车门旁。（余华《爱情故事》）

（8）**要是**我们回去还能保全性命，<u>那末</u>，过了三年，再来报答贵国吧。（《中华上下五千年》）

（9）你**若**不喝，他们<u>就</u>堵上你的嘴，不许参与评论。（程稳平、程实平《21 世纪的牛顿力学》）

（10）**假如**把水银掺和硫黄共同加热，<u>则</u>会得到黑色的硫化汞粉末。（余华《爱情故事》）

（11）其实雏鸟并不认识亲鸟，**倘若**木板多次晃动，雏鸟还得不到食物，<u>那么</u>，雏鸟只见影子便张口的本能行为<u>便</u>会逐渐消失。（《中国儿童百科全书》）

（12）**设若**在厕所里看书的久蹲不出的是他的儿女之一时，他<u>便</u>会忍耐不住地前去"哐哐"踢门。（方方《入厕阅读》）

---

① "假若、设若"主要用于"现代"时段（指"五四"运动到 1949 年中华人民共和国成立，之后为"当代"时段。下文同）语料中，使用上还有作者个人风格特点，"假若"约 54%和"设若"约 70%的用例出现在老舍作品中。这应该也是影响它们用于反事实假设频次低于频率较高的"假如""倘若"的原因之一。

表示可能假设时,假设连词常常和承接词"就、便、则"或"那么/那末"配合,结果分句中最常见可能性推测义能愿动词"会"与"就"等连用或合用,构成"如果……,就会/那么……"之类假设框架结构,如(8)(10)—(12)。句中假设条件所述事情是可能实现的,并且在假设条件实现的情况下,推断的结果也会随之实现。

### 3.2.3.2 表示现实假设

基本上只有"如果、要是、假如"能表示现实假设,例如:

(13) 如果把一个人的思想感情、性格品质、道德情操、文化修养等作为内在美的因素,那么仪表就是外在美的因素。(《中国儿童百科全书》)

(14) 要是老舍都已经被打倒在地蹬上了一只脚了,我就没什么可委屈的。(邓友梅《记忆中的老舍先生》)

(15) 他说,假如他有一个愿望的话,那就是带给儿童一个安全的童年。(《人民日报》,1995年)

假设连词所引导的现实假设条件表示的是:说话人或句子主语所指称的人已确定或认定为事实的事情,并以之引出一个推论结果,目的是证明结果的可靠性。用于类比现实假设时,假设连词常与"那么/那末"合用,构成"如果……,那么……"式假设框架结构,如(13);用于非类比现实假设时,假设连词常与后标"的话"合用,前分句多为"有"字句,后分句多为"是"字判断句,构成"如果……有……的话,那就是/就是……"这样的假设框架结构,如(15)。

### 3.2.3.3 表示反事实假设

大多数假设连词能表示反事实假设,例如:

(16) 如果他们早一分钟到,他们就会遇到东山。(余华《难逃劫数》)

(17) 我要是没有秦君的帮助,怎么能回国呢?(《中华上下五千年》)

(18) 假如猪狗是不洁的动物,蔬菜是清洁的植物吗?(杨绛《干校六记》)

(19) 他们总结教训,认为此举败在一双眼上:若不往下看,哪会头晕心跳腿发软?(尹全生《一步难行》)

(20) 过去余校长常叹息说**若是**老支书在世,学校**也**不至于像现在这个破样子。(刘醒龙《凤凰琴》)

(21) **倘若**中国在九七年至九八年亚洲经济危机期间的任何一个时候,将人民币贬值,区内所经受的冲击,肯定会严重得多。(《WTO与中国》,转引自北大CCL)

表示反事实假设时,假设连词较常与承接词"就"或疑问词"哪"及能愿动词"会"配合,构成"如果……就会/哪会……"这样的假设框架结构,如(16)(19);有时与"也"配合,如(20);常用于反问句式,如(17)—(19)。句中假设连词引导的假设条件所述事情和已知事实相反,而且结果或结论也和已知事实相反。

#### 3.2.3.4 表示虚拟假设

只有部分假设连词能表示虚拟假设,还只偶尔使用。例如:

(22) **如果**把我们正在建设的社会主义市场经济**比作**一场球赛,那么政府应该是裁判……(《人民日报》,1993年)

(23) **要是**有一位水仙在这时来照自己的影子,一定要销魂了。(方令孺《琅琊山游记》)

(24) **假如**他是一只不易满足的狐狸,这句话他对自己说,因为现实终"不够理想"。(钱钟书《写在人生边上》)

(25) **倘若**有一天,人类也能像海豚那样,大脑两半球轮流休息,那么,工作和学习的时间不是可以大大延长了吗?(《中国儿童百科全书》)

表示虚拟假设时,句中假设连词所引导的假设条件分句常为比喻或比拟句,如(22)(24),表示一种虚拟的想象;或者直接用纯粹的想象或幻想手法来表达,如(23)(25),结果分句表示在假设的虚拟性条件下所推断出的虚拟性的相应结果。常用假设框架句式"如果……是/像……,那么……",假设分句多用"是、像"等比喻或比较词。

从上述例句可以看出,假设连词所标记的不同语义假设句在句法上也有所不同,说明假设连词表义上的差异是与其所在假设句的句法形式上的差异大体上相对应的。

此外,从在从句中的句法位置来看,本节所讨论的21个假设连词中,只有"要"基本上只能用于假设从句主语后、谓语前①，兼有副词性和连词性的"一旦、果真"较多用于谓语前，这是其语法化程度较低而句法上受限的表现。"假如、假若、假使"绝大多数用于从句句首，极少用于主语后、谓语前。其他假设连词都可较自由地用于从句主语或谓语前。但就当代语料来看，"如果"多用于从句句首主语前，"要是"倾向用于主语后、谓语前。

### 3.2.4 "如果"类假设连词的语体特点

从表 3-1 假设连词的语用分布结果及其在不同语体的语篇中的分布情况，还可得出一条与假设连词使用频率相关的语体分布规律，即假设连词的语体特点：假设连词的频率高低与其语体分布范围大小大致正相关。使用频率较高的假设连词多口语书面语兼用；而使用频率较低的假设连词一般只用于书面语。

频次在前 10 位的假设连词中，"如果、假如"可用于口语和书面语体，偏于书面语体。"要是、要、万一"较多用于口语。得出这个结论，一是根据语感和前人的研究成果②，二是根据在语料库中分语体的统计结果。"要是、万一、如果、假如"4 个，用于口语化的语篇"电视电影"的用例与其总用例的比例分别约为：1∶12、1∶13、1∶20、1∶30。频次在后 10 位的假设连词，除了"果真"外，其他都是比较典型的书面语用词，且多带有文言色彩，它们和频次在前 10 位的"如、若、若是、倘若"都主要用于书面语体中，但"若是、倘若"在"电视电影"语料中用例占其总用例比例分别约为：1∶45、1∶57，比口语书面语兼用词"如果、假如"在其中用例比例要低，比口语化程度高的"要是、万一"在其中用例比例更低，而且频次越低的假设连词越不能用于口语化语篇中，频次在后几位的"倘使、倘或"在"电视电影"语料中仅各见 1 例，"设若、倘然"则无一用例。

上面是根据假设连词在 CCL 语料库里的总体使用情况得出的基本规律，为了进一步了解这些词的语体分布情况，我们又针对语体色彩不同的几种同时代语料进行了统计。所选取的语料是：《廖秋忠文集》前 6 篇论文，约

---

① 在 CCL 语料库中未检索到"要"用于主语前的用例，但在国家语委语料库在线中见到不典型的一个疑似例："良药苦口利于病，忠言逆耳利于行，**要**我将来能够帮忙的话，我就不能不把你们的痛根指出。"但在文献中偶有所见，如："**要**我说啊，都不是东西！""**要**别的省遭灾吧，绝对不会麻烦你，安徽是你老家呀！"(张伯江、方梅，1996:25)"谁知詹丽颖听了孟昭英的话，反倒呵呵地仰脖笑了起来，笑完大表赞同地说：'可不，**要**我是你，我准跟大娘顶撞得七窍冒烟！嘿，我这个脾气哟！'"(〔日〕古川裕，2006:26)

② "要"是多义词，不好准确统计。据语感和已有研究，它是一个口语化程度高的假设连词。王维贤等(1994:163)指出，"要是、要"一般用于口语，而"假如、假使、倘若"一般用于书面语。

8.5万字,是科技语体;三本汽车驾驶技术指南,约10万字,是操作性说明语体。这两种语料是书面性的,表达正式。两个广播剧本,近8万字,是有准备的口语,剧本1《千古流芳》讲的是邓小平和撒切尔夫人关于收归香港问题的政治谈判,表达比较正式,带有一定书面色彩;剧本2《普通人家》是讲述普通人家生活故事的,更接近生活口语。北京大学调查的《北京话》(1982年)是自然口语,约13万字。从时间上看,这些语料都是二十世纪八九十年代的,使用的"如果"类假设连词共11个,其使用次数和分布情况见下表:

表3-3 "如果"类假设连词的语体分布情况

| 例词＼语料 | 廖秋忠文集 | 驾驶技术 | 广播剧本 剧本1 | 广播剧本 剧本2 | 北京话 | 合计 |
|---|---|---|---|---|---|---|
| 如果 | 48 | 65 | 38 | 0 | 14 | 165 |
| 要是 | 4 | 0 | 2 | 7 | 51 | 64 |
| 要 | 1 | 8 | 1 | 13 | 62 | 85 |
| 如 | 5 | 152 | 1 | 0 | 0 | 158 |
| 一旦 | 11 | 11 | 5 | 1 | 0 | 28 |
| 若 | 0 | 120 | 1 | 0 | 0 | 121 |
| 假如 | 0 | 0 | 3 | 0 | 0 | 3 |
| 若是 | 0 | 0 | 1 | 0 | 0 | 1 |
| 万一 | 0 | 0 | 1 | 0 | 0 | 1 |
| 假使 | 0 | 0 | 1 | 0 | 0 | 1 |
| 如若 | 0 | 1 | 0 | 0 | 0 | 1 |
| 合计 | 69 | 357 | 54 | 21 | 127 | 628 |

参照表3-1可以看出,在上述四种有限的语料中出现的"如果"等假设连词,在CCL语料库中频次都在前14位之内,而在CCL中频次居第9位的"倘若",居11、12位的"假若""倘",以及14位之后的"倘使"等不出现。在这四种语料中都出现的只有"如果、要","如果"总频次仍是最高的,有165次,但它主要用于前两种书面化语料中,表达比较正式的剧本1中也比较多,而口语化程度高的剧本2未见一例,《北京话》中也远低于"要、要是"。这说明"如果"偏书面色彩,更适合正式场合使用。在CCL里频次高居第2位的"要是",在这四种语料中只有64个,总频次在第4位。在CCL中频次居第4、第6位的"如"和"若",在这里则高居第2、3位,是汽车驾驶技术指南语料中最高频的两个假设连词,分别有152次、120次,都远高于其中"如果"的频次(65次),这种语料中不见"要是","要"也只有8次。这说明在操作语体中,文言性的单音假设连词"如、若"仍是首选,这合乎说明语体表达简洁庄重的要求。"要是、要"也极少出现在科技语体中,《廖秋忠文集》中仅

5例,频次远低于"如果"(48次),也低于"一旦"(11次);剧本2更接近生活口语,所用假设连词少,除了1个"一旦"外,只有"要""要是";《北京话》中只用了"要、要是、如果"三个,"要、要是"的频次远高于"如果"(113∶14)。这说明"要、要是"主要用于口语语料中,可见有鲜明的口语色彩。"一旦"较多用于科技语体,也较多用于操作语体中(11次),说明它具有客观性和书面色彩(参见第六章6.1节)。现在比较常用的"假如",由于其语义上主观假定性较强,只在剧本1中有3例,不见于前两种客观说明性书面语料中,但也不用于剧本2和《北京话》,则与其偏书面色彩有关。

### 3.2.5 小结

"如果"类假设连词的语义功能与其语法分布密切相关。本节正是从假设连词在不同语义假设句中的分布情况得出其表义规律和语义特点的。假设连词虽然都表示假设义,但其所表假设义的范围大小和假设程度的深浅有所不同,这种语义特点与其使用频率大小有密切关系。总体上,频率高的假设连词语义范围大,可表四种假设义;而频率低的假设连词语义范围小,表两种或三种假设义。比较特殊的假设连词只表一种假设义。假设连词的语体分布范围大小与其使用频率正相关。现代汉语中"如果"等21个假设连词看似很多,但它们具有语体选择性,在特定语篇中出现的一般是三五个,常用的只有两三个。总体上看,语义功能及语体色彩差异是它们共时并存的主要原因。

假设连词的语义功能差异是在使用中体现出来的,如果不通过大量实例的考察,很难看出其表义差异和语义特点。这正说明"语法是语用法约定俗成的结果"(沈家煊,1999a:75)。同时也说明,考察共时平面上所谓的同义虚词的语义差异,需要采取动态的研究方法,在真实语料中观察其语法分布情况,从中概括其语用规律,从而进一步抽象出其特有的语法意义。

还要说明的是,本节根据语料库用例的抽样统计结果得出的假设连词的语义和语体特点,是它们在规范的现代汉语中的大致语义语用规律,并非绝对化。虽然从语料库中很难见到有些假设连词用于某一种假设句的用例,但在歌词或网络诗歌散文里面可以见到。根据语感,大多数假设连词是可以用于虚拟假设句的,如所分析的语料中未见"若"用于虚拟假设句,但可见于歌词中,如"我若是你""爱若是个圆""你若化成风"。再如"倘或",在网络上多用于诗歌或散文诗中,表示虚拟假设,如"倘或如这片叶,落在水里,净洗灵魂,然后飞升;倘或不如这片叶,掉进泥淖,永堕地狱,是多么不幸。"

在网络上也可见"倘或"用于反事实假设句的,如"倘或再晚一天,说不定咱家就不知道这件事了"。①

## 3.3 "如果说"类假设词语

假设连词"如果"等跟虚化的言说动词"说"连用,形成的已经词汇化或正在词汇化、表示假设的关联词语,概称为"如果说"类假设词语。用"X"指代"如果"等假设连词,这类词语也可称为"X 说"类假设词语。现有文献已有所涉及,但尚乏全面深入细致的研究。②

"如果说"类假设词语的特点是,假设连词和虚化为认识义的"说"连用为一个语义整体,其意义由假设连词和"说"的意义融合而成,不是简单加合,已经固化或相对固化,作为一个词汇单位使用,尽管词典里一般不收录,但可以看作是词法词(董秀芳,2004)。这类词语做假设标记时,其语法功能相当于假设连词,其语义功能和假设连词大致互补。

这类词语还有一种不表假设只做话题标记的用法,为了区别,把只做话题标记用的"X 说"称为"话题标记'X 说'"。为便于称说或讨论,本书把做假设标记和话题标记的"X 说"合称为"'X 说'类词语"。

本节考察 21 个"如果"类假设连词能否后加"说"形成"X 说",分析"X 说"类假设标记的语义功能及用法,并与假设连词比较,说明它们功能互补和句法差异的语义语用动因,证明"X 说"类假设标记已经成为假设关联词语聚合中的一个语法小类。第五章 5.3 节和第六章 6.3 节将进一步从词汇化和语法化角度,对这类词语的共时性质及用法特点做深入分析和解释。

### 3.3.1 "如果"类假设连词形成"X 说"的制约因素

根据对语料库中语料的调查分析,前面表 3-1 列出的 21 个假设连

---

① "若"在古代汉语中是最常用的一个假设连词,"若、倘或"在《红楼梦》中是假设连词中使用频率最高的两个,除常用于可能假设外,还用于反事实假设,有时也用于现实假设。从这两个词的用法变化,可以看到古今假设连词的使用及用法差异(参见张雪平,2013)。

② 邢福义(2001)对以"如果说"做标记的假设句进行了初步研究,认为这种假设句表示说法上的假设和结论之间的关系。沈家煊(2003)进一步指出,这是属于言域的复句,关联词后面往往可以加上"说",有时还必须加"说"。董秀芳(2003)、李晋霞、刘云(2003、2009)、李晋霞(2005)、方梅(2006)等对此问题有进一步研究,但主要论及的是"如果说、要说"及"说"的性质及功能演变,尚乏对这类词语全面深入细致研究的文献。

词与"说"连用形成的"X说"共有 14 个①,按假设连词的频次高低依次排列如下:

    如果说　要是说　要说　如说　若说　假如说　若是说
    倘若说　假若说　倘说　假使说　如若说　假定说　假设说

"要说"多用作话题标记,其他均主要或只用作假设标记,"如若说"只 1 例,做假设标记。未发现"一旦"等 7 个假设连词形成的"X 说":

    *一旦/万一/倘使/设若/果真/倘或/倘然说

假设连词能否后加"说"形成"X 说",从现代汉语共时平面来看,一方面与其自身的使用频率高低和词义基础有关,另一方面还与其自身的音节有关。除了"一旦、万一",频次居前 14 位的"X"都能加"说";频次居后 7 位的"X",除了"假定、假设",都不能加"说"。大多"X 说"中的"说"为虚化的认识义,与高频、语义泛化、含假设词素、有认识义的"X"语义相容。按语法化的一般规律,语言成分使用频率越高,语义越容易虚化泛化。高频"X"语义功能丰富,比低频的语义泛化;含假设词素的"X"有认识义,假设即主观认识或看法。因此,不但高频的"如果、要是"等有"X 说",而且像低频的"假定",演变为连词很晚,以及更加低频的"假设",因含有认识义假设词素"假",已经有"假定说、假设说"。②

不含假设词素的"一旦、万一",虽然频率较高,却不见有"一旦说、万一说",是因为虚化程度低,词义和认识义无涉。"一旦"源于时间词,"万一"源于数词,词素中不含认识义,所以语法化为假设连词后,仍然不与"说"结合。这说明决定"X"能否形成"X 说",语义基础比使用频率更起作用。

单音节"X"比双音节的容易与"说"结合,所有单音节"X"后面都能加"说"。"倘、倘使、设若、倘或、倘然"文言色彩浓、频率较低,但单音节的"倘"后能加"说",而双音节的几个不能。这是汉语词汇双音节化的结果。

制约"X 说"形成的诸因素中,"X"的语义基础是决定因素,高频导致语义泛化也是重要因素,音节制约相对次要。这些因素共同作用,造成了假设

---

    ① 这 14 个假设关联词语词典均未收录,董秀芳(2003)认为"如果说、要说"已经词汇化,其他"X 说"未见论及。《八百词》指出了假设连词"如"有"如说"的用法。因"X 说"凝固化程度不高,多为词语组合形式,"说"还有较明显的词汇意义,不是毫无意义的词缀,表示认识义。
    ② "假定"和"一旦""万一"的语法化问题,参见第五章前两节和第六章前两节。

连词有无"X 说"格式的现状。

### 3.3.2 "如果说"类假设词语的语义功能

同考察假设连词的方法一样,根据"X"说类假设词语在假设句中的使用情况看其表义规律。

"如果说"类假设词语在现代汉语中既能做假设标记,也能做话题标记,与"如果"类词语相比,其总体使用频率较低。暂不分别是做假设标记还是话题标记,先看它们在语料库中的总使用次数:位于前 5 位的"如果说"到"要是说"在 40 次以上,其中"如果说"最多,约 5000 次,"要说"约 800 次,"假如说"约 130 次,"若说"约 100 次,"要是说"约 40 次。位于第 6 至 8 位的为"倘说、假定说、倘若说",使用次数分别为 25、23、19,而位于后 6 位的"如若说"等使用很少,在 1 至 10 次之间。为便于比较说明,把"X 说"类词语做假设标记及话题标记的使用情况①,以频率高低(即语料库中出现次数多少)为序,列如下表:

表 3-4 "X 说"类词语做假设标记及话题标记的使用情况

| 功能<br>X 说 | 假设标记 | | | | 话题标记 |
|---|---|---|---|---|---|
| | 可能假设句 | 现实假设句 | 反事实假设句 | 虚拟假设句 | 引导话题 |
| 1. 如果说 | + | + | + | + | (+) |
| 2. 要说 | + | + | + | − | + |
| 3. 假如说 | + | + | + | + | − |
| 4. 若说 | + | + | + | (+) | + |
| 5. 要是说 | + | + | + | (+) | (+) |
| 6. 倘说 | + | + | + | − | + |
| 7. 假定说 | + | + | + | − | − |
| 8. 倘若说 | + | + | + | + | − |
| 9. 假若说 | + | (+) | − | − | − |
| 10. 如说 | + | − | + | − | − |
| 11. 假使说 | + | + | − | − | − |
| 12. 若是说 | (+) | + | − | − | − |
| 13. 假设说 | + | − | + | − | − |
| 14. 如若说 | − | (+) | − | − | − |

注:"+"表示所分析的语料中有实例,"−"表示所分析的语料中无一实例,"(+)"表示所分析的语料中基本不出现,仅见 1 例。

从"X 说"类假设标记在四种假设句中的使用情况及其频次,可以看出其表义规律:

---

① 分析统计的原则是,使用次数约 100 次以上的前 4 个"X 说"分语体各抽样分析若干例,使用次数在 40 次(含 40 次)以下的,穷尽分析统计。

第一,"X说"主要表示现实假设,其次表示可能假设,表示反事实假设和虚拟假设的功能较弱。

"如说"和"假设说"之外的"X说"都能用于现实假设句,"如若说"之外的"X说"都能用于可能假设句,"X说"的现实假设句用例多于可能假设句。频次在前5位中的4个"X说"("如果说、假如说、若说、要是说")主要做假设标记,用法比较典型,而"要说"主要做话题标记,做假设标记的用法不典型。"如果说"等4个高频"X说"所标记的4种假设句共186例①中,可能假设句39例,约占21%;现实假设句113例,约占61%。

部分"X说"没有反事实和虚拟假设句用例。频次在后6位的只见到"如说、假设说"有反事实假设句用例。多数"X说"不用于虚拟假设句,14个"X说"中只有高频的"如果说"用例较多,"假如说、倘若说"各见2例,"若说、要是说"仅各见1例,其余9个未见。用于反事实假设句的"X说"略多于虚拟假设句,4个高频"X说"约9.7%用于反事实假设句,8.6%用于虚拟假设句。具体见下表:

表3-5 "如果说、假如说、若说、要是说"在四种假设句中的分布情况

|     | 可能假设句 | 现实假设句 | 反事实假设句 | 虚拟假设句 |
| --- | --- | --- | --- | --- |
| 如果说 | 12 | 54 | 3 | 13 |
| 假如说 | 13 | 18 | 4 | 2 |
| 若说 | 8 | 24 | 2 | 0 |
| 要是说 | 6 | 17 | 9 | 1 |
| 总 计 | 39例/21.0% | 113例/60.7% | 18例/9.7% | 16例/8.6% |

第二,有些"X说"表示现实假设兼引导话题。例如:

(1)<u>如果说</u>我们建国以后有缺点,<u>那就是</u>对发展生产力有某种忽略。(《邓小平文选》3)

---

① 仍按"应用文、报刊(主要是《人民日报》)、小说、散文、戏剧/电视电影"这五类语料各抽取若干例。在统计这4个"X说"时发现一个奇怪现象,就是"如果说、假如说"等在口语语料《百家讲坛》中基本只用于可能假设,与在其他几类语料中用法(主要用于现实假设)反差很大。比如,"如果说"19例中有16例表可能假设,"假如说"则17例全表示可能假设,6例"要是说"和2例"若说"也如此。这种现象似乎说明,在口语中往往把"如果说、假如说"等当作与其相应的假设词"如果、假如"等使用,在生活口语中我们也观察到了这种现象。可以说,用"X说"表示可能假设不是其常规书面化用法,一般仅限于随意性的口语中。如:"从公元前17世纪开始,<u>如果要是说</u>我们的历史只能追溯到商代,我们就没办法说我们具有5000年的文明史,……"(《百家讲坛》;赵林《文化融合与文明冲突》上),例中"要是说"和"如果"是同义连用,比单用"如果"表义上虽有点差异,但并不大,也可以看作是羡余成分。为了准确说明"X说"类词语的常规用法,表3-4和表3-5中统计数字未计《百家讲坛》用例。

例中假设标记兼话题标记"如果说"引导的"有"字句是现实性假设条件,又引入了结果分句要说明的对象所以说也具有话题性,其结果分句是判断句,兼有指代性和连词性的"那"承接假设分句并回指"缺点"。

当"X说"只引导话题时,其假设义弱化消失,不再做假设标记,为话题标记。例如:

（2）**如果说**构想,这就是我们的构想。(《人民日报》,1995年)

例中"如果说"引导的名词"构想"是句子说明的对象,只是话题,不是表述,不能做假设条件,其后是判断句,"这"回指"构想",同是判断句的话题,与判断句的谓语构成话题和述题关系。"如果说"基本无假设义,可以用"说到/至于"等话题标记替换。这种只引导话题不表假设的"如果说"只是话题标记。"要、若、倘"这几个单音节"X"构成的"X$_单$说"都可以只做话题标记。例如:

（3）**要说**张黎明小说的主题,一字了然:恨。(朱健国《张黎明:深圳的穷"金花"》)

（4）**若说**时尚,创造这种环境才是时尚中的顶根本的东西。(《市场报》,1994年)

（5）**倘说**遗憾么,也是有的。(《读者》,转引自北大CCL)

不过,"X说"很少专做话题标记。14个"X说"里只有"如果/要/若/要是/倘说"可专做话题标记(见表3-4)。①"X$_单$说"专做话题标记频率较高,"要说"约占62.5%,"若说、倘说"也较高,分别占15%和约8.6%。但"X$_双$说"专做话题标记频率很低,上述5类语篇中101个有效"如果说"里仅见1例(约1%)②,共40个"要是说"里也只有1例③。

上述情况说明,"X说"主要做假设标记,以表示现实假设为主,其次表示可能假设,较少表示反事实和虚拟假设,有的"X说"表示现实假设兼引导

---

① 李晋霞(2005)认为"如果说"是假设连词或假设标记,董秀芳(2003)认为"要说"是话题标记。其实它们都可以做假设标记和话题标记,只是"如果说"以做假设标记为主,"要说"以做话题标记为主。

② 据李晋霞(2005)对《人民日报》(1995年至2003年)的随机抽样统计,在2062个有效"如果说"句中只有21个用作话题标记,约占1%,跟我们分语体抽样统计的结果一致。

③ 这1例出现在北京话口语中:"**要是说**大花儿瓣子呀,就拿剪子铰,那小花儿瓣子呀,就拿凿子凿。"说明"要是说"基本不做话题标记。

话题。

此外,从表3-4还可以看出,单音节假设连词形成的"$X_{单}$说",一般比同语音组的双音节假设连词构成的"$X_{双}$说"使用频率高些。"X说"类词语中共有四组语音上的这种对应词语,其中"若说"的使用次数远高于"若是说"(100∶4),"倘说"略高于"倘若说"(25∶19),"要说"也远高于"要是说"(800∶40)。"若说、若是说"和"倘说、倘若说"都是有文言色彩的书面词语,"要说、要是说"则同是口语化词语。可见这三组词语均具有语体色彩上的一致性,差异只在"X"是单音节还是双音节上。这种现象进一步说明了单音节"X"更易形成双音节的"X说"。不过,"如说"和"如果说"的情况不同,后者的频次远远高于前者(5000∶7)。这是由二者语体色彩的较大差异所致,后者是口语书面兼用词,前者则属文言性的书面词语。

### 3.3.3 与"如果"类假设连词的语义功能比较

从上述分析可以看出,"X说"类假设词语和假设连词"X"在语义语用上有以下差异:

第一,"X说"和"X"的语义功能在一定程度上互补。前者多表现实假设,后者多表可能假设。综合表3-2和3-5,"X说"和"X"在四种假设句中的用例比例对比见下表:

表3-6 "X说"和"X"在四种假设句中的使用比例对比

|  | 可能假设句 | 现实假设句 | 反事实假设句 | 虚拟假设句 |
| --- | --- | --- | --- | --- |
| X说 | 21.0% | 60.7% | 9.7% | 8.6% |
| X | 71.6% | 1.4% | 24.8% | 2.2% |

于是,得到"X说"和"X"对四种假设句的优先选择序列(">"表示"优先于"):

X说:现实假设句＞可能假设句＞反事实假设句＞虚拟假设句

X: 可能假设句＞反事实假设句＞虚拟假设句＞现实假设句

反之,意义不同的假设句对"X说"和"X"的选择也有优先顺序,最明显的对比是:现实假设句优选标记是"X说",而可能假设句优选标记是"X"。

两类假设标记语义功能的相似点是,表虚拟假设功能微弱。它们用于虚拟假设句的比例都是很低的,而且都有部分成员无此用例。不过,相比而言,"X说"较多用于虚拟假设句,是类比虚拟假设句最常用的假设标记(参见第二章2.4.1节)。

第二,"X说"的频率比相应的"X"低得多。"如果"频次约为"如果说"

的20倍(100 000∶5000次),"假如"频次约为"假如说"的56倍(7227∶130次),其他"X说"频次跟相应的"X"的差距也很大。原因是"X说"是由"X"衍生的格式,多处于词汇化过程中,词的地位还不稳固,使用上句法限制较多(参见3.3.5节),频率自然较低。

"X说"类假设词语和"X"语义功能的比较显示,"X说"虽然由"X"和虚化的"说"连用而来,频次较低,一旦由语用法转为语法,就有了独立的语法意义,语义语法功能与"X"大致互补。这正是"X说"类假设词语得以产生和存活并有壮大趋势①的语义语用动因。

为什么"X"多用于可能假设,而"X说"多用于现实假设呢?这与假设句及两类假设词语的语义功能和表达特点有关。

从假设句的逻辑关系看,表达充分条件和结果关系,充分条件只是假设的某种可能性条件,用来作为推断某种结果的依据而非事实,所以语言中多数假设句都是可能假设句,而不是现实假设句。"X"表示假设,其假设义重,是典型的假设标记,可能假设句是最常用的假设句,表示充分条件和结果关系,它们语义上相匹配。这就使得可能假设句首选"X"做标记。而"X说"是由"X"和"说"连用而成,是二者意义的融合,其假设义弱于"X"。"说"本是言说动词,是引语标记,所引述内容为某(些)人"所说的话",是一种言语事实,因此当它与"说"连用成"X说"时,虽然其言说义已虚化,但还受其引语功能的制约,使得"X说"可以把"所引述的某种事实"当作假设条件来说,这一点正与现实假设句的语义特点相合。现实假设句的所谓假设条件实际上不是真的假设,而是某种"事实",包括客观事实和主观认识上的事实(参见第一章1.2.2节和第二章2.2节)。这就使得现实假设句首选"X说"做标记。

从复句"三域"来看,可能假设句属于"行域"或"知域",表达充分条件和结果关系,而现实假设句属于"言域",其假设条件实际是说话人做出某种断言的适宜条件,而不是充分条件(沈家煊,2003)。为了使得"断言"更有说服力,说话人便把"事实"当作断言的前提;又为了论证的严密或表达的委婉等,便借用假设句的类比或非类比两种结构形式来表达(参见第二章2.2节)。而"X说"的假设义较弱,正适合了这种特殊表达的需要,使得它能承担起现实假设这项特殊任务。

有时"说"更虚化,基本无实义,只相当于一个构词词缀。这时,"X说"

---

① 我们也注意观察了自然口语中"X说"的使用频率,特别是在学术讨论时,最常用"如果说",大有取代"如果"之势。与"如果"相比,它更口语化一些,因此在《百家讲坛》语料里主要用"如果说"类表示可能假设,也说明其使用频率总体上有扩大的趋势。

语义上相当于"X",也可表示可能假设(约 21%)。但因多数"X 说"中的"说"都有认识义,所以总体上以表现实假设为主;而"X"因假设义重,所以极少用于现实假设句(约 1.4%)。

### 3.3.4 "如果说"类假设词语的用法

"如果说"类假设词语引导假设从句,主要表示现实假设,其次是可能假设,有的可表四种假设意义。下面就实例加以分析。

#### 3.3.4.1 如果说

先以频率最高的"如果说"为例,看"X 说"类假设标记的一般用法。

(6) <u>如果说</u>这颗药丸是由无机成分组成的,<u>那么</u>因为无消化而起不了什么作用;如果是有机物质,又由于数量太少,也解决不了饥饿问题。(《中国儿童百科全书》)

这是可能假设句,句中"如果说"和假设连词"如果"互文对举,用了单标假设框架"如果说……,那么……","如果说"表可能假设条件。

(7) 在现代企业竞争中,<u>如果说</u>质量、品种、数量是商品的第一次竞争,<u>那么</u>,热情周到的售后服务,就可谓之第二次竞争。(《人民日报》,1993 年)

(8) <u>如果说</u>当前闽台贸易有什么障碍<u>的话</u>,那么最大障碍是未实现"三通",不能直接双向交流。(同上)

这是现实假设句,"如果说"表示现实假设,引导的假设分句表述一种认识上的事实,前后分句都是肯定形式,这是典型用法。(7)为类比关系,用假设框架句式"如果说……是……,那么……就可谓……",比较"质量、品种、数量"和"热情周到的售后服务",以前者"是商品的第一次竞争"衬托后者"是第二次竞争"。(8)为非类比关系,用假设框架句式"如果说……有……的话,那……是……","如果说"引导的假设分句是"有"字存在句,结果分句为"是"字判断句,主语"最大障碍"和假设分句呼应,并和假设分句一起与结果分句的谓语("是未实现'三通',不能直接双向交流")构成了假设条件性话题和说明性结果关系。这样的假设分句是全句的引发语(沈家煊,2019:26),其本身有陈述性和假设性,也是假设条件,有"实话虚说"的功能,"如果说"表示现实假设兼引导话题。

(9) 如果说"故事"、"情节"是小说的枝干,那么,人物才是小说这棵树上的果实,因此,人物形象的塑造才是小说艺术的最终目的。(《人民日报》,1996 年)

(10) 如果说消费者是市场经济中的"上帝",那么斯文松女士的工作就是帮助消费者做个聪明的"上帝"。(《人民日报》,1995 年)

这两例是虚拟假设句,假设分句为"是"字比喻句,"如果说"表示虚拟假设条件,前后分句也都是肯定形式。(9)是类比关系,前后分句作比,以前衬后;(10)为非类比虚拟假设句,前后分句为一般假设条件和推论结果的关系。句中使用"如果说……是……,那么……才是/就是……"格式,"才/就"兼有承接和加强语气的功能。

(11) 总而言之不是康雍乾开始,但是在康雍乾的时候,我们中国完全还有能力很快地迎头赶上,……如果说当时能够有一个比较宽松的政治环境,不是在文字狱的压迫下那么严厉地禁锢思想,中国不至于后来落后到这个程度。(《百家讲坛》:周思源《正确看待康雍乾之世》)

(12) 如果说是单身老大的住所,那么他们完全不必把自己的窝建在这个荒无人烟的地方。(张炜《柏慧》)

这两例是反事实假设句,分别为反证释因句和反证归谬句。"如果说"引导的假设分句所述内容和已知事实相反,全句的意义也与事实相反。所不同的是,(11)中的"事实"是客观的、已然的,假设分句中有表示过去时间的"当时",是从结果的不合事实反推假设条件的不合事实,说明因果;而(12)中的"事实"是说话人主观认定的,是从结果的反事实反推假设条件内容的不真实或谬误,推论因果。

"如果说"等"X 说"标记的反事实假设句,主要是如(12)这样的反证归谬句,像(11)这样的反证释因句很少见。此例来自《百家讲坛》,可能与口语有关。

#### 3.3.4.2 要说

"要说"频次较高,可用于可能假设、现实假设和反事实假设句,但未见用于虚拟假设句的用例。跟"如果说"不同,它较少做假设标记,用法不典型。

(13) **要说**有的话,自古就有;**要说**没有的话,从来就没有。(《人民日报》,1995 年)

(14) 武钢三中人才不断涌现,在国际大赛中频频得手,隔两年来一次轰动,**要说**有什么高招,有什么"秘密武器",**那就**是教师们特别重视对学生的心理素质的培养。(同上)

(15) **要说**这是夸大其词,不以为意,**那么**不妨也让不守约的人治治你。(张长《约会》)

(13)中"要说"引导假设条件从句,一连用两个"要说……的话,就……"格式,构成并列关系,从正反两面说明假设条件和推论结果,这个"要说"是假设标记,表示可能假设。(14)用假设框架结构"要说有……,那就是……",是现实假设句,"要说"表示现实假设兼引导话题。(15)为反证归谬反事实假设句,用假设框架结构"要说……,那么……","要说"表示反事实假设。

### 3.3.4.3 若说、倘说、如说

"若说、倘说、如说"这三个"X$_{单}$说"都可以做假设标记,"若说、倘说"频次高于"如说",用法也比较典型,可用于类比和非类比两种现实假设句。

(16) **若说**《赵丹传》的人物描写突出了一个"狂"字(非贬义),**那么**《白杨传》就突出了一个"傻"字。(《人民日报》,1993 年)[类比现实假设]

(17) **若说**干政协工作还比较顺手的话,这大概主要还是得益于我的工作经历。(《报刊精选》,1994 年)[非类比现实假设]

(18) **倘说**前者是一种综合鸟瞰式的宏观研究方式,**那么**,后二者则多少是一种相对封闭的微观研究方式。(《读书》,转引自北大 CCL)[类比现实假设]

(19) **倘说**东西方文化的互补是必要的话,**那末**这一点却是西方文化中应珍视的。(同上)[非类比现实假设]

"若说"和"倘说"可用于可能假设句和反事实假设句,"若说"也偶尔用于虚拟假设句。

(20) 应该看到,能够并且愿意从事这项工作的年富力强的学人,为数不是很多,如果仍以过去的规模和速度出书,也许勉强可支,**若说**迎头赶上,**就**要加紧培育人才。(《读书》,转引自北大 CCL)[可能假设]

(21) **若说**是一种战术,怎么连欧美足球强国的交锋,也只听说过"防守反击"、"全攻全守"之类的打法,没听说过意大利还是巴西的惯用战术是"抢逼围"。(《人民日报》,1995年)[反证归谬反事实假设]

(22) **若说**他是那深森静水,她便是那耀亮的火焰。(《读者》,转引自北大CCL)[虚拟假设]

(23) **倘说**,那是另有原因,那就是代小品文夸张盗名;**倘说**是确有其事,那就是发刊者违心欺世。(廖沫沙《人间何世》)[可能假设]

(24) **倘说**他自小到老,朝斯暮斯,穷研冥索,面壁参禅,他又哪来的那么多精力?(《读书》,转引自北大CCL)[反证归谬反事实假设]

"如说"主要用于反事实假设句,也可用于可能假设句,例如:

(25) **如说**其他宗派修至见性时亦不是禅,为什么经文分明说"若人但念阿弥陀,是名无上深妙禅"呢?(元音老人《佛法修正心要》)[反证归谬反事实假设]

(26) 故**如说**极乐世界是真,则娑婆世界亦真;**如谓**娑婆系假,则极乐亦假。(同上)[可能假设]

"如说"的凝固化程度较低,像(25)(26)这样的例子很少,且使用范围受限,一般用于有文言色彩的语篇中。在语料库中检索到的有效"如说"用例7个,其中5例用于有浓厚文言味的当代应用文《佛法修正心要》里面,(26)中与文言性的"如谓"互文对举。由此可见,"如说"非现代汉语常用语体中所用,因此《八百词》(470页)说它无此格式。

上面例句中的"如说""若说""倘说"都可用"如果说"来替换,仅以不典型的"如说"为例:

(25') **如果说**其他宗派修至见性时亦不是禅,为什么经文分明说"若人但念阿弥陀,是名无上深妙禅"呢?

(26') 故**如果说**极乐世界是真,则娑婆世界亦真;如谓娑婆系假,则极乐亦假。

### 3.3.4.4 假如说、要是说

"X$_双$说"中的"假如说、要是说"等与"如果说"一样,用法也非常典型,其词汇化特征很明显,可以说已经凝结为词了。

(27) 常识和科学都告诉我们:**假如说**一个论断是正确的,**那么**,无论作怎样的分析、推理,总不会得出错误的结论;同样,**假如说**某个论断是错误的,**那么**,无论作怎样的分析、推理,总不会得出正确的结论。(《中国儿童百科全书》)[可能假设]

(28) **假如说**读书是我理性的选择,那么摄影则能满足我感性的需求。(张锐、任羽中《完美大学必修课》)[类比现实假设]

(29) **假如说**这首诗有什么缺点的话,也许可以说在写作之前诗人想得过于清楚了。(《读书》,转引自北大 CCL)[非类比现实假设]

(30) **假如说**长江黄河是孕育华夏文明的摇篮,那么一条条柔婉曲流就是滋养古镇文明的清泉。(《人民日报》,1994 年)[类比虚拟假设]

(31) **假如**,你是一个不急不躁的疲性子,你是一个三脚也踩不出屁来的货,你根本就不着急。(李佩甫《羊的门》)[反证释因反事实假设]

(32) **假如说**一切常在,为什么今人不见古人呢?(元音老人《佛法修正心要》)[反证归谬反事实假设]

"假如说"跟"如果说"的用法虽然最相似,但仍有两点不同:首先,频率差异较大。"假如说"的使用频率要远低于"如果说"(5000∶130 次)。其次,"假如说"中"假如"假设义重,因此有一种独特的表反事实假设的用法,如"假如(说)我是一个消费者/假如(说)我是班主任"这样的用例,常用作某个主题活动或文章的标题,表示换位思考式反事实思维(参见第二章 2.3.3 节),在口语中都可以用"假如说"。这种逆向思维的表达方式一般不会使用"如果说",也不使用其他"X 说"。

"要是说"口语化程度较高,用法基本同"如果说",可用于四种假设句中,但在穷尽分析统计的 37 个有效例中,出现的 11 个可能假设句均在《百家讲坛》和翻译作品中;仅见 1 例类比现实假设句;出现的 9 个反事实句均为反证归谬句,如(37)。

(33) 你**要是说**不便多花钱,咱们有简便的办法:我先借给你点木器;万一她真不能改造呢,再把她送回去,我再把东西拉回来。(老舍《离婚》)[可能假设]

(34) **要是说**七九年的中篇刻画"文革"人物的心理还不细腻的话,

那么,八〇年细腻得多了,《三生石》足以说明问题。(《读书》,转引自北大 CCL)[类比现实假设]

(35)**要是说**在这世上有一样东西可以让人们永远向往并且有时还可以让人们得到<u>的话</u>,**那么**<u>这就</u>是人间的柔情。(同上)[非类比现实假设]

(36)**要是说**屈原的《雷电颂》是急骤的鼓点;**那末**献给婵娟的《桔颂》犹如气象万千的交响乐。(同上)[类比虚拟假设]

(37)**要是说**娶妻是废话,天下<u>就</u>没有一句正经话。(老舍《老张的哲学》)[反正归谬反事实假设]


### 3.3.4.5 其他"X$_{双}$ 说"

"X$_{双}$ 说"中的"倘若说、假若说、若是说、假使说、如若说",它们有文言色彩,使用次数少,在"X 说"类假设标记中用法不典型,但都可用于现实假设句。"倘若说"只用于类比现实假设句,"假若说、若是说、假使说"可用于类比和非类比现实假设句,"如若说"仅 1 例,用于类比现实假设句。分别如:

(38)**倘若说**《唐吉诃德》第一部表达了文艺复兴时代的知识型,**那末**第二部在某种程度上表达了古典知识型。(《读书》,转引自北大 CCL)[类比现实假设]

(39)**假若说**戏剧扮演是对生活的模仿,**那么**三爷及鸟友们令人啼笑皆非的公堂审案则是对模仿的(滑稽)模仿。(《人民日报》,1993 年)[类比现实假设]

(40)**假若说**人间确曾有过什么"威慑力量",在我充满三灾八难的一生中,还没有一次可以与初见莫高窟时心灵上受到的震撼和冲击相比拟。(《人民日报》,1994 年)[非类比现实假设]

(41)**若是说**卢浮官、凯旋门、巴黎圣母院和埃菲尔铁塔等代表古巴黎,**那么**,卢浮官的玻璃金字塔、拉德芳斯大拱门、巴士底歌剧院和法兰西国立图书馆等则是今巴黎的象征。(《人民日报》,1996 年)[类比现实假设]

(42)我原来不想这样说,可是如果您真要问我,那么我就坦白地将我对这一切的意见讲给您听,因为我知道玛莎是非常敬爱您的,**若是说**您和她之间有什么误会和不和睦<u>的话</u>,**那么**我千万不能责怪她。(列夫·托尔斯泰《战争与和平》)[非类比现实假设]

(43) 假使说,三家村老学究,孤陋寡闻,识见卑下,如此作为,情有可原的话,那么,堂堂的明代前七子之一何景明的类似行径,就未免有点那个了。(《读书》,转引自北大 CCL)[类比现实假设]

(44) 假使说中国并没有产生一个亚里斯多德,我认为,那是因为阻碍现代科学技术在中国发展的那些抑制因素,早在中国可能产生象亚里斯多德那样的人物以前,就已经开始起作用了。(同上)[非类比现实假设]

(45) 如若说,在羽毛球冠亚军争夺战中,中国队打得十分主动,中国队员压力不大,那么当女跳水队员谈舒萍在跳板跳水预赛中发挥失常,伏明霞又以预赛第三的成绩进入决赛孤军奋战时,其心理压力可谓大矣。(《人民日报》,1996 年)[类比现实假设]

"假定说"和"假设说"使用较少,用法也不典型,但"假定说"也可用于四种假设句且多见于翻译作品,而"假设说"只有 4 例,可能假设和反事实假设各 2 例。例如:

(46) 很简单的事情,假定说我到新疆去旅游,那个新疆旅行社对我造成了利益损害,或者侵权了,我怎么告?(《百家讲坛》:吴宏伟《明明白白去旅游》)[可能假设]

(47) 假定说,五十年前亚历山大一世对人类的幸福的看法是错误的,那么,当然也应该这样认为,指摘亚历山大的史学家对人类幸福的观点,在若干年之后,也将被认为是不正确的。(列夫·托尔斯泰《战争与和平》)[现实假设]

(48) 这份定稿,假定说在这个世界上根本没有从 C 君到 H 君这一系列的官儿们的话,A 君是同样可以弄得出来的。(《读书》,转引自北大 CCL)[反事实假设]

(49) 假设说,即使是西太后死在前,袁又毒死了光绪帝,那也用不着担心光绪帝报仇呀!(同上)[反事实假设]

### 3.3.4.6 "X 说"的用法特点

上面"X 说"实例可以充分证明表示现实假设是"X 说"类假设标记的典型用法。不管使用频率高低,也不管是"X$_单$ 说"还是"X$_双$ 说",一般都能用于现实假设句,但不一定能用于其他假设句。"X 说"用于类比现实假设句多于非类比现实假设句,用于类比虚拟假设句也多于非类比虚拟假设句。这表明,用于类比推理是"X说"标记的假设句的主要逻辑功能(参照第二章2.2节和2.4节)。

"X说"表示反事实假设时基本上只用于反证归谬句,很少用于反证释因句,与假设连词"X"正相反。第二章表2-1的统计结果说明在自然语言中反证释因句比反证归谬句更常用,而且两种反事实假设句对这两类假设标记有选择性(第二章2.3.2.3节)。表2-1的语料统计结果还显示:"X说"和"X"用于反证释因句的比例分别是12%和94%,而用于反证归谬句的比例分别为88%和6%。这说明"X说"和"X"表反事实假设的功能也是互补的,前者主要表反证归谬反事实假设,后者主要表反证释因反事实假设。

这两类假设前标记功能用法上的差异,可以从词语的意义上加以解释。"说"表示一种说法、看法或观点,"X说"引导的小句内容即是某种已知的说法,是姑且假定或认可某种说法或观点,即先树立批驳的靶子,然后由结论的虚假不成立反驳或反推假设条件所言内容的荒谬或不正确。反证归谬是为了反驳,用"X说"做假设标记,二者在语义语用上是和谐一致的。反证释因主要用于推知,要推出与已知事实相反的结论,便与常用的可能假设句一样,倾向使用不带"说"的一般假设连词。

### 3.3.5 "如果说"类假设句的语法特征

从上述"X说"类假设标记用于各种假设句中的实例,可以总结出"X说"类有标假设句语法形式上的特点:

1)结构形式。多用"X说……(的话),那么/就……"这样的单标/复标假设框架结构形式,不用紧缩形式。据表3-5所统计的186个用例中,只有1个"如果说"引导的假设句分句之间没有停顿①,还不是合乎规范的紧缩式。

2)语序。假设从句不后置。表3-5所统计的186个用例中,只有1个"要是说"句从句后置②,出现在翻译作品中,有假设让转的意思,也不是"要

---

① 此例是:"<u>如果说</u>还有点性爱的话大约就产生在这一夜。"(张贤亮《绿化树》)规范的书写式是在"的话"后面加个逗号,表示停顿。

② 此例是:"在巴斯库马林逊还只是初出茅庐的小伙子很是崇拜这位英俊的陆军上尉,可现在这上尉却正要从受人尊敬的位子上摇摇欲坠,<u>要是说</u>还没有倒下来<u>的话</u>。"(詹姆斯·希尔顿《消失的地平线》)第2个小句和第3个小句构成的是含"要是说"标记的假设句。从句义上看,这个"要是说"有"即使说,就是说"的意思,表示假设让转关系,非一般假设关系。另外,本例的第1个小句明显是病句,该译文的汉语表达水平也值得怀疑。

是说"的常规用法。

3)句法位置。"X说"位于假设从句句首。表3-5所统计的186个用例中,仅发现1例"假如说"后置于主语①后,用在《邓小平文选》(1)中,为口语中不太规范的说法。

4)韵律特点。"X说"与它所引导的从句之间可以有语音停顿,用逗号隔开,如上举(23)(31)(43)(45)(47)(49)。这说明"X说"与所引从句之间的概念距离较远。"X说"中的"说"表示一种"说法,认识",还隐约可见其引语标记的功能。

"X说"标记的假设句的四项语法形式特征,只有第一项与"X"标记的假设句相似,但还有差异:"X"标记的假设句多用"X……就……"格式②,较常用紧缩形式。后三项特征都与"X"标记的假设句不同:"X"所引假设从句可后置于主句,"X"可以位于假设从句句首或主语后、谓语前,"X"和所引假设从句之间一般没有停顿。

这个结果说明,"X说"类假设标记虽然由假设连词"X"与"说"连用而来,但它们不仅在语义功能上大致互补,而且在句法分布及其他形式特征上也表现出了一系列的差异。因此,我们认为,"X说"类假设词语已经成为假设关联词语聚合中的一个语法小类。

### 3.3.6 小结

本节参照语料库中实例,考察了"如果"类假设连词"X"有无"X说"格式的原因。根据在四种假设句中的使用情况,我们发现,"如果说"类假设标记的主要语义功能是表示现实假设,其次表示可能假设,表示虚拟假设和反事实假设的功能总体很弱,但相对较多表示反证归谬反事实假设和类比虚拟假设。通过比较"X说"与"X"语义语用功能的差异,说明了其形成和使用的语义语用动因,并结合实例描写了频率不同的"X说"在现代汉语中的用法特点,证明了"X说"与"X"所标记的假设句在语法形式上存在明显差异,进而说明"如果说"类假设词语已经成为假设关联词语聚合中一个独立的语法小类。

不管"X说"的词汇化程度是高是低,都是作为一个句法语义单位来使

---

① 此例是:"我们这几年**假如说**有经验,有这样一条,就是资产阶级思想的影响,社会渣滓的影响,总要钻出来。"改成"**假如说**我们这几年有经验……"似乎更好些。

② 据语料库中搜索结果,"如果说"与"那么(那末)"合用例高于与"就"合用例约2倍,而"如果"与"就"合用例则高于与"那么(那末)"合用例约12倍。其他"X说"和"X"在与"那么(那末)"和"就"的搭配上也有相似规律。

用的,所以从正词法上来说,拼写时应以连写为宜。"如果说、要说、假如说、若说、要是说"等使用频率较高的"X说",其词汇化程度较高,宜看作假设连词。

## 3.4 "如果不是/没有"类假设成分

"如果不是/没有"类假设成分是指"如果"类假设连词和否定词语"不是/没有"连用而形成的具有假设关联功能的词语或词连①,表示假设意义,也起关联作用。为叙述方便,也用"X"指代"如果"等假设连词,把这类成分概称为"X不是/没有"类假设成分。

### 3.4.1 "如果不是/没有"类假设成分的语法性质

"X不是""X没有"是假设连词跟"不是/没有"连续连用而形成的线性组合形式,有的已经成词,《现汉》收录了"要不是"和"若非",注为连词,解释为"如果不是"和"要不是",例如:

(1) **要不是**你提醒我,这件事我早就忘了。
(2) **若非**亲身经历,岂知其中甘苦。

多数"X不是/没有"词汇化程度较低或者还没有词汇化,有些可看作韵律句法单位,有些只是线性序列上跨层的连续连用,所以称之为"词连"。下面以高频的"如果不是/没有"为例,具体看非词汇化的"X不是/没有"的性质。

当"如果不是/没有"后跟名词性成分NP时,如(3)(4),"不是/没有"和NP之间构成述宾关系,不能删除,否则句子就不合法,见(3')(4')。这种情况下,"如果"和"不是/没有"只是线性序列上的连续连用,即词连。

(3) **如果没有**食物,它可以忍饥挨饿达一个月之久。(《中国儿童百科全书》)
(4) 人生活在大自然中,酷暑寒冬气温变化多端,**如果不是**体内大

---

① "词连"是指不在一个句法层面上的词语连续连用,学界多称为"跨层结构"。但既然是跨层,就不能构成句法结构,所以有人称为"语连"或者"词连",本书采用后者。

量水分的调节作用,<u>就</u>不可能保持生命活动所必需的恒温。(同上)

(3')* 如果食物,它可以忍饥挨饿达一个月之久。

(4')* 人生活在大自然中,酷暑寒冬气温变化多端,如果体内大量水分的调节作用,<u>就</u>不可能保持生命活动所必需的恒温。

当"如果不是/没有"后跟谓词性成分 VP 时,有可能不再用"不是/没有"做从句谓语,这时"如果不是/没有"才有可能作为一个句法单位使用,也才有可能发生词汇化。例如:

(5) 如果不是这样看问题,<u>那就</u>不是马克思主义的态度,不是历史唯物主义的态度。(《邓小平文选》2)

(6) 如果没有大气的循环运动,把大量水气从海洋上空输送到陆地上空,<u>那么</u>,整个水分大循环将会停止,地球陆地将是一片荒漠。(《中国儿童百科全书》)

(5') 如果这样看问题,<u>那就</u>不是马克思主义的态度,不是历史唯物主义的态度。

(6') 如果大气的循环运动,把大量水气从海洋上空输送到陆地上空,<u>那么</u>,整个水分大循环将会停止,地球陆地将是一片荒漠。

(5)中"如果不是"后跟谓词性成分"这样看问题",这个"不是"既可看作状中结构,用作从句述语,也可以不看作述语,而把它和"如果"视为一个结构体。这样,若不考虑语义的话,可以把"不是"删除,而不致影响句子的合法性,见(5')。这种语境下的"如果不是"就有词汇化的可能。(6)中的"如果没有"也后跟谓词性成分,这个 VP 为一个复杂的主谓结构,"没有"可看作动词性述语,也可看作副词性状语。因此,"如果没有"同样具有词汇化的可能,若不考虑语义的话,也可删除它而不影响句子的合法性,见(6')。

尽管"X 不是/没有"的性质不具有一致性,但因假设连词"X"的作用,含有此类连用式的句子一般为假设句,而且具有明显的表反事实假设的语义倾向。因此,暂不区别"X 不是"或"X 没有"是否已经词汇化,把连词性、有连词化倾向以及词连性质的成分一并讨论,将含有这类成分的假设句称为"X 不是/没有"假设句。本节通过对真实语料的统计分析,证明这类假设句具有表反事实假设的情态语义倾向,并证明词汇化或半词汇化的"X 不是/没有"假设关联词语的基本语义功能是表反事实假设。

需要指出的是,"X 没有"还有一个同义形式"X 没",二者在语义功能上

具有一致性;有的"X不是"也有一个同义形式"X不"。例如:

(7)"金老板,这大冷的天,**若没**你施舍,我们怕是连命都难保呀!"(孙方友《陈州饭庄》)

(8)他们总结教训,认为此举败在一双眼上:**若不**往下看,哪会头晕心跳腿发软?(尹全生《一步难行》)

语料库中"X不/没"的用例很少,可能与其口语化程度高有关。故本节只以"X不是/没有"统称之,并主要以"X不是/没有"为考察对象,不排除个别"X不"或"X没"用例。

还要说明的是,假设连词可以和"不是/没有"间隔连用,形成从句为"X……不是/没有……"格式的假设句。这种从句为否定式的假设句,同一般可能假设句形式相似,虽然也相对较多表反事实假设义,但远不如含"X不是/没有"句表反事实假设义的比例高,这里不讨论。

### 3.4.2 "如果不是/没有"类假设成分的使用情况

#### 3.4.2.1 "如果"类连词后加"不是/没有"格式

根据对语料库中实例的分析①,可见到的"X不是/没有"有以下这些,按假设连词"X"的频次高低依次排列如下(下画线的仅见到1个有效例):

| 如果不是 | 如果没有 | 要是不是 | 要是没有 | 要不是② | 要没有 |
| 如不是 | 如没有 | <u>一旦没有</u> | 若不是(若非) | 若没有 | 假如不是 |
| 假如没有 | 若是没有 | 倘若不是 | 倘若没有 | 万一不是 | 万一没有 |
| 假若不是 | 假若没有 | 倘不是 | 倘没有 | 假使不是 | 假使没有 |
| 如若不是 | 如若没有 | 倘使不是 | 倘使没有 | 设若不是 | 设若没有 |
| <u>倘或不是</u> | <u>倘然不是</u> | <u>倘然没有</u> | 假设不是 | 假设没有 |

---

① 下面所说"X不是/没有"的用例情况依据2007年12月19日在CCL中的检索结果。由于该语料库数据的变化,2021年3月31日检索时,已见"一旦不是"1例、"假定不是、倘或没有"各2例、"假定没有"3例,原有"X不是/没有"的频次也有所变化,但尚未改变这类成分的基本使用规律。为了保持本章所论三类假设前标记在语料库中使用数据的同期性,这里不再改动。详见张雪平(2021)。

② 邢福义(2001:117)指出,"要不是"偶尔只说"要不"。例如:"我告诉你萧部长,要不看你是何文仲老婆,我会开口骂人,你信不信?"由于后边又有一个"是"字,为了避免重复,才把"要不是"简省为"要不"。另据《现汉》注释:"要不"意思是"不然,否则",它一般表假设逆转关系,不作"要不是"的同义词,故我们不列入"X不是"类。

尚未见到的"X 不是/没有"有下面 7 个：

 * 一旦/若是/果真/假定不是
 * 果真/倘或/假定没有

假设连词"X"有无"X 不是/没有"连用格式与"X"的频率高低大致正相关。参照表 3-1,总的来看,使用频率在后 7 位的假设连词较少、基本或无此连用式;而使用频率在前 14 位的假设连词中,只有"一旦"没有"一旦不是","要是""若是"因其本身带一"是"字,所以基本或不能与"不是"连用("要是不是"仅 1 例,"若是不是"无),其他 11 个假设连词均有这两种连用式。

"X 不是/没有"的使用频率高低也与"X"的使用频率高低大体对应。不对应的只有"如不是/如没有",使用次数相对较少。这应该与"如"本身文言性较强有关。"一旦没有"(穷尽共有 28 例)、"万一不是/万一没有"(穷尽共有 17 例),它们跟"一旦、万一"一样,表义功能单一,只表可能假设,不表反事实假设,因此使用次数也相对较少。

### 3.4.2.2 "X 不是/没有"格式的使用频率

仍按照从语料库中五类语篇("应用文、报刊、小说、散文、戏剧/电视电影")里各抽取若干例的原则,使用次数较少的,即从位于第 11 位的假设连词"假若"到末位的"假设",它们与否定词语连用构成的"X 不是/X 没有"句,均穷尽统计。这样,我们分析统计了含各种"X 不是/没有"的假设句用例共 1107 个(不包括只表可能假设的"一旦没有/万一不是/万一没有"句),其中反事实假设句共 877 个,约占 79%,可能假设句 230 个,约占 21%,而没有现实假设句和虚拟假设句用例。这个结果说明,"X 不是/没有"主要用于反事实假设句,其次是可能假设句,但不用于现实假设句和虚拟假设句。相比而言,"X 不是"比"X 没有"与反事实假设句的关联性更强。"X 不是"句约 88% 为反事实假设句,只有约 12% 为可能假设句;而"X 没有"用于反事实假设句的比例相对较低,约为 69%,用于可能假设句的比例相对较高,约为 31%。具体见表 3-7。这种现象,可能与"没有"在句中主要是做谓语核心,而有些"不是"已成构词成分有关。

表 3-7 "X 不是/没有"在两种假设句中的用例数量及比例

|   | 可能假设句 | 反事实假设句 | 合计 |
| --- | --- | --- | --- |
| X 不是 | 75/12% | 537/88% | 612/100% |
| X 没有 | 155/31% | 340/69% | 495/100% |
| 合计 | 230/21% | 877/79% | 1107/100% |

### 3.4.3 "如果不是/没有"类假设成分的语义功能与用法分析

由"X不是/没有"所在假设句的语义特点(表3-7)可知,"X不是/没有"类假设成分跟假设连词"X"的语义功能大致互补,它们主要表示反事实假设,其次表示可能假设,但不表现实假设和虚拟假设。"X不是"比"X没有"更倾向表反事实假设。

"X不是/X没有"类假设成分还有一个语用特点是,常出现在主句为反问形式的假设句中,如上举(8)、下面(10),这样的假设句几乎都是反事实假设句;当主句不是反问形式时,则没有这种表义特点。

下面以频率较高的"如果不是/没有、要不是、若不是(若非)、假如不是"等的用例情况,具体分析含有"X不是/没有"类假设成分的假设句的表义特点,充分认识"X不是/没有"的假设语义功能及其个性差异。

#### 3.4.3.1 如果不是、如果没有

先以使用频率最高的"如果不是/如果没有"为例,分析"X不是/没有"类假设标记的一般用法。

"如果不是/如果没有"标记的假设句少数为可能假设句,如上举(3)(5),表示可能出现的情况及推出的结论,表述说话人对某问题的看法或认识;多数为反事实假设句,从与客观事实相反的角度来表述所假设事情发生的不可能性,以增强论证或说理的力量,如上举(4)(6),再如下面两例,都是反事实假设句。在我们所统计的109例"如果不是/如果没有"假设句中,78例为反事实假设句,31例为可能假设句。

(9) **如果不是**亲眼所见,我大概不会相信如今的青年会这样度过他们的新婚佳期。(《人民日报》,1993年)

(10) 试问**如果没有**人类知识一代又一代的传授,哪来的现代文明?(《人民日报》,1995年)

还要说明的是,通过观察语料统计结果发现,"如果不是"在不同语体的语篇中其表义倾向有差异。在应用文中约一半用于可能假设句,但在《人民日报》里几乎全部用于反事实假设句,文学作品中也绝大多数用于反事实假设句。这说明这类成分的表义功能受语体制约,应用文要求客观平实地说明事理,较少使用主观态度鲜明的反事实假设句,而报刊评论或文学作品具

有主观表达特点,便多采用反事实假设句式表达言者的主观认识或态度。

"如果不是/如果没有"标记的假设句结构形式特征不明显,结果分句中有时出现"就/那就",构成"如果不是/没有……就/那就……"假设框架结构句式,如上举(4)(5),在结果分句中有时也用表推测的情态词"会"等来表示可能性推断结果,如(8)。其他"X不是/X没有"句也有相似的句法表现。

### 3.4.3.2 要不是

陈国华(1988)认为汉语的"要不是、若不是"和文言的"若非"是名副其实的反事实标记,不仅可以表达与过去和现在事实相反的假设条件,而且还能表达与将来的事实相反的假设条件。但据我们对语料库中实例的分析,在现代汉语中可称得上反事实假设标记的只有"要不是",另外还有一个"假如不是",而"若不是、若非"表示反事实假设的功能较弱。

"要不是"只表示反事实假设。在所统计的90个"要不是"用例中,有89例为反事实假设句,如(11)(12)。另有1例与"就是"配合构成了"要不是……就是……"句式,见(13),其前后分句语义上形成假设性选择关系,"要不是"表示假设性可能选择关系,不表示假设条件。理据是:这种用法的"要不是"等"X不是"不同于已词汇化或有词汇化倾向的表反事实或可能假设意义的"X不是"类词语,其内部结构层次实际上是"X+不是",其后只跟NP而非VP。但也不同于后跟NP的词连性质的"X不是",因为在句子中是"不是"与"就是"配合先表示可能性选择关系,"不是"前面出现的"要"等假设连词是标记全句的未然性假设意义的,与"不是"不在一个句法层面上,也不是一个韵律单位,句子并不表示假设条件和结果关系。① 可见,表示假设条件的"要不是"全部用于反事实假设句。因此,可以说,连词化的"要不是"是一个专职反事实假设标记。

(11) 据太武帝自己说:**要不是**高允,他还<u>会</u>杀几千个人呢。(墨人《中华上下五千年》)

(12) **要不是**市法院经济庭的同志追得及时,我要破家了。(《人民日报》,1993年)

(13) 这**要<u>不是</u>**大悲剧<u>就</u>是大笑话。(张洁《爱,是不能忘记的》)

---

① 方全玉(1995)认为《白杨礼赞》中"若不是……便确是……"句跟"不在沉默中爆发,就在沉默中死亡"一样,逻辑关系为选择而非假设。在做选择时,都在既成事实之前,所以一般可以在句子前面加上"如果"等假设连词。李晋霞(2015)认为"如果……,就(是)/也(是)……"形式表示选择。

### 3.4.3.3 若不是、若非

"若不是"与其文言性同义形式"若非"实际上都可以表示可能假设,并不是名副其实的专职反事实标记。

在我们分语体抽样统计的100个含"若不是"的用例中有假设句98个。在这98个"若不是"假设句中,有反事实假设句91个,如(14)(15),后接谓词性假设从句,"若不是"为假设连词;可能假设句5个,如(16)(17),"若不是"后也是谓词性假设从句,"若不是"为假设连词,但其他3例中的"若不是"后面跟的是名词性成分,"若"与"不是"只是词连性质,如(18)(19);还有2例可以做反事实假设和可能假设两解,见(20)(21),"若不是"后接谓词性假设从句,也是连词性质。

(14) 方枪枪低头睃寻,**若不是**脚下一片泥泞,怕弄脏新裤子,他非躺下打个滚。(王朔《看上去很美》)

(15) 天很冷,**若不是**大姐把我揣起来,不管我的生命力有多么强,恐怕也有不小的危险。(老舍《正红旗下》)

(16) 相反的,情况**若不是**很急迫,他也会周旋到底,无论花多少时间,他时时刻刻都会与上司进行交涉。(《哈佛管理培训系列全集》,转引自北大CCL)

(17) 这个系统**若不是**帮助你,就会伤害你。(同上)

(18) **若不是**小葱时节,放半匙辣椒糊,或是盐腌韭菜花,或洒上榨菜碎末,就是两个指头撮点细盐上去也可以了。(林斤澜《豆腐》)

(19) 某职工**若不是**"文明职工",人们肯定会说这职工有"问题";某青工**若不是**"文明职工",谈恋爱十有八九告吹。(《人民日报》,1994年)

(20) **若不是**把"再穷不能穷教育,再苦不能苦老师"之类的话只挂在嘴上,而是去付诸实践,经济暂时还不发达的地方,也是能够把事情办好的。(同上)

(21) 市长办公电话是本"好经",**若不是**把它当作政府密切联系群众的重要桥梁,只是视为一种时髦的形式,那最后难免沦为仅是装点门面的摆设。(同上)

我们所统计的100个含"若不是"用例中另有2例"若不是"的性质功能同上举(13)中的"要不是"一样,表示假设性可能选择关系,不表示假设条件

结果关系,见下:

(22) 自由形式若不是一个短语,就是一个词。(语言学论文,转引自北大 CCL)

(23) 仿佛人人在他之前所说的,若不是自我表现的话,便一定是言不由衷的,习惯成自然的假话。(梁晓声《表弟》)

综上,若把两解的 2 例假设句也算上,有约 95%(93∶98)的"若不是"假设句为反事实假设句,但还有约 5%的用例为可能假设句。只不过,要是排除词连性质的 3 例"若不是",那么,连词化的"若不是"假设句几乎都是反事实假设句,约占 98%(93∶95)。因此,可以说,连词化的"若不是"是一个准反事实假设标记,但还算不上是专职反事实假设标记。

"若非"与"若不是"功能相似,虽已被词典收录为词,却不如"要不是"表义那么专一。在分语体抽样统计的 59 个"若非"假设句中,有反事实假设句 48 例,如(24)(25);可能假设句 9 例,其中既有连词性的也有词连性质的,如(26)(27)。另有 2 例也是假设性可能选择句,"若非"表假设性选择关系,见(28)(29)。

(24) 上海"大众"若非中德合资,恐怕至今也难以生产出"桑塔纳"。(《人民日报》,1994 年)

(25) 若非亲眼所见,这种情景使人实在难以相信竟是发生在美国的首都华盛顿。(同上)

(26) 还有众多的包装不中不洋、不古不今、不伦不类,若非产品质量特别过硬,或采取非常手段促销,大多逃脱不了亏损的命运。(《报刊精选》,1994 年)

(27) 她说:先得请人鉴定一下真伪,若非真迹,值不了几个钱。(凌鼎年《名画·外一篇》)

(28) 缔造童话的人们若非鬼斧神工,必是大智大勇,其间发生了多少惊天动地的人与自然的搏战。(《人民日报》,1996 年)

(29) 中国老百姓在旧社会愚民政策的长期毒害下,很少有从法的角度去考虑自身基本权利被践踏的事实,若非忍无可忍铤而走险,总是逆来顺受祈求"真命天子"出现。(《读书》,转引自北大 CCL)

综上,在 57 个含"若非"的假设句中,只有约 84%(48∶57)的为反事实假设句,还有约16%(9∶57)为可能假设句。可见,"若非"不但没有"要不是、若不是"用于反事实假设句的比例高,而且还低于"X 不是"类用于反事实假设句的平均比例(约88%,见表3-6),可见它并非是典型的反事实假设标记。

"若非"与"若不是"的区别在于,前者有文言性,是典型的书面用词;后者虽也具有书面色彩,但在现代汉语中还比较常用,其使用频率比"若非"高约2.7倍(860∶320)。这也许是二者标记反事实假设的功能有明显差异的一个因素。

### 3.4.3.4 假如不是

虽未见文献中提到"假如不是"是反事实假设标记,但它用于反事实假设句的比例还高于"若不是、若非"。在分语体抽样统计的50个"假如不是"句中,49例为反事实假设句,如(30)(31),只有1例为可能假设句,见(32)。

(30) 我说:**假如不是**你告诉我,我还真不知是啥模样。(王晓波《未来世界》)

(31) 群众说,**假如不是**党支部指挥有方,后果不堪设想,在关键时刻,党员干部真正是群众的主心骨。(《人民日报》,1996年)

(32) 一种制度,**假如不是**适应了人类某些实质性的需要,假如它的基础不是牢牢地建筑在事物的自然属性之上,<u>那么它就</u>一定会灭亡,灭亡得越早越好。(《读书》,转引自北大CCL)

"假如不是"用于反事实假设句的比例高达98%(49∶50),为比较典型的反事实假设标记。这可能与"假如"含有假设义词素"假",并且较多用于反事实假设有关。

### 3.4.3.5 "X 不是/没有"的反事实假设标记功能

上文的分析表明"X 不是/没有"可以看作假设标记,其中"要不是"等几个连词化程度较高的"X 不是"可以看作反事实假设标记。

连词化的"要不是"只用于反事实假设句,为典型的反事实假设标记;"假如不是"几乎只用于反事实假设句,为比较典型的反事实假设标记;"若不是"和"若非"表义不如"要不是"专一,相对较多或略多用于可能假设句,当为不大典型和不典型的反事实假设标记。非词汇化的其他"X 不是/没有"连用形式,多属于不同性质的两个语法成分(句间关联词+句内句法成分)的跨层连用(即词连),其句法关系松散,表义也不固定,表反事实假设的功能弱于上述几个"X 不是",还没有特别明显的表反事实假设的倾向。总起来看,"要不是"等与其他"X 不是""X 没有"标记反事实假设的功能强弱,可表示如下(">"表示"强于"):

要不是＞假如不是＞若不是＞若非＞其他"X 不是"＞X 没有

综上,可以把连词化的"要不是""假如不是"看作现代汉语的反事实假设标记,而"若不是""若非"及其他"X 不是/X 没有"可看作准反事实假设标记。

从部分"X 不是/没有"的词汇化来看,主要是高频连用导致的句法结果。方梅(2008:78)曾指出:"高频的组合常常会发生两类现象:一是韵律单位与句法单位的错位;二是韵律单位成为句法单位。"由于反事实假设句具有的否定语义内涵,使得句中的假设连词"X"经常与否定词语"不是/没有"连用,尽管起初它们只是跨层的词连性质,但高频连用很容易成为一个韵律单位,在合适的句法环境中,即当后跟 VP 时,便可能导致其词汇化。那些高频出现的"X 不是/X 没有"率先词汇化了,而那些频率较低的,还处在词汇化过程中,或者还未词汇化。上述用例的统计和分析可以充分说明这一点。"X 说"的词汇化也是假设连词"X"与言说动词"说"跨层连用的结果,参见本章 3.3 节和第五章 5.3 节。

从正词法上看,已经词汇化的"要不是、若非"以连写为宜;"若不是"等其他三音节的"X 不是、X 没有"则可连可分,以连写为宜;四音节的"假如不是"是比较典型的反事实假设标记,以连写为宜;同样四音节的"如果不是/如果没有"等,词汇化程度不高或者还没有词汇化的,可把假设连词和"不是/没有"分开拼写。

### 3.4.4 小结

本节的研究表明,"X 不是/没有"类假设句具有强烈的表反事实假设的情态语义倾向,证明了"X 不是/没有"类假设成分具有突出的标记反事实假设的功能,尤其是连词化的"要不是、假如不是、若不是"几乎都可看作专职的反事实假设标记。本结果是根据"X 不是/没有"类假设成分在四种语义的假设句中的分布情况得出的。这类假设成分主要表示反事实假设(79%),表可能假设功能较弱(21%),不表现实假设和虚拟假设。其功能与"如果"类假设连词的表义功能在一定程度上互补。"如果"类假设连词主要表可能假设(72%),其次是表反事实假设(25%),但还可表现实假设和虚拟假设(见表 3-2)。这个结果进一步揭示了假设句的语法形式与语法意义的对应关系,也进一步证明了对现代汉语假设句所做内部分类的合理性(参见第一章1.2节)。

本节的研究提示我们,立足于语义功能的语法研究,要能够使语法成分的语法意义或功能得到语法形式的验证,这也是语法研究的根本目的(朱德熙,1985)。本节的研究表明,现代汉语反事实假设意义的表达不只是语用解释的问题,是有一定语法形式、语法标记的。因此,可以说,现代汉语反事实假设句是一种语义语法范畴。

还需要进一步说明的是,含"X不是/没有"这种否定义假设标记的假设句,为什么会强烈倾向于表反事实假设呢?这可以从认知心理上加以解释。

从语法角度看,"X不是/没有"类假设句均表示事实性说明因果关系,具有反证释因功能。而心理学界的研究者一方面从假言命题的前提(即假设分句)出发,将反事实思维分为加法式和减法式两种,另一方面,根据假言命题结论(即结果分句)的性质,又从方向上将反事实思维分为上行和下行两种。① 由此分类可知,由"X不是/没有"标记的反事实假设句,由于含有否定成分,当属于减法式、下行反事实思维表达模式,实际表达的是说话人/行为主体希望某个已定的负面事件没有发生,或者庆幸没有发生比已定事件更糟的事情。心理学的实验证明,上行反事实思维多引发负面情绪,使人对未得到更好的结果感到后悔、内疚和自责;下行反事实思维则能使人意识到避免了可能更坏的结果,因而产生庆幸、满足等正面情绪。按一般的常识和认知心理来说,"趋利避害"是人们通常的心理追求或愿望,正面情绪的表达肯定要比负面情绪的表达常见,用一定的语言形式来加以标记,不仅能减少人们的认知负担,也满足了语法形式和语法意义的对应性要求,是汉语语法系统发展趋向严密化的一个表现。

## 3.5 "的话"类假设语气助词

"如果"类、"如果说"类及"如果不是/没有"类假设关联成分都是前置性

---

① 据杨红升、黄希庭(2000)和张坤(2007),加法式是在前提中添加事实上未发生的事件或未采取的行动,而对已定事实进行否定,如"如果我再努力一些,这次考试就可以及格了";减法式是在头脑中假定某个已定事件并未发生,从而对事实进行否定和重构,如"如果我不出去玩,那么地板就不会被我弄脏了"。上行反事实思维对于已经发生的事情,想象其如果满足某种条件,原本可能出现比事实更好的结果或情况,如"如果我再听话一点,这次就可以得到小红花了";下行反事实思维则假设一种比事实更坏、更糟的结果或情境,如"我喝饮料的时候如果不小心一点儿,恐怕就会把衣服弄脏了"。

假设标记,后置假设标记常用的只有假设语气助词"的话",来自文言的"时"具有明显的语体选择性,口语性的"的时候"偶尔使用。用于假设分句末的语气词"吧、呢",表假设语气是语境意义,视为准假设后标记。

同假设前标记一样,假设后标记表示假设意义并关联前后分句,但用在假设从句末,表示停顿、舒缓语气,还往往兼做话题标记、具有提醒听话人注意的功能。因此,若把这类虚成分的功能综合起来看,准确地说,它们更像是系统功能语法所说的主位(theme)标记,或者说是标记假设句中从句所表达的从属性次要信息的结束,并标记主句所表达的重要信息的开始(参考张伯江、方梅,1996)。若只关注它们的假设关联功能,传统语法学通常称之为"假设助词"(张炼强,1990;江蓝生,2002、2004)①;从语言类型学视角来看,也可称为"后置连词"(周刚,2002;刘丹青,2003)。张谊生(2002)把起关联作用的"的话"归入限定助词,认为"至少到现在为止,'的话'还没有发展成为一个严格意义上的连词"。"严格地讲,'的话'既不同于语气词,也不同于结构助词,而是一个兼有关联、情态和标记功能的特殊的助词"(362、365页)。赵国军(2009)把"的话"和"吧"称为假设语气词。仅从假设关联功能上看,"的话"具有连词性,但与假设连词"如果"等有所不同,"的话"还表句中停顿,兼有话题标记功能和舒缓语气的功能,不与假设连词合用时,所在从句不后置于主句。为了与前置的假设连词相区别,我们把"的话"等假设后标记称为假设语气助词。本节主要讨论这类假设标记的语法分布和语义功能。

### 3.5.1 "的话"的假设功能和语用特点

据江蓝生(2004)的研究,假设助词"的话"到了清末小说《儿女英雄传》中才开始出现②,但已是现代汉语中常用的假设后标记。张谊生(2002)比较详细地考察了起假设关联作用的"的话",赵国军(2009)主要从"的话"和"吧"互换角度分析了二者表假设时句法分布上的差异,姜露(2015)考察了"的话"的语用功能。本节在前人研究和前文所述基础上,根据我们对语料的调查,对"的话"做假设标记的功能和用法做简要描述。

"的话"用于假设分句末尾,引出结果分句,既表假设语气,也具有关联

---

① 《虚词例释》《八百词》和朱景松等三家《虚词词典》均把"的话"注为"助词",《现汉》第5至7版也注为"助词"。研究性文献中同样多以假设助词称之。

② 张雪平(2013)对清代三部小说(《红楼梦》《歧路灯》《儒林外史》)中的假设关联词语进行了穷尽统计分析,未见到典型的假设标记"的话",只有假设语气助词"时","呢、哩"也兼表假设语气。

## 第三章 假设标记的语义功能与分布特征

作用,可以单用,也可以与假设前标记合用。受假设句从句前置优势语序及联系项居中原则的制约(参考刘丹青,2003),"的话"所附置的假设分句一般在前。当它与假设前标合用时,偶尔也后置于结果分句(参见第二章2.6节),在老舍《骆驼祥子》中检索到"的话"的有效例共25个,仅1个从句后置。

"的话"单用在假设分句末尾,构成单标/后标假设句,结果分句中极少用承接性关联词语呼应,偶见关联副词"就"等。例如:

(1) 见事不好**的话**,你灭了灯,打后院跳到王家去。(老舍《骆驼祥子》)

(2) 莲子说:"你是王子**的话**,我<u>就</u>嫁给你。"(吴丽嫦《莲子》)

"的话"用在假设分句末尾,更常和假设连词配合使用,如下面各例。结果分句中较常用"就/那么"等配合,可构成"如果……的话,就/那么……"框架结构式,如(5)(6)。有时"的话"从句后置,这时主句中不会出现推论关系标记词(参见第二章2.6节),如(7)。

(3) <u>如果</u>你不方便**的话**,全职就读 MBA 不是必须的。(《MBA 宝典》,转引自北大 CCL)

(4) <u>要</u>变**的话**,只会变得更好。(《邓小平文选》3)

(5) 一天<u>要是</u>能剩一角**的话**,一百元<u>就</u>是一千天,一千天!(老舍《骆驼祥子》)

(6) 就现在所论问题而言,<u>如果</u>真要穷根究底**的话**,<u>那么</u>,生产资料所有制其实也还不是"最终原因"。(汪旭庄《社会主义制度下的级差土地收入》)

(7) 你应该试试,<u>如果</u>你有机会**的话**。(朱文《我爱美元》)

除了常与"如果"等假设连词配合外,"的话"还可以和"X 说"类假设前标记配合,其用法跟它和假设连词合用相似,常构成"如果说……(有)……的话,那就是/就是……"这样的假设框架结构式,如(8)(10),或者构成"如果说……的话,那么……",如(9)。但这种假设框架中的"的话"从句一般不能后置于主句。

(8) <u>如果说</u>,成功的会议有什么秘诀**的话**,<u>那就是</u>自由而公开的讨论。(《哈佛管理培训系列全集》,转引自北大 CCL)

147

(9) 如果说小三角之间的证是"内证"**的话**，那么大三角之间的证就是"外证"。（语言学论文，转引自北大 CCL）

(10) 在发展两国关系方面，不存在什么大的障碍，要说有什么障碍**的话**，那就是双方彼此了解不够。（《人民日报》，1996 年）

从语义上看，用"的话"标记的假设句，可以表示真实和非真实假设，总体上以表可能假设为多，但与"如果说"类假设前标共现时，则主要表现实假设，如(8)—(10)。

书面文本语料中，"的话"以与假设前标合用共现为常，单独使用的很少。我们统计了各类语篇中用后标"的话"的假设句共 315 个①，单用"的话"的仅 38 个，约占 12%，88% 的用例是"的话"与假设前标合用的。

若只看"的话"的假设关联功能，它同假设前标记一样，但使用时又常与假设前标共现，很少单独使用，这看似不符合语言表达的经济原则。但我们知道，对经济原则的违反，往往是语言相似性原则凸显的结果（沈家煊，1993）。这说明"的话"应该还有不同于假设前标记的表达功能，或者说，使用"的话"的语用动因是什么？我们认为主要是口语交际互动的需要。

一般认为"的话"与假设前标合用时，假设语气加重，也有人认为，有时假设语气减弱（姜露，2015）。张谊生（2002）认为，与连词共现时，"的话"的情态性（即假设可能性）、标记性强于连接性，而单用时则正好相反，连接性、限定性强于情态性。在我们看来，"的话"后附于从句末尾，表示主从分句之间的停顿，与假设前标相比，除了表示假设语气外，主要语用功能是舒缓语气，使表述带上一定的口语色彩。只不过与假设前标合用时，这些假设语气之外的功能会更加凸显一些。如(11)表达说话人的推断，若不用"的话"，显得直接、武断，用了"的话"显得舒缓、含蓄，带有点儿为听话人着想的意味；(12)表达说话人的建议，用了"的话"，语气舒缓，便于听话人接受。这样看来，"的话"的使用主要是语用上交际互动的需要，体现了假设句表达上的主观性和交互主观性功能。当不与假设前标共现时，如上举(1)(2)，分别表示说话人的建议和态度，"的话"除了标明句子的假设条件关系外，同样具有上述语用功能。

(11) 如果什么都舍不得丢**的话**，光旧东西咱们这间屋子都搁不

---

① 以"的话"为检索条件，从大型现代汉语平衡语料库国家语委语料库在线中查询，得到 1317 条结果（出自应用文、报刊、文摘、人文社科类等），分析了近一半，得到 230 个有效例；又从 557 万多字的老舍等作家的现代小说、戏剧、散文作品中检索到 85 个有效例，合计 315 个。

下。(肖华《往事悠悠》)

(12) 照理说,刘一川应该依靠组织,把这件事交给街道办事处或居民委员会去处理,<u>如果</u>对他们的工作不放心<u>**的话**</u>,过些时可以再去问问,催催。(陆文夫《小巷人物志》)

"的话"是生活口语中常说的,具有口语化倾向和主观性特点,这可以从其语篇分布上看出来。"的话"主要用于具有主观性特点的文学作品中,较多见于对话中,而在客观性强的书面语体中基本不使用。在10万字的汽车驾驶操作类语料中,表假设的"的话"只出现了2次,而与它同义的文言性书面词"时"则出现了589次(参见第二章2.5.4节)。可见,在现代汉语中"的话"和"时"在语体上有了分工,而不仅仅是历时替换的问题。

应该指出的是,"的话"还可以和表示假设逆转关系的"否则、不然"等连词连用,与口语化的"不然"连用较常见,很少与书面色彩的"否则"连用。我们在本节上述非汽车驾驶操作语料范围内共检索到这类用例13个,其中11例为"不然的话",仅2例为"否则的话",这也可以辅助说明"的话"偏于口语色彩。此外,"的话"还可以用在充分条件句和假设让步句的从句末尾,与"只要、就算"等配合使用,表示假设语气。这不在本书的研究范围之内,不赘。

### 3.5.2 "时、的时候"的假设功能和语用特点

对"时、的时候"表假设语气的用法,学界早有所述。黎锦熙(1924/1992:219)指出:"假设句有时用'时'字(文言中)或'的时候'(口语中)煞尾;有时就把'时'字当假设的表示,或条件的制限。"如"三角形的三角相等时,它的三边也相等"。黎锦熙、刘世儒(1962:129)指出:"'时'是以'时间句'的形式表'假设'语意的",如"他若不睬我时,此事便休了"。(《水浒传》)王力(1943/1985:61)谈到主从句中条件式(文中把假设句归入条件式)时也指出:"条件式和时间修饰的界限不很分明:某一些复合句既可认为条件式,又可认为时间修饰。""有时候,从属部分里既有'若'字,又有'时'字,更使条件式和时间修饰,混而为一。"如"我若死了时,变驴变狗报答你"。(《红楼梦》)赵元任(1968b/1996[1980]:92)说,河北南部和山西方言里到现在还可以用"的时候"做主题(即话题)后的停顿语助词,如"他道歉的时候,我们就算了"。此句中"的时候"也表假设语气。张炼强(1990)分析了以"时/的时候"煞尾的假设从句"如果X时"的用法,认为"如果X"是一般的假设条件,"如果X时"却是以某一对象发展变化的动态的时间为着眼点的时间假设条

件,并称为"时间假设从句"。他指出,强调在假设范畴之内而又需要强化动态的时间观念的语言领域里,这是一种颇有用场的语法形式。他还认为,"时"不同于"的话",虚化程度不高,是以词汇意义来表示时间假设条件的。这种认识有一定道理,我们在语料中也发现从近代汉语到现代汉语,有相当一部分表假设的"时"兼表时间义。不过,在近代汉语中,"时"常独立表示假设,如"早知道时,探望去好来。"(《老乞大谚解·朴通事谚解》)、"这般时,怎么计较好?"(《训世评话》,见艾皓德,1991)、"不信时,你回去细访可知。"(《红楼梦》)

艾皓德(1991)和江蓝生(2002)从历时角度探讨了"时"在近代汉语中的用法,认为近代汉语中"时"也像"的话"一样,是一个完全虚化的假设语气助词。前者指出,不表示时间的虚词"时",元末明初最盛行,句尾助词"(的)时候"这时候可能还没有发展出来,到了清朝才开始变得比较普遍。后者详细探讨了"时"的语法化历程,并从类型学和语用认知方面对时间标记向假设标记的演化做了有力的解释。她认为,"时"做假设助词最迟不会晚于初盛唐,到清末才逐渐被"的话"所代替,但仍活跃在汉语的某些方言中,如连城客家话等①。还列举了英语、德语中表示时间和表示假设的标记共用一个形式的现象,例如英语的 when 也常兼有 if 义,德语时间和假设两种关系同用 wenn 一词。并指出假设范畴与话题范畴的同质性,由时间范畴进入假设范畴是汉语和其他一些语言共有的语用认知规律。

从已有研究来看,不管"时"的演化过程如何,在近代汉语中做假设语气助词已得到确认,其同义形式"的时候"表示假设至迟在清末已出现。太田辰夫(1958/2003:326)指出,早期白话中用"时"表假设,后来,由于复音节化加上语调的关系,就成为"的时候",并举出《红楼梦》中与假设连词"若"合用而且带有时间义的 1 例:"若发了病的时候儿,拿出来吃一丸。"据我们考察,清末文康《儿女英雄传》中有典型用例,"的时候"可以独立承担假设关联功能,相当于"的话","候"可儿化。如:"姑爷,你换下来给我快拿去罢,不的时候,姑娘他也是着急。""慢讲我这分儿使不着,就让越着礼使了去也得活着对的起阎王爷,死了他好敬咱们,叫咱们好处托生啊!不然的时候,凭你就顶上个如来佛去,也是瞎闹哇。"可见"的时候"与"的话"一样,同样是到了清末,才演变成真正的假设语气助词。

---

① 艾皓德(1991)还提到近代汉语中也用"的时节",用法和功能相当于"时/的时候"。我们检索到的最早用例见于南宋话本小说,也要与假设连词配合使用,直到清代都可见到。如:"**若是**半路里追不着**的时节**,直到他爹娘家中,好歹追他转来,问个明白。"(南宋《话本选集1:错斩崔宁》)但现代汉语普通话中已经不见了。

那么,在现代汉语中"时、的时候"是否还有表假设语气的用法?通行的现代汉语教材中不见提到,我们考察的结果是:"时"表示假设仍在使用,只是多限于客观正式的应用文体中,"的时候"也可表示假设,不过很少使用。具体情况如下:

"时"常跟"如果"合用,表示假设语气,并关联前后分句。有时兼有时间义,虚化程度不高,例如:

(1) 因此,如果需用微量元素治病时,一定要在医生指导下进行。(《中国儿童百科全书》)

(2) 如果经营有方,收入较高时,又有人会说你是"以权谋私"、"捞集体"、"发特权财"。(《人民日报》,1995年)

(3) 如果伤口较大需要缝合时,医生常要为清除这些异物而费很大劲。(《人民日报》,1996年)

(4) 你的理想是"实业报国",如果理想与金钱发生矛盾时,你选择什么?(同上)

(5) ……他们说现在像这类情况,一般都由监狱方面自己来处理,如果确实需要公安机关协助处理时,都必须报经省监管局和省司法厅批准。(张平《十面埋伏》)

有的用例中"时"完全没有时间义,只表示假设,这时它是完全虚化的假设语气助词。例如:

(6) 意思是说:如果不是我所应该有的东西时,即使是一分一毫我也不去占有。(《中国儿童百科全书》)

(7) 对于环保设施所存在的问题,如果不是严重损害环境,或影响生产时,按照有关规定,一般以预留投资,限期处理的方式予以解决。(马忠普等《企业环境管理》)

(8) 比如,如果这一对词是"牛"和"苹果"时,就可以想象"牛吃苹果"。(方富熹、方格《儿童的心理世界——论儿童的心理发展与教育》)

(9) 通过后一位同学的经历,我们可以看到,如果在人际关系方面存在困难时,仅仅靠调宿舍等被动逃避的方法是不能根本解决问题的。(王登峰、张伯源《大学生心理卫生与咨询》)

(10) 但如果该公司的经理或会计人员不能回答时,就证明有问题,需要注意了。(《哈佛管理培训系列全集》,转引自北大 CCL

上述例句中"时"和最高频假设连词"如果"合用,构成"如果……时,(就)要……"这样的格式,"时"所在分句做假设条件,后面分句表示推断结果,但很少使用承接性关联词"就"等,而多使用"一定要、要、需要、必须、可以"等表必要义的情态成分(例中加着重号的),表达在某种条件下言者对事态发展的推断或提出相应的应变建议。这些句子语义上都是可能假设句,"时"不管有无时间义,其主要功能是表示假设语气,可用"的话"替换而保持句子的基本语义不变,如(1')(6');也可删除"如果",句子仍表示假设义,如(1")(6")。这说明,在现代汉语普通话中,"时"确实还可以作为一个假设语气助词使用。

(1') 因此,如果需用微量元素治病的话,一定要在医生指导下进行。
(1") 因此,需用微量元素治病时,一定要在医生指导下进行。
(6') 如果不是我所应该有的东西的话,即使是一分一毫我也不去占有。
(6") 不是我所应该有的东西时,即使是一分一毫我也不去占有。

除了"如果",有书面色彩的其他假设连词,有时也可以和"时"配合表示假设,如下面几例。结果分句中一般也不用推论关系标记,会出现表示建议或推测的情态词语,如(11)中的"最好",(15)中的"可能"。

(11) 因此,假如要向从未有的商业来往的客户订货时,最好先派人去调查该公司底细。(《哈佛管理培训系列全集》,转引自北大 CCL)
(12) 假如你单是站着看还不满意时,只要一伸手就可以采取,可以恣尝鲜味,足够你性灵的迷醉。(徐志摩《翡冷翠山居闲话》)
(13) 假若这三种方法都不能调伏时,你又怎么办呢?(星云大师《释迦牟尼佛传》)
(14) 这是最普遍的表现,若是别人也跟你一样拥有相同事物时,你心里一定觉得很不舒服。(《哈佛管理培训系列全集》,转引自北大 CCL)
(15) 倘若资金本身过于乐观时,可能漠视股票超越了合理正常价格水平,而盲目大量买入,使股票价格上涨至不合情理的价位水平。(《股市基本分析知识》,转引自北大 CCL)

从 CCL 现代汉语语料库中的用例来看,"时"表示假设多用于应用文中,特别是说明性和书面性强的科技语体。在说明性操作语体中,"时"做典型假设语气助词的用例并不少见,在60万字的操作语体语料库中,出现155次;把不大典型兼有时间义的也算上,共计1099次,每万字频度为18.31次,还相当高。在这60万字操作语体语料中所有假设连词和假设语气助词中,"时"还是最高频的,而在CCL中最高频的假设连词"如果",却是其中次高频的,共出现616次,频度为每万字10.27次。① 有口语色彩的"的话"更是极少使用。"时"跟"的话"相似,也大多与假设连词配合使用。例如:

(16) 如果摇手柄和起动机同时并用时,动作配合要一致。(张校贵《汽车驾驶技术》)

(17) 如加注润滑脂仍响时,则分离轴承损坏,应予更换。(陈玉龙《汽车驾驶技术考试指南》)

(18) 快门速度为1秒时,转盘应该旋转3/4圈,底片上的图像应是270°的扇形;1/2秒时,图像角度应是135°;1/4秒时,图像角度应是33.8°;1/5秒时,图像角度应是16.9°;1/30秒时,图像角度应是8.4°。(徐立群《业余摄影小窍门》)

科技语体和操作语体都是应用性说明语体,书面性强,客观正式,要求用语简洁庄重。"时"是单音节文言词,书面色彩重,正好符合这一表达需求。带有后标"时"的假设句常用来说明事理,表达在某种假设条件下应采取的应变办法或手段等。因此,主句中多用必要义非现实情态成分(见上举例句中加着重号的词),恰与其语体色彩和篇章语用功能契合。"时"表假设很少见于其他语体中,特别是小说、散文等主观性的文艺语体中,基本不出现,而且一般要和有书面色彩的假设连词"如果、假如、假若"等合用,如果单用,则无明显表示假设的用例。"时"的这些句法表现和它在近代汉语中常独立表示假设不一样,也和有口语色彩的"的话"不一样,带"的话"的假设句结果分句中多用"会、可以、可能、必定、一定"等表推测的非现实情态词配合,表达基于某假设条件推知的结果,如3.5.1节(4)(12)。"时"是近代汉语中通用的假设语气助词,但在《红楼梦》《歧路灯》《儒林外史》这三部叙事性白话小说中的使用频度为每万字0.44次,远低于假设连词的使用频率,使用频率最高的是"若",每万字频度为12.77次(张雪平,2013)。相

---

① 典型假设标记"时"只表假设语气,不典型的假设标记"时"兼有时间义。语料用例等详情参见陈柯言(2015)。

比这个结果,在一定程度上可以看出,近代汉语和现代汉语叙事语体中主要使用假设连词,而"时、的话"等假设后标记使用频率低得多。不过,如今"时"还是应用类书面语体中使用频率最高的假设标记,但在叙事语体中已基本不用了。

综上可以看出,在现代汉语中"时"标记假设的功能已经弱化,在叙事语体中正处于消退过程中,但仍常用于典型的应用类书面语体中,与"的话"在语篇分布上呈互补状态。

普通话中的"的时候"一般只表示时间义,表示假设的功能比"时"要弱,偶尔也可以和假设连词合用表示假设,是一个不典型的假设语气助词。例如:

(19) 如果我们向她泼去脏水、设置障碍**的时候**,我们成了什么?(《报刊精选》,1994年)

(20) 犯罪嫌疑人如果拒绝检查,侦查人员认为必要**的时候**,可以强制检查。(法律条文,转引自北大CCL)

(21) 要是有人向你说某某人的短处**的时候**,你唯一的办法是听了就算,不可做传声筒,并且不要深信这片面之词,更不必记在心上。(《哈佛管理培训系列全集》,转引自北大CCL)

(22) 老爷子,您应该明白天美宫主的能耐,她要是施展起媚术**的时候**,没有一个男人能逃得过的。(古龙《圆月弯刀》)

(19)中"的时候"只表假设义,(20)—(22)中"的时候"还带有时间义,不过主要表示假设语气。"的时候"关联前后分句,可以用"的话"替换,其功能跟表示假设的"时"一样。

总之,"时"在现代汉语中虽然还保留表示假设的用法,但总体上很少使用,一般限于说明性强的应用类书面语体中,而且多和假设连词合用,一般不能独立表示假设。在现代汉语中"时"表示假设可以看作是其近代汉语用法的遗留,但正好弥补了"的话"语体适应性的不足。"时"的同义形式"的时候"也要和假设连词合用才表示假设,其假设功能更弱化,现在已经极少当作假设语气助词使用了。这可能就是通行的现代汉语教材中不把"时、的时候"列为假设语气助词的缘故。

### 3.5.3 "吧、呢"的假设功能及其语法属性

学界对假设分句末的语气词"吧、呢"是否表示假设语气、充当假设标记有不同的认识。太田辰夫(1958/2003)较早认为"吧"表示假设。邢公畹、马

庆株(1994)认为"吧、呢"表示假设语气,"吧"常用于对举的成分之后,有两难的意味。周士宏、申莉(2006)认为"呢"出现在假设或条件关系复合句偏句末,可以充当假设/条件句的标志。赵国军(2009)认为"吧"同"的话"一样,为假设语气词,一般用于对举,并认为"呢"也有这种功能。朱德熙(1982)认为,语气词"吧、呢"等可以用在表示假设的分句之后,兼有停顿标记和表示语气的作用,但未指明表什么语气。有些学者不认为"吧、呢"有表假设语气的功能。胡明扬(1981)指出,"吧"赋予说话内容以不肯定的口气,"呢"表示提请对方特别注意自己说话内容中的某一点。徐晶凝(1998)认为,"吧"的基本功能是表示委婉语气,用在假设或让步复句中,或表示为难的语气,或隐含对比;"呢"的基本功能是表示提醒注意语气。屈承熹(2006)认为"吧、呢"的基本功能分别是表示说话者的迟疑情态和连接小句。

《现汉》第5版注明"吧"在句中表示停顿,带假设的语气(常常对举,有两难的意味);近期出版的第6版和第7版释义相同,注明"吧"用在句中停顿处,表示假设、举例或让步。这三版《现汉》对"呢"的注释相同,认为它用在句中表示停顿(多为对举)。从我们对实例的考察来看,用在假设分句末时,"吧、呢"表示停顿,关联前后小句,并兼表假设语气。"呢"表假设语气的功能较弱,一般要与假设前标共现,而"吧"一般不与假设前标共现,表假设语气的功能略强。但它们和能独立表示假设语气的"的话"有着本质的不同,"吧"的基本语义功能是表示为难语气,"呢"表示提醒注意语气,表示假设是它们的一种语境意义。"吧、呢"还算不上真正的假设标记,不妨看作准假设语气助词。下面结合实例具体分析。

#### 3.5.3.1 "吧"的句法分布与语义功能

"吧"用在假设分句末时,多见于假设句对举结构式中,即语义相反或相对的两个或几个假设句连用,所形成的正反相对或平行列举的对举性并列结构句式。如(1)(2)为两个假设句正反对举,(3)(4)为三个假设句平列对举,从句末用了"吧",表示停顿,语气舒缓,带有假设语气。

(1) 不干吧,怕有负老蒋;干吧,又怕"夫人不答应",更何况"夫人"也是"不好惹的",真的"闹出乱子来,委员长还是拗不过夫人"。(《读者》,转引自北大 CCL)

(2) 寄信吧,功课这么多,哪有时间抄 20 封,而且也感到荒诞不经;不寄吧,信里把因果报应渲染得神乎其神!(《人民日报》,1994 年)

(3) 遇到华人(据说香港华人占百分之九十五),讲英语**吧**,我<u>不愿意</u>,也不应该;讲广东话**吧**,我<u>不会</u>;讲普通话**吧**,他<u>不懂</u>。(同上)

(4) 自夸**吧**,<u>太难为情</u>;自责**吧**,<u>没人会相信</u>;沉默不语呢,人家<u>又</u>会嫌我傲慢。(《读者》,转引自北大CCL)

两个或几个假设句对举,它们之间往往互相依存①,从正反两面或相对的几个方面假设不同行为及其后果或困难,意思是,做与不做、不管怎么做均有为难之处,以表达当事人左右为难、难以抉择的心态。②因此,从语气功能来看,"吧"更主要是表示为难语气。从句中成分来看,主句中常出现表示为难、担忧、感知、意愿等认知义情态义成分,如上面几例中下画波浪线的词语;后一个主句中还会出现副词"又",如(1)(4),表示与前面主句之间的对举并列关系,而不用顺承义关联副词"就"等。这是因为主从分句之间往往并不是必然性推断因果关系,有时正好相反,结果分句说的是言者左右为难的原因,如(1)(2),或者只是表明言者的主观认识或心理活动,如(3)(4)。含"吧"的对举假设句的上下文中还会出现一些表示为难情绪的语句,与"吧"所在的对举假设句相呼应,明示当事人内心犹豫不定的为难情态,如下面几例中下画波浪线的部分:

(5) 关于结婚的意见,他<u>在要不要结婚的问题上陷入了两难的困境</u>:结婚**吧**,失去自由,不结婚**吧**,又会孤独。(《读书》,转引自北大CCL)

(6) 哈市发票管理所姚所长就曾表示,这些方方面面的说情最让<u>他们头疼</u>,允诺**吧**,与法不容,依法**吧**,又会卷别人的脸面。(《报刊精选》,1994年)

(7) <u>大夫的劝阻却使韩淑珍为难了</u>,不戴**吧**,不行;戴**吧**,怕老人知道多心。这时别人劝她:"就是自己的母亲,讲明了道理,也不会生气的。"(同上)

(8) 这件上衣若压箱底**吧**,没穿几天太可惜;穿**吧**,又与人雷同,<u>颇令他苦恼</u>。(《市场报》,1994年)

---

① 陈一(2008)根据对举项的独立性差异区分了并立性对举结构和依存性对举结构,前者各对举项均能独立,意义上独立性也很强;后者由两个结构相同、功能相同的非自足句法组合形式组成,对举项都不能独立、彼此互相依存。正反对举结构的特点是封闭性的,而平行列举的对举结构具有开放性,即对举项不限于两项。

② 吕叔湘(1944/1982:419—421)把两个假设句叠用而构成的句式称为"两歧假设句",指出:"假设句常常一正一反的叠用:或虽不相反,而意思相对。""它的作用或是表示两可,或是表示两难,是议论文中常用的句法。"

就上述对举假设句中每个假设从句来看,表示可能假设情况。"吧"本具有不确定情态义,在这种语境下表示假设语气,但更明显的是表示为难语气。

仅从表假设语气来看,"吧"似乎相当于假设语气助词"的话",但若替换为"的话",整个假设句对举结构式便只是假设相反或相对的几种情况及其后果,而不能表达左右为难、难以抉择的为难情态。以(1)(3)为例试加以变换,见(1')(3'),"吧"替换为"的话",整个句子变成了对某种情况下事态发展的相对客观冷静的分析预测或判断说明,这是由于"的话"只表示假设而不表示为难语气。事实上,"的话"一般也不这样对举使用,其语气功能与这种对举假设句结构的情态义不相和谐。这说明"吧"虽然有假设语气,但应该是对举的可能假设句带来的。这样说还因为,即使删除"吧",主从句之间仍具有假设关系,只是失去了为难语气,如(1")(3");而且与原句及(1')(3')相比,语气变得直接而不舒缓。所以,我们认为,表假设语气是"吧"的语境意义,其基本语法意义是表示为难语气。

(1') 不干**的话**,怕有负老蒋;干**的话**,又怕"夫人不答应",更何况"夫人"也是"不好惹的",真的"闹出乱子来,委员长还是拗不过夫人"。

(3') 遇到华人(据说香港华人占百分之九十五),讲英语**的话**,我不愿意,也不应该;讲广东话**的话**,我不会;讲普通话**的话**,他不懂。

(1") 不干,怕有负老蒋;干,又怕"夫人不答应",更何况"夫人"也是"不好惹的",真的"闹出乱子来,委员长还是拗不过夫人"。

(3") 遇到华人(据说香港华人占百分之九十五),讲英语,我不愿意,也不应该;讲广东话,我不会;讲普通话,他不懂。

"吧"用于假设分句末时,一般也不与假设前标共现,这和"的话"的用法也有所不同。在报刊、文摘、文学类语料中,我们检索到的 25 个从句末有"吧"的假设句对举结构中,仅见 1 例在第一个从句中用了假设前标"若",见(8)。如 3.5.1 节所述,"的话"作为现代汉语中典型的假设语气助词,以与假设前标共现为常。依此推知,就不好说"吧"极少与假设前标共现是其假设语气功能强的表现,更合理的解释应是"吧"的假设语气弱。事实上,实例中凸显的并非其假设语气,而是为难语气。

"吧"除了常在对举的假设句中使用外,还有少数用例用于非对举的单个假设句从句末,这时语境中会存在一个语义上的对比项。如(9)的假设分句"不贷吧"前面一句已经表明贷款的严重后果,(10)的前一句是"要是"标记的假设句,与"不去吧"所在假设句语义上形成对立。有时是语境中隐含着一个不言自明的对比项,如(11)后文是说,若不跟踪(自己的妻子),又怕妻子隐瞒着他做什么,便走进"汉公所"请侦探跟踪。因此,"吧"用在一个假设分句的末尾时,其功能意义同上面在对举结构式中一样,仍然主要表示为难语气,也兼表假设语气。

(9) 银行有苦难言,已经贷了2000多万元,连利息都收不回,再贷只能越陷越深。不贷**吧**,群众整日拥在营业室内,正常业务受到影响。何况又是县长开口。(《报刊精选》,1994年)

(10) 啊,<u>要是</u>被人家发现了,会当汉奸治罪的,多末危险啊!不去**吧**,刀柄攥在王东芝手里,惹恼了王东芝,他们马上就要完了啊!(冯德英《苦菜花》)

(11) 怎么办?自己跟踪**吧**,怕影响工作,更担心惹起麻烦,他终于走进了"汉公所"。(《报刊精选》,1994年)

赵国军(2009)比较了表示假设语气的"吧"与"的话"的句法分布差异,发现"吧"所在假设分句的谓语动词只能是自主动词,而"的话"则不受此限。这个概括比较准确。从这点来看,"吧"不但不同于典型假设语气助词"的话"标记的后标假设句,也与一般假设句形成对立,一般假设句从句核心谓词具有非自主倾向(参见第一章1.3.1节)。这也是"吧"主要表示为难语气而非假设语气的句法证据,因为只有有意识可控制的自主行为才会令行为者"为"与"不为"或"怎么为"均有为难之处,如果是非自主的变化或属性,本是不可控的,也便不会存在行为者左右衡量、犹豫不决、不知如何做更好的为难情绪了。这种句法语义特征进一步说明,在假设从句末表示为难语气才是"吧"的基本功能,表示假设语气只是其次要功能。此外,"吧"只用于可能假设句,也与"的话"可用于四种语义的假设句不同。

太田辰夫(1958/2003:334)指出,用"吧"字替代"罢"是在民国以后,清代后期"罢"还有表假设和追问的语气用法,所举1例是清末《儿女英雄传》中"罢"与假设连词"要"合用于对举假设句:"那时候我<u>要</u>说愿意<u>罢</u>,一个女孩儿家怎么说得出口来?<u>要</u>说不愿意<u>罢</u>,人也得有个天良。"他还指出,带"要"等表示假设的词是较早的用法,但后来没有"要"也可以,所举1例也是用于对举的假设句从句末:"这是那种特别的天气:在屋里**吧**,作不下工夫;外边好像有点什么向你招手;出去**吧**,也并没什么一定可作的事。"(老舍《牺牲》)若此说可信,"吧(罢)"的假设语气功能或许是在有前标假设句中语境吸收的结果。在现代汉语中,"吧"以不与假设前标共现为常,在句中假设语气也不明显,从上面的句法语义分析来看,目前还不宜说"吧"已经演变为假设语气助词了。

### 3.5.3.2 "呢"的句法分布与语义功能

从句法分布和语义功能上看,"呢"用于假设从句末有以下表现:

1)"呢"用于正反对举的两个前标假设句从句末,与假设连词共现,主句一般有副词"就"承接,多表达建议或要求,如下面几例中,除了(12)(15)中第二个假设句的主句分别表示推知、评议外,都是这样。这时,"呢"除了表示停顿、舒缓语气外,主要功能是提醒听话人注意,兼表假设语气、关联前后小句。这是由于:一方面,句中有假设连词做前标,删除"呢"并不影响句子的假设关系;另一方面,假设前标的存在使从句假设语气明显,所以"呢"大多可用"的话"替换,如(12)(14),不过,替换后,从句便失去了提醒注意的语气,(13)(15)由于从句末有语气词"了",前例需去掉"了"才可替换为"的话",后例替换后并不自然。

(12) 接着他想到南小院马棚去一趟,亲自问一下李清洋李冰洋,问一下他们还有没有金镏子,<u>如果</u>有呢,<u>就</u>劝他们老实交待。<u>如果</u>真没有呢,<u>就</u>是自己举报错了,赶忙去找赖和尚说明情况,免得晚上他们再审问吊打他们。(刘震云《故乡天下黄花》)

(13) <u>要是</u>他失败了呢,<u>就</u>把教训告诉别人,免得他们再走弯路。<u>要是</u>他成功了呢,<u>就</u>把成果宣讲开来,让全社会都来分享。(《人民日报》,1993 年)

(14) "那得看你跟他什么关系。<u>若是</u>不铁呢,<u>就</u>做个缓刑辩护。<u>若是</u>铁杆呢,你走点旁的路,看看能不能叫他们单位撤诉?"(六六《蜗居》)

(15) 只有天知地知你知我知!你<u>要</u>发了呢,你<u>就</u>还我,也不许给我红利什么的;你<u>要</u>赔了呢,这五千算我白扔,再让我帮着赔补我也不干了……(刘心武《刘心武选集:小墩子》)

有时"呢"只出现在对举假设句的其中一个假设从句末,结果分句同样多用"就"承接,表达建议,"呢"的语义功能同上述各例,例如:

(16) 他<u>要是</u>接近群众呢,咱们<u>就</u>复杂一点;他<u>要是</u>坚持"四菜一汤",咱<u>就</u>弄"四菜一汤"!(刘震云《官场》)

(17) 只要孩子不哭,人不知鬼不觉,想也不会有人知道;<u>如果</u>孩子

爱哭呢,就往上边挪不得,孩子一哭,人家知道了不是闹着玩的。(刘震云《故乡天下黄花》)

上述 6 例中的两个假设句虽然语义上相对,但彼此互依性弱,可以只出现一个而基本自足,因而两个假设句之间常用句号,如(12)—(14)。这点同"吧"所在的两难选择义对举假设句不同。

2)"呢"用于非对举使用的单个假设句从句末,也与假设前标合用,且多与口语性假设连词"要是"合用,结果分句多表示推知,如(18)(19)(21),有时也表提议,如(20)。说话人在有前标的假设从句末使用"呢",而非"的话",主要还是为了提请听者注意,满足交际互动的需要。

(18) 亚平妈低头不语,隔了好长时间才说:"是丽鹃的主意吧!我有点担心,要是你爸救不回来呢,人也没了,房也没了,我以后去哪儿?"(六六《双面胶》)

(19) 估计三月是肯定不能上班了,四月五月也说不定,要是不好呢,病到年底也是有可能的。你们大家要是发奖金的时候,别忘记我哦!(六六《蜗居》)

(20) 我不是说啦,要是信得过我呢,我来帮你收款,每天给我个块儿八毛的辛苦费,你还落个发省心财哩……(中杰英《怪摊》)

(21) 如果成了呢,这个案子就成插曲了,内部矛盾,既往不咎,各方面都皆大欢喜。(六六《蜗居》)

3)"呢"用于正反对举无前标的假设句从句末,其中一个假设句自足性弱,两个假设句需互相依存,如(22)(23)。这时,对举假设句式语义上表示两难选择,"呢"可替换为"吧"。比较而言,除了表假设语气外,用"呢"仍主要表提醒注意语气,若换为"吧"则主要表为难语气。

(22) 小姨考上南京工学院,这应该是件大喜事,可岳父却偷偷抹眼泪,念呢,他供不起,不念呢,对不起孩子。(《报刊精选》,1994 年)

(23) 楚怀王接到秦昭襄王的信,不去呢,怕得罪秦国;去呢,又怕出危险。(墨人《中华上下五千年》)

有时"呢"只出现在互依性正反对举假设句中的其中一个假设从句末,或者跟"吧"互文共现,结果分句表示推知,"呢"的语义功能同上,例如:

(24) 地分给我了,你说我该不该要呢?我要不要,得罪了共产党;我要要呢,又得罪了你!(刘震云《故乡天下黄花》)

(25) 娘抚摩着她蓬松的头发,一把鼻涕一把眼泪,无可奈何地说:"去吧,娘心里实在舍不得;不去呢,朱老虎不答应,家里的日子过不下去……"(周而复《上海的早晨》)

4)"呢"与"的话"可以连用于假设从句末,如(26)(27)。这时,它不表假设语气,只表示停顿和提醒注意。由此可以更明显地看出,"呢"的基本语义功能是表提醒注意而非假设语气。

(26) 不同意?我现在不是征求你的意见,我现在就是直接拿。你同意的话呢,就做个顺水人情。你不同意的话呢,就当我欠你的,我以后当牛做马还你。(六六《蜗居》)

(27) 不过这问题要不是"文革"的话呢,还不明显,这样话就说到六六年"文革"啦……(冯骥才《一百个人的十年》)

5)"呢"还可用在表疑问和假设语气的从句末,如(28),"呢"用在假设连词"如果"引导的假设小句末,这个小句与其后一句是一问一答,构成假设条件和结果关系。疑问是对听话人提出问题,引发对方思考问答,因此,"呢"还是主要表示提醒注意,假设语气微弱。

(28) "如果直接命中目标呢?"

"那就是另外一回事了,这时,热量将起决定作用,很有可能把目标烧熔甚至汽化……"(刘慈欣《三体》II)

综合上述各例,"呢"所在分句中有假设连词时,谓语动词跟一般假设句相似,多为非自主动词,如(12)—(21)这10例中,只有(16)(18)中是明显的自主义,其他都有非自主义。这跟一般假设句相似。当从句中没有假设连词只用"呢"时,则没有这种表义倾向,如(22)(23)(25),其谓语动词都是自主动词。这也是仅用"呢"的假设句假设语气弱的句法表征。

从句式语义上看,上述用例中从句均表述未然的可能假设情境,同"吧"所在假设从句相似。但有时"呢"还用于表述过去惯常事态的几个时间性条件从句或现实假设从句末,形成对举结构,如(29)(30)(下画线部分)。这时"呢"的假设语气更弱,一般不与假设连词共现。

(29) 对这些消息,他高兴**呢**,**就**想一想;不高兴**呢**,**就**由左耳进来,右耳出去。他想一想**呢**,是关心国家大事;不去想**呢**,是沉得住气,不见神见鬼。(老舍《正红旗下》)

(30) 试想你们在怀抱的时候,饿了**呢**,自己不会吃饭;冷了**呢**,自己不会穿衣服。你的老子娘,看着你的脸儿,听着你的声音儿。你笑**呢**,**就**喜欢;你哭**呢**,**就**忧愁;你走动**呢**,**就**步步跟着你。(《读书》,转引自北大CCL)

综上,"呢"附在假设从句末多与假设连词共现,甚至与假设语气助词"的话"连用。当不与其他假设标记共现时,从句中谓语核心动词并未表现出非自主倾向,而且还可用于过去惯常义假设从句或时间条件从句末。这些句法语义表现证明:"呢"表假设语气的功能很弱,呈现为一种语境意义,其基本语义功能是表示提醒注意。

### 3.5.3.3 "吧、呢"是准假设语气助词

由上文的实例分析得出一个基本认识:"吧、呢"用在假设从句末兼表假设语气,主要是受假设句语境的影响,目前还不能把它们看作真正的假设后标记。下面再对文献中用例略加分析,进一步验证这种认识。

首先,语料库中"呢"多用于带有假设标记的假设句中,或有假设让步标记的假让句中才表达假设语气,"吧"有时也与假设标记共现。文献中所举到的"呢、吧"表假设的例句也多是这样的,例如:

(31) 你<u>要是</u>有困难**呢**,我们一定帮您解决。(周士宏、申莉,2006)

(32) 你不讨厌<u>的话</u>**呢**,我会经常来的。(同上)

(33) <u>就算</u>你成了专家**吧**,也不能轻视劳动人民啊!(邢公畹、马庆株,1994)

这些假设句或假让句都有假设连词或假设让步连词做前标,所以"呢"或"吧"都可以删除,并不影响句子假设或假让关系的表达,如(31')(33')。但若去掉假设或假让连词,句子的假设义就不明确或不能保持前后分句语义上的联系,往往显得不大自然或不成立,这就和假设语气"的话"不同。如(31)中,假设连词"要是"如果删除,则"呢"所在分句所述"你有困难"可以做现实状况和假设情况两种理解,见(31");(33)中的假设让步连词"就算"如果删除,则分句"你成了专家"不但要理解为现实情况,而且前后分句语义上

也不相谐,见(33")。这可以进一步证明,"呢""吧"与一般假设标记有所不同,其基本功能并非表假设关系。

(31') 你<u>要是</u>有困难,我们一定帮您解决。
(31") 你有困难<u>呢</u>,我们一定帮您解决。
(33') <u>就算</u>你成了专家,也不能轻视劳动人民啊!
(33")* 你成了专家<u>吧</u>,也不能轻视劳动人民啊!

其次,当不和假设连词或假设让步连词合用共现时,用在假设分句末的"呢、吧"也不是强制性必用,同样可以省略而不影响句子假设义的表达,比较下面两例可知。这说明,这种情况下,假设义是由整个假设句式表达的,与"呢"关系不大。

(34) 用钱<u>呢</u>,就说一声。(邢公畹、马庆株,1994)
(34') 用钱,就说一声。
(35) 说吧,不好意思;不说吧,又不能解决问题。(同上)
(35') 说,不好意思;不说,又不能解决问题。

再者,"吧""呢"用在一个不带假设标记的句子末尾时,并不能使句子一定表示假设义,这正是它们和能独立表假设的"的话"本质上的不同。如"这种说法也对的话……",用了"的话"句子一定表示假设语气和关系,并预示着一定得有结果分句出现句子才自足完整。但若把"的话"换成"呢",说成"这种说法也对呢",可以在对话语境中作为答语或后续句而成句,句子表示肯定语气,并不表示假设语气;若说成"这种说法也对吧",句子只表示不确定的揣测语气,也不表假设语气,并且也可以在对话语境中独立成句。

可见,"呢、吧"并不能独立表示假设语气,它们所表假设语气是由假设句式所赋予的,是在假设句语境中才具有的。因此,我们说,表示假设只是它们的语境意义,或者说只是其语用功能,它们还不是真正的假设后标记,充其量是准假设后标记,不妨看作准假设语气助词。

### 3.5.4 小结

本节讨论了现代汉语中用于假设分句末尾做假设句后标记的语气助词"的话""时、的时候"和"吧、呢",它们都可表示主从分句之间的停顿且关联前后分句,但从其表示假设的功能强弱上来说,"的话"的假设功能最强,能独立表示假设；"时"常用于说明类应用语体中做假设标记，但极少用于叙事语体中；"的时候"偶尔可与假设连词合用表示假设，一般不能单独表示假设；"吧、呢"表示假设的功能弱，是在假设句式中表现出来的语境义。可以说，只有"的话"才是现代汉语中典型的假设后标记，"吧、呢"是不典型的准假设后标记，"时、的时候"的假设功能则介于它们之间。这几个假设后标记表示假设的功能强弱表示如下（">"表示强于）：

的话＞时、的时候＞吧、呢

## 3.6 假设标记的合用和连用

### 3.6.1 假设前后标记的合用

假设前标记的假设功能普遍强于后标记，前标"如果"类假设连词和"如果说"类假设关联词语可与后标"的话"等配合使用，构成"如果（说）……的话，就/那么……"双标假设框架结构假设句式。"时、的时候"在现代汉语中假设义较弱，一般要与假设前标合用才表假设意义；"的话"的假设义较强，可以与假设前标合用或独用表示假设意义。（参见 3.5.1、3.5.2 节）根据在语料库中的检索结果，把假设前标和频率较高的后标"的话"合用的规律简要概述如下：

第一，所有的假设连词都可以和"的话"合用。本书所讨论的 21 个"如果"类假设连词和"的话"合用的频次高低与它们自身的频次高低（参见表 3-1）大体一致。其中，频率较低又有文言色彩的"如若、设若、倘或、倘然"总用例在 10 例以下，其他频率较高的假设连词和"的话"合用次数都在 20 次以上。

第二，与"的话"合用的"如果说"类假设标记比较少。"如果说、要是说、要说、假如说"和"的话"合用较多，"若说、倘若说"也可以和"的话"合用，但用例较少，"若是说、假定说"仅各见 1 例，其他六个"X 说"都未见和"的话"合用例。对照表 3-4 可知，"X 说"和"的话"合用也是与其自身的使用频率高低大体一致的。使用频次在前 8 位的"X 说"除了"倘说"外，都有和"的话"合用例，而使用频次在后 6 位的"X 说"除了"若是说"有 1 例外，都未见和"的话"合用例。

第三，"如果"类假设连词和"的话"合用，一般在结果分句中用"就"配合，也多用"会、可以、可能、必定、一定"等表推测的非现实情态词配合，来凸显主从句之间的推断性因果联系。这类假设句一般是可能假设句。而"如果说"类假设词语与"的话"合用的假设句,多为现实假设句(参见3.3节),结果分句中常用"那么"配合,凸显主从分句之间的类比推理关系。

### 3.6.2 假设前标记的连用

#### 3.6.2.1 研究背景与目的

词类共现具有有序性,同类词可以连用,其连用顺序往往有一定的规律和限制。朱德熙(1982)根据功能的不同,把语气词分为三组,分析了其连用顺序。此后,马庆株(1988b、1995a)探讨了不同语义类的能愿动词、做定语的形容词的连用规律,张谊生(2000)和袁毓林(2002)讨论了副词的连用规律,史金生(2003、2011)讨论了副词的次类语气副词、情状副词的连用规律,这些研究还从语义、认知和篇章角度进行了解释。马庆株(1998a:177)指出了词类连用的规律及其表达作用:"在词中的语素小类、在词组中的同类词的小类,都有一定的顺序。……正是这种有序性使语言具有条理性,词的大类、小类的有序性使受话人(听话人和读者)在感受到前面的词语之后就很自然地根据已经习得的语言结构模式而产生一种预期,预期实现就使语言接受者从语法方面接受了语言信息。"语气词、能愿动词、形容词、副词及其次类等,其内部成员语义或功能差别比较明显,连用比较常见且规律也比较明显,但同类连词的连用比较少见,也不大为学界所关注。

就前置的连词性假设标记的连用研究来看,韩陈其(1986)指出,古代汉语常用双音节、三音节的假设连词,如"若苟、设令、藉弟令、若设令"等。不过,在中古以前,这些双音节,特别是三音节的假设连词连续使用,究竟是已经成词还是临时连用,尚需进一步讨论,有些可能只是连续连用。徐复岭(1999)指出,在实际语言生活中经常见到"如果"和"要是"连用,或者它们与"万一"连用的情况。他认为,现代汉语中"如果"和"要是"语义和作用完全相同,连用属于不规范现象,"如果/要是+万一"可以使用,但"万一+如果/要是"还是不用为好。《八百词》和邢福义(2001)曾指出"万一"可以和其他表示假设的连词连用。谢晓明(2010)从连用项数多少和连用形式是前项连用还是框式连用两个角度,考察了现代汉语中"如果、要是、假如、要、若、万一"等10个假设连词和假设语气助词"的话"的连用情况,指出两项连用比较常见,三项连用少见,而且只有假设连词和"的话"的连用(即合用),认为假设类词语连用并非不规范现象,多用于口语,是出于语用上强化凸显和委婉表达的需要。该文把"如果"类假设连词与语气词"的话"的配合使用也看作连用的一种,未论及"如果说"类假设词语的内部连用情况,以及"如果"类和"如果说"类这两类假设标记的连用情况。

语言成分的使用是否规范往往是约定俗成的结果,既然假设连词常见连用,就说明这种现象已被多数人所接受。词汇化程度不高的"如果说"类假设词语(即"X说"),假设关联功能与"如果"类假设连词相似,具有连词性,下面一并讨论。"要不是、若不是、若非"等词典已经收录的连词性(准)反事实假设标记,不能与上述两类假设前标记连用,不必讨论。

如上文所列"如果"类假设连词 21 个,依其使用频率高低依次是:如果、要是、要、如、一旦、若、假如、若是、倘若、万一、假若、倘、假使、如若、倘使、设若、果真、倘或、假定、倘然、假设;"如果说"类假设词语 14 个,依其使用频率高低依次是:如果说、要说、假如说、若说、要是说、倘说、假定说、倘若说、假若说、如说、假使说、若是说、假设说、如若说。假设连词内部成员可彼此连用,这两类词语也可互相连用,有连续连用和间隔连用两种情况。所谓连续、间隔,指的是两个假设关联词语是否紧挨着。两个假设关联词语紧挨着的就是连续连用,被其他词语隔开的为间隔连用。

"如果"类假设连词和"如果说"类假设词语的连用限于两个,一般不能是三个或三个以上连用①。但不是所有的假设关联词语都可以彼此连用,受假设词语本身语义特点和表达功能的制约,其连用有一定的规律。为了充分了解现代汉语中前置连词性假设标记连用的情况及其规范化程度,本小节根据语料库中的实际用例情况,对"如果"类和"如果说"类假设标记的连用情况做全面的考察,探析它们连用的基本规律及其成因,为假设词语的规范使用提供参考。

### 3.6.2.2 "如果"类假设连词连用的基本规律

可以连续连用的"如果"类假设连词,主要是"如果、要是、要、一旦、万一、果真"这 6 个,连用的顺序一般是"如果+要是/要/一旦/万一/果真",而不能相反。"如果、要是、要、一旦"这 4 个高频假设连词,能与其他多数假设连词连用,"万一、果真"这两个频率相对较低的假设连词,较少与其他假设连词连用。

---

① 在语料库中只见到 1 例三个假设连词连续连用的:"在那么大的草原面积上,**要如果一旦**失控的话,我们人的能力是非常小的,所以我们人类应该求助于自然,求助于自然的天敌来共同对付蝗虫。"此例见于《百家讲坛》,应该是口语中不规范的用法。

"如果＋其他假设连词"格式中出现的主要有"一旦、要是、要、万一",有时也出现"果真",例如:

(1) **如果一旦**糖尿病加重了,不能继续上讲坛,便拿起笔,把几十年的教学心得体会,总结成文,留给青年教师。(《人民日报》,1994年)

(2) 巴三虎还给他筹谋划策说:**如果要是**卖到水峪镇日本随军妓院里,会得很大一笔钱。(马峰《吕梁英雄传》)

(3) 一个国家的综合国力,**如果要**给出一个简易的算式,那么就是:好产品的算术之和。(《读书》,转引自北大CCL)

(4) **如果万一**这一事件出现在地球上,那种灾难和后果是不堪设想的。(《报刊精选》,1994年)

(5) **如果果真**是那样,日新月异固然是令人激动的,恢复一点往日的清新和温馨不也是难能可贵的么?(《读书》,转引自北大CCL)

"要是＋其他假设连词"格式中出现的有"果真、一旦、万一"。其中"要是果真"48例、"要是一旦"20例、"要是万一"1例,如(6)—(8)。另外有"要是如果"2例,出现在《百家讲坛》和翻译作品中,不是很自然,应该是口语中同义词语的消极复用,见(9)(10)。

(6) 闯王,**要是果真**黑虎星一去不回,他留下的那些将士也会拉走。(姚雪垠《李自成》)

(7) 年来周仲伟的空架子所以还能够支撑,一半也就靠着那有名无实的火柴厂老板的牌头,**要是一旦**连这空招牌也丧失,那么各项债务一齐逼紧来,周仲伟当真不了,不能够再笑一声。(茅盾《子夜》)

(8) **要是万一**李嫂子有三长两短,真是可惜!(姚雪垠《李自成》)

(9)? 我们抬着这个小女孩子一起走,**要是如果**你倒下去睡着了,抬你走是太大太重了。(莱曼·弗兰克·鲍姆《绿野仙踪》)

(10)? 他**要是如果**当初,就按照文化流派打造,成不了那样,因为1920年的前后,那是一个什么文化背景,国家什么情况,那时候形成的。(《百家讲坛》:徐城北《铃记中华——京剧》)

"要＋其他假设连词"很少见,能与"要"连用的只有"果真、万一、一旦"3个,总共有10例。"要果真"5例,"要万一"4例,"要一旦"1例,如(11)—(13)。而"要如果"见到5例,出现在北京话口语、《百家讲坛》和翻译作品中,也是不大自然、不大规范的用法,如(14)(15)。

(11) 这位畸人似的独一无二的盲艺人,**要果真**能被确定为那部笼罩在神秘纱幕里的奇书的创作者,四百多年的哑谜得解,岂非犹如盲目重光,云开见月,令人不胜喜幸之至?(《读书》,转引自北大 CCL)

(12) **要万一**叫人家知道了,这祸根就该发作了!(刘震云《故乡天下黄花》)

(13) 可**要一旦**查起来,就不是一个人的事了。(李佩甫《羊的门》)

(14)? **如果**这样才有更深刻的意义,传统**要如果**发生影响,它不应该是现代化外面的一个东西,它应该内在现代化那个过程,那才有意义。(《百家讲坛》:郑家栋《传统对于我们意味着什么》)

(15)? **要如果**一位先生怀疑你比他更有见识,他就不乐意同你这位大家小姐结婚了。(玛格丽特·米切尔《飘》)

"一旦+其他假设连词"格式中出现的主要有"要是、要、果真",用例不足10个。"一旦要是"1例,"一旦要"中"要"明显为假设连词的只有个别例,"一旦果真"1例。"一旦如果"有3例,都是在《百家讲坛》中,也是不自然不规范的用法,如(19),似乎是说话人说出来"一旦"时,怕它表义不够明确,紧接着又用了"如果",这应该是口语中两个假设连词消极叠加或误用纠正的结果。

(16) 可**一旦要是**出了事,他又得随时在场。(老舍《鼓书艺人》)

(17) 但是,随着今年碘盐浓度的提高,特别是**一旦要**实行全民补碘,这个矛盾将更加突出。(《人民日报》,1993年)

(18) 原始而日渐隐蔽的恐惧**一旦果真**消除掉了,那么,道德的基础就难免崩溃。(《读书》,转引自北大 CCL)

(19)? 可是**一旦如果**需要她表态的时候,她毫不吝啬。(《百家讲坛》:周思源《孰优孰劣话黛钗》)

"万一+其他假设连词"格式中只有"要是、要、果真"3个,"万一要是"有34例,"万一要"19例,"万一果真"只见1例,例如:

(20) 今夜那个队长没有杀我,但是订下了三个条件,**万一要**再找上我来,恐怕就不好说了!(刘流《烈火金刚》)

(21) 有些人劝他往回走,以免去送死,**万一要**走这条路,也得等大队人马过时一块走。(张松、良喜、在平《"活烈士"万里归国记》)

(22) 还有,**万一果真**那新生的弟妹不久即告夭折,而使他再度挽回了以前全家对他的钟爱,那么,……(弗洛伊德《梦的解析》)

"果真+其他假设连词"中出现的只有"要",见到"果真要"极个别用例,这说明"果真"一般不能位于其他假设连词前面,例如:

(23) **果真要**实现独立经营自负盈亏的话,就必须确定两个前提:……(《报刊精选》,1994年)

由上所述,现代汉语中最高频的假设连词"如果"可以出现在"要是"等假设连词之前,它们连续连用,但"如果"一般不能后置,规范的书面语中没有"其他假设连词+如果"这样连用的。语料库中共见到10个这样的用例:"要是如果"2例、"要如果"5例、"一旦如果"3例,其中8个出现在《百家讲坛》里,2个在翻译作品中。《百家讲坛》是口语性语篇,在讲述中难免有用语上的消极叠加或误用现象,如上举(10)(14)(19)。翻译作品中的2例见上举(9)(15),也是出现在口语对话中,译文还往往受到原文语法结构和成分的影响,会出现不太符合汉语习惯的表达法。总之,用在"如果"前面的假设连词用例都不大自然,应该是不规范的用法,是同义连词羡余复用,或者是口语中出现失误时的自我纠正。

除上述"如果"等六个假设连词彼此连续连用外,其他假设连词与"如果"等六个假设连词连续连用或者它们彼此连续连用的规律不强,基本情况简述如下:

假设连词"假如、若、倘、倘若、假使、倘使、设若、倘或、倘然"能前置与"要"连用,形成连用格式"假如要、若要①、倘要、倘若要、假使要、倘使要、设若要、果真要、倘或要、倘然要"。

"假如、若、倘若、假若、假使、倘、倘使、设若"也能与"一旦"连续连用,形成连用格式"假如一旦、若一旦、倘若一旦、假若一旦、假使一旦、倘一旦、倘使一旦、设若一旦"。

可以同"万一"连续连用的假设连词不多,总用例只有10例。除了上述

---

① 有的"若要"有较明显的词汇化倾向,但不管"若要"是否已经成词,语序只能是"若+要",不能是"要+若"。

"如果万一、要是万一、要万一",见(4)(8)(12),"假如"这个假设义比较重的假设连词偶尔也与"万一"连续连用,例如:

(24) 总之,我们必须作出这样的结论:确实有香味,但毕竟是如此而已,**假如万一**取代"最坏的一半"而肯定"最好的一半",会出现什么破绽呢?(翻译作品:《侏儒的话》)

可以同"果真"连续连用的假设连词,除了上述高频的"如果、要是、要、一旦、万一",见(5)(6)(11)(18)(22),还有"假如、若是、倘若、假若、倘、倘然、倘使"。但"其他假设连词+果真"连用格式,很少出现在从句主语前,仅见"万一果真"1例,见上面(22),还有下面(25),其他各例都在谓语前。在主语前的"果真"连词性较明显,如(25);而在谓语前的"果真"还具有明显的修饰作用,从句法层次上看,有的也可以分析为"假设连词+[果真+VP]",如(26)(27)。可见,"果真"虽具有假设关联功能,但副词性还比较明显,往往可做副词连词两解,因此,说它可以做假设连词,其实也是一个带有副词性的非典型假设连词。

(25) **假如果真**,上边三十三天偏住神仙,下面十八层地狱满填怨鬼,一世界一如来,一洞府一妖精,岂不比我们的世界分外有趣?(俞平伯《重过西园码头》)

(26) **倘若果真**打起仗来,对我们利与不利各半。(姚雪垠《李自成》)

(27) **若是果真**有个上帝,而且就因为我老实表示不相信他而一定要惩罚我,那我也只得随他去了。(威廉·萨姆塞特·毛姆《人性的枷锁》)

假设连词可否间隔连用的规律同其连续连用时大致相同,除了"如果、要是、要、一旦、万一、果真"这六个词彼此可间隔连用外,有时"假如、假若、若、倘若"等也可与"要是、要、一旦、万一、果真"这五个词间隔连用。语序上"如果"也要位于其他假设连词前面,它们之间多被主语隔开,如(28)—(32);有时被状语性成分隔开,如(33)。

(28) **如果**血流**一旦**停止,生命也就随之结束。(《中国儿童百科全书》)

(29) 但再好的公司也难免不出点次品,**若**次品**一旦**到了消费者的手中,通过媒体及时地刊登退货广告是最好不过的办法,……(《市场报》,1994 年)

(30) 结构论是一种方法,而不是一种教义或哲学,**倘若**它**果真**是这样的话,那它早就被弃而不顾了。(《读书》,转引自北大 CCL)

(31) 他争辩说理性和启示二者都是真理的来源,因此是不能互相矛盾的;但**假如**二者之间**万一**出现了类似矛盾的时候,那末我们就应当采取理性。(伯特兰·罗素《西方哲学史》)

(32) **假若**定大爷**万一**问到烧鸡,二哥会说:这一程子,烧鸡贵得出奇!(老舍《正红旗下》)

(33) 这就非常玄了,**如果**比赛中**万一**发生意外受伤或失误,便无任何援兵可救。(《报刊精选》,1994 年)

### 3.6.2.3 两类假设前标彼此连用的规律

"如果"类假设连词"X"与"如果说"类假设词语"X 说",只有个别能连续连用,未见间隔连用的情况。

一方面,"如果"类假设连词前置的"X＋X 说"格式中,"如果要是说"只见到 2 例,出现在《百家讲坛》中,见例(34)(35);"如果要说"有 10 多例,多用来表示非类比现实假设,如(36)—(39)。①

(34) 但是**如果要是说**一个儿子呢!(《百家讲坛》:张李玺《妇女与婚姻家庭》)

(35) 从公元前 17 世纪开始,**如果要是说**我们的历史只能追溯到商代,我们就没办法说我们具有 5000 年的文明史,……(《百家讲坛》:赵林《文化融合与文明冲突》)

(36) **如果要说**有什么区别的话,那就是,当科学家放弃了一种思想之后,"普通人"还常常坚持它。(《读书》,转引自北大 CCL)

(37) **如果要说**有不足之处,我以为全书对宋庆龄关于思想改造方面,叙述略显简单。(同上)

(38) **如果要说**短,那末,十年也短,五十年也短,一百年也短。(《读者》,转引自北大 CCL)

---

① "如果要说"在语料库中出现 52 例,但多数"要说"只是话题标记。

(39) 我是改革派,不错;**如果要说**坚持四项基本原则是保守派,我又是保守派。(《邓小平文选》3)

另一方面,"如果说"类假设词语前置的"X说+X"也极少见到,语料库中只见到"如果说要"10余例,"如果说万一"2例,"假如说万一"1例,例如:

(40) **如果说要**表现诚意的话,台湾当局首先应该在这方面表现出诚意。(《人民日报》,1995年)

(41) 中国古代酒具,**如果说要**从发展史的角度,我看应该划为五个阶段:第一个阶段就是新石器时期。(《百家讲坛》:杜金鹏《醉乡酒海——中国古代酒具与酒文化》)

(42) 万一,**如果说万一**那家伙弑杀皇帝成功的话,这可怎么办才好?(石黑生《银河英雄传说》)

(43) **假如说万一**还可能有这个"万一",也绝不会轮到文人。(《读书》,转引自北大CCL)

### 3.6.2.4 假设前标连用的制约因素与表达功能

从上文所描写的假设连词连用的基本规律来看,它们能否连用以及连用时位置的前后,主要受各自语法化程度和语义功能的制约。语法化程度高、语义范围大的假设连词,其语义辖域较大,为比较典型的篇章成分,其句法位置一般居于小句的最外层,先于语法化程度相对较低、语义范围较小的假设连词。这种句法约束可以概括为"语义范围原则"。

"如果"是现代汉语中最高频、最典型的假设连词,其语法化程度高,句法位置自由,可以用于从句主语前后;语义范围大,可以表示可能假设、现实假设、反事实假设和虚拟假设意义;语篇分布自由,不受语体限制,可以用于书面语和口语中。而能和"如果"连用的假设词语多数在语义或语用上有个性,有些语法化程度较低,受原来语义基础的制约,语义不太单纯,或者句法位置不够自由;有的书面色彩比较强,语义范围小、频率低等。具体如下:

与"如果"连用的主要是"要是、要、一旦、万一、果真"这5个词,从语法性质和语义功能上看,它们可分为两组:一组是"要是、要",另一组是"果真、一旦、万一"。假设连词"要"由能愿动词意义虚化而来,语法化程度不太高,如今仍基本上只用在从句谓语前,一般不用于主语前。"要是"由假设连词"要"和判断动词"是"连用而成词,词义里仍多少带有判断动词"是"的意义,跟"如果"等连用时,假定性比较强。"果真、一旦、万一"的性质都不单纯,都兼有副词性和连词性,其假设义也跟"如果"有差异①。"果真"一般用在从句谓语前,连词化程度不高,语义上表示所料情况与事实相符的假设,多数用例中相当于"如果真的"。"一旦"也较多用于从句谓语前,连词化程度也不太高,是一个到现代汉语中才演化成熟的假设连词,其假设义范围窄,只表示未来可能发生的事情的假设,频率也很低。"万一"虽是一个比较典型的假设连词,但其假设义范围更窄,只表示主观上认为发生可能性极小的非常态事情的假设。

正是由于"要是"等5个词或者与"如果"的语义上有差异,或者是语法性质上不单纯,才导致了它们可否连用及连用时的语序限制。一般只能是语义单纯、只具有连词性质的典型篇章成分"如果"位于其他假设连词的前面,而不能是相反。这种情况同时也制约了它们连用时的句法位置,即多在主语后谓语前,很少在主语前的。上文举到的假设连词连续连用的27个例句中,只有(6)(8)(22)这3例中的假设连词连用后是位于主语前的,其他均在谓语前。此外,"如果"与其他假设连词间隔连用时,它们一般被主语隔开,这时"如果"位于小句最外层,而"一旦、万一、果真"等位于谓语前。"如果说、假如说"也可前置于"要、万一"而连用,这既与"X说"兼有话题功能、是更典型的篇章成分有关,也与"要"的连词化程度低、"万一"的语义范围小有关。

另一方面,功能单纯且具有书面色彩的假设连词,一般不与"如果"连用也不彼此连用,未见"如果假如、如果假若、如果倘若、如果设若"等用例。

做假设句前标记的假设连词"X"和假设词语"X说"可否连用,受其自身的语义和功能的制约,而是否连用则主要是表达的需要。

语料中常见的是语义表达功能有差异的两个假设词语连用,是为了更确切地表达说话人的意思和情感态度,如"如果他万一碰上劫匪,那就糟了"。此句若仅用"如果",不能很明确地表达主观上认为可能性极小的假设之意,也不能表达不期望发生的主观情态,因为"如果"的语义范围最宽,而"万一"的语义范围仅限于"主观上认为可能性极小"的假设(参见第四章)。仅从语义上说,一个语义范围大的和一个语义范围小的假设连词连用时,可以去掉语义范围大的词,但不能去掉语义范围小的词。此例中若把"如果"

---

① 赵元任(1968a/1979:352)指出,除少数介词性连词外,大多数连词是副词性连词,既有连接的作用,也有修饰的作用。"一旦、万一、果真"是连词和副词兼类词,特别是"一旦、果真",做连词时多用于谓语前,较少用于主语前,当为副词性连词。

去掉,句子的基本语义不变。因为从逻辑上说,一对同义/近义词,语义范围小的蕴涵语义范围大的词的意义,反之则不然。有时,个别"X说"与个别假设连词连用,也是为了突出句子的假设义,或者使语气缓和,表达委婉,如"如果说你万一/要/要是考不好的话,也不要灰心丧气",句中用了"如果说",比仅用"万一/要/要是"假设意义更明显,且语气委婉和缓,便于听话人接受。梁晓玲、陈一(2018)研究表明,言说类词语虚化为功能单位,可以明示话语的非现实性。"如果说"类假设词语具有元语性质,比"如果"类假设连词的主观性和篇章话语功能更凸显,因此更适合于前置,从而能够占据从句句首位置,它们彼此连用则能够强化句子的假设性和主观性。

两个表义表达功能和语体色彩基本上完全相同的假设连词一般不连用,但如果连用也不一定都是不规范的消极现象(徐复岭,1999),往往能凸显强化假设性非现实情态语义的表达。比如,"如果要是你能考上大学的话,那就不用发愁找工作了",句中把"如果要是"连用,比单用一个"如果"或"要是",更能表达不确定的假设性非现实情态,即说话人更加不能确定所假设的事情是否会发生或实现,事件的非现实性更凸显,说话人对命题真实性的主观相信程度更低。

#### 3.6.2.5 小结

从本小节的描写和分析中可以得出假设前标记连用的基本规律是:假设连词中频率最高最典型的"如果"、兼有动词性的"要是、要"、兼有副词性的"一旦、万一、果真",这6个假设连词常常彼此连用,也可与其他一些假设连词或"如果说、要说、假如说、要是说"这4个"X说"连用,"如果"一般要前置。其他假设连词彼此一般不连用,也很少与这6个假设连词连用;"如果说"类假设词语不能彼此连用。连词性假设标记可否连用,受其自身语义和功能的制约;是否连用,则是语用强化和情态表达的需要。消极的叠加复用属于不规范的表达,应当避免。

## 3.7 本章小结

现代汉语假设句有丰富的语义语法标记成分,词汇手段和句法手段并用。常用的假设标记是表示假设意义的关联词语,做假设句前标记具有连词性的关联词语很丰富,也最常用,做假设句后标记兼有连词性和语气助词性的关联词语较少,使用频率也较低。本章以语料库中实例为据,重点考察了这两类假设词语的语义功能与句内和语篇分布方面的特点。用于结果分句中与假设标记配合的承接性关联词以及假设框架结构,在讨论假设标记时也进行了讨论。

经研究发现,三类假设前标记自成系统,在语义功能上处于大致互补状态。"如果"类假设连词作为假设前标记聚合中的母词,其主要功能是表示可能假设,有70%以上用于可能假设句,其次要功能是表示反事实假设,表示现实假设和虚拟假设的能力很弱。"如果说"类假设词语主要表示现实假设,有60%以上用于现实假设句,其次要功能是表示可能假设,而表示反事实假设和虚拟假设的能力很弱。"如果不是/没有"类假设成分主要表示反事实假设,有近80%用于反事实假设句,其次要功能是表示可能假设,但不表示现实假设和虚拟假设。"如果"类和"如果说"类都可表示虚拟假设,但"假使、倘使"等书面色彩强假设义重的假设连词,多用于非类比虚拟假设,而"如果说"类假设词语则多用于类比虚拟假设,"如果不是/没有"类假设成分则不用于虚拟假设。从使用频率及所标记的假设句的典型性程度上看,"如果"类假设连词当为典型的假设标记,而"如果说"类假设词语当为不典型的假设标记,"如果不是/没有"类假设成分的典型性则介于二者之间。假设后标记使用频率比前标记低得多,还多与前标记合用。比较常用的"的话"偏于口语色彩,一般用于有主观性的文艺语体中,而"时"具有书面色彩,一般用于有客观性的应用类说明语体中,"的时候"极少使用,"吧、呢"表假设是一种语境意义。

假设前后标记可以合用共现,"如果"类假设连词可以连用,还可以和"如果说"类假设词语连用,其中假设义泛化的高频词"如果"和语法性质不单纯或假设义特殊的"要是、要、一旦、万一、果真",它们彼此连用常见,与"如果说"等几个"X说"连用时它们一般要前置。假设标记的合用连用,体现了假设词语内部成员排列的有序性,连词性假设标记可否连用,又受其自身语义和功能的制约,而是否连用,则是语用强化和情态表达的需要。

"如果不是/没有"类假设成分,只能表可能假设和反事实假设两种假设义,并且明显倾向表反事实假设义。这个事实足以说明汉语反事实假设句与否定形式有密切关联,也说明反事实假设的实质是否定。现实假设句和虚拟假设句与肯定形式具有强性关联,所以不能使用这类假设标记。这个事实,也进一步验证了第一章把现实假设句和虚拟假设句分别从可能假设句和反事实假设句中分离出来的合理性。第二章和本章的考察可以证明,我们对现代汉语假设句语义上进行四分,而不是如英语等外语一样两分或三分,有现代汉语事实做支撑,得到了语法形式上的验证。

# 第四章 语篇中的"万一"与"万一"句

"万一"是一个比较特殊的假设连词,它表示"可能性极小的假设",而且只能表示可能假设意义,不能表示现实、反事实和虚拟假设意义,词典把它归入副词和/或连词(参见第三章 3.2.1 节)。"万一"的副词性已经很弱,一般情况下只具有连词功能,本章考察其假设连词用法。"万一"引导假设条件,"万一"句表达假设条件和结果关系,并表达假设可能性非现实情态。

以往对"万一"的研究主要侧重其所在复句的逻辑语义关系,或者从其句法位置是在主语前还是主语后区别是连词还是副词[1],较少关注其使用条件和情态功能[2],也难以全面确切概括出其语法意义,这样就很难让把汉语作为第二语言的学习者准确掌握它的用法。一个兼有语篇功能和情态功能的虚词,其语义和功能与它出现的语用环境(包括所在句子、语段、篇章、说话场景等)密切相关。本章拟在语篇中观察"万一"的语用环境,对其语义、功能和用法展开动态的研究,力求准确概括出其使用条件和语法意义,同时也对"万一"句的句法语义特点和使用条件加以探讨。

## 4.1 "万一"句的句法功能

"万一"表示假设,它所在小句和其后小句构成假设关系复句。"万一"小句为假设条件,其后小句为推论结果,可用一般形式或紧缩形式。"万一"句在语篇中并不总以完整复句形式成句,它可以做句法成分,从句还可以成句。

以完整复句形式成句的"万一"句出现频率最高,是"万一"句的典型形式。书面语中以一般形式为常,如(1),口语对话中较常用紧缩形式,如(2)。

---

[1] 前者如邢福义(2001),后者如侯学超《虚词词典》等。
[2] 沈家煊(2001)曾指出有些连词也具有情态功能,假设连词都具有情态表达功能。

(1) 但是电视报道不比广播与报纸,它是即时性的、以画面说话的新闻形式。**万一**当时拍不到、拍不好,<u>就</u>会造成无法挽回的损失。(《作家文摘》,1994年)

(2) 我这两块钱不挣倒没什么,可人家那大把的票子要不存起来,**万一**丢了<u>就</u>麻烦了!(《人民日报》,1995年)

"万一"小句有时后置,它前面的小句表假设结果,二者构成主句在前从句在后的"万一"句,凸显结果分句。这类"万一"句较少见,例如:

(3) 吴子宽还是要防一手,**万一**共产党打到苏州来呢!(陆文夫《人之窝》)

"万一"句可以被包孕在句子中做句法成分,一般做"认为、恐怕"等认知、心理类动词的宾语,如(4),有时也做定语,如(5)。这类"万一"句虽然句法功能上做句内成分,但句式本身的假设义不变,我们一并讨论。

(4) 他认为**万一**稍一不慎,走漏点风声,不仅自己马上会被李杀掉,全家性命都将不保。(沈醉《"花花公子"的晚节》)
(5) 中原油田的钻井队带着钻探设备赶来了,提供了**万一**巷道清淤失败另辟救援战场的方案。(《人民日报》,2007年)

"万一"小句在特定语境中可形成相对独立的单句,例如:

(6) "……至于勇敢者,总会有的。""**万一**没有呢?"(贺塞星《高空跳板》,转引自邢福义,2001)
(7) "你们下去咬断他的绳子呀!"南星向小虎们说。"**万一**叫糟老头子看见呢!"他们这样推辞。(老舍《小坡的生日》)
(8) "所以我根本不担心这类问题。""**万一**呢?"(转引自邢福义,2001)

这类"万一"句一般为疑问或感叹句,是语境省略句,用在对话等特定语境中,"万一"跟句末语气词"呢"配合而独立成句,若离开语境,一般无法确切理解,如(6),相当于"万一没有勇敢者怎么办呢?"。有时还用更简略的"万一呢?",如(8)。

177

前两类"万一"句的句法功能不同,但句式意义相同,一般在后分句用"就"等承接性关联词语和"万一"配合,构成"万一……就/那/那就……"这样的假设框架结构句,第三类"万一"句多为语境省略句。使用频率高、比较典型的是第一类。这三类"万一"句中的"万一"具有同一性,都表示假设意义,做假设连词。

## 4.2 "万一"与"万一"句的使用条件

### 4.2.1 所在语段的基本语义结构模式

通过对大量语料的考察,我们发现,"万一"一般要用在一个意义相对完整的语段中,起衔接连贯作用;"万一"句较少独立成句,一般不出现在段首,较少出现在句首,其前往往有其他小句或句子,书面上常用逗号隔开,例如:

(1) 她最怕受刑,自己原本细皮嫩肉的(A),万一破了相(B),将来就没法当演员了。(C)(王素萍《她还没叫江青的时候》)

(2) 在环境紧张的游击区,工作人员永远在夜间活动(A),万一白天必须露面(B),他们便得化装。(C)(《儿童文学选》,1956年,转引自《虚词例释》)

(3) 跟你之后,你要是一直喜欢我,我自会对得起你这份心意(A);万一过几年你嫌弃了我(B),你可以把我休了,叫我离开,叫我自己去找活路。(C)(邓友梅《兰英》)

(4) 夫妻双双去攀登世界第一高峰,这在西藏登山队乃至全国还是头一次,夫妻俩感到非常荣幸。可是,登珠峰毕竟险象环生(A),万一遭遇不测(B),5岁的女儿怎么办?(C)(《人民日报》,2007年)

(5) 此外,雷雨天行车时,车速一定要尽量放慢(A),这样万一遇到车子失控等情况(B),也能将危险减到最小。(C)(《健康时报》,2007年)

(6) 有什么办法呢?把他妈喊来这里么?不行(A),万一被人钉了梢(B),不仅周正、罗盘会被抓走,自己也会被安个窝藏逃犯的罪一起抓起来。(C)(彭荆风《绿月亮》)

如果把"万一"所引假设小句的内容看作B,"万一"小句之后的结果小

句看作 C,"万一"之前的小句或句子看作 A,那么,"万一"所在语段通常包含的语义要素如下:

A. 常态/常情
B. 非常态
C. 结果

"万一"所在语段的基本语义结构模式为:

**A+(可是/因此/因为这样的话)[万一 B+C]**

(1)—(3)的语义模式为:A+(可是)[万一 B+C],(4)的语义模式为:A+(因此)[万一 B+C],(5)(6)的语义模式为:A+(因为这样的话)[万一 B+C]。

### 4.2.2 所在语段的语义模式彰显使用条件

从所在语段的基本语义结构模式,可看出"万一"和"万一"句的使用条件。

1)语境条件。A 所表述的一般为现存的或设想的人或事物通常或正常的状况,或者是按常情或常理有必要实施或不必要实施的行为,可概括为"常态/常情"。这是使用"万一"也是"万一"句的语境条件(即语义背景)。具体有以下两种情况:第一,A 是现存的或设想的人或事物正常的状态或某种惯常性的行为。如(1)有"原本"、(4)有"毕竟"做限制性状语,它们是强调事物原有的状态或性质的副词;(2)(3)分别有惯常义时间副词"永远、一直"对所述行动或状态加以限定;(3)由"要是"引导的假设小句表述,表明所述惯常状态是对未来的设想。第二,A 是特定条件下按常情应该或必须实施或不能实施的行为。如(5)有必要义能愿动词"一定、要"与表行为的谓词性词组"放慢"共现,强调按常情实施这种行为的必要性,它的实施能避免出现危险;(6)A 表述不该实施的行为,语境中"把他妈喊来这里"是按常情使周正母子相见应采取的行为,但这样做的话就会导致极其严重的后果,因此不该实施。

2)语义条件。受"万一"词汇意义所限,B 所述的一般是出现频率很低的异常情况或事件①,可概括为"非常态"。这是跟常态相对或相关、发生可能性极小、但又存在现实可能性、说话人不能自主控制的非意志性的事情。这是使用"万一"也是"万一"句的语义条件。如(1)的"破了相"是与"细皮嫩

---

① 这与"万一"的词义基础有关。它本来表示万分之一,就是万分之一的概率,可能性极小,当虚化为连词时,其词汇意义仍有所保留。

肉"相对、可能出现、少有的非正常状态,但又是在"受刑"时难免会出现的;(2)的"白天必须露面"是与"永远在夜间活动"相对、出现频率很低的异常情况,但也是不可避免的可能情况;(3)的"你嫌弃了我"与"你一直喜欢我"相对,是可能性不大的异常状态;(4)的"遭遇不测"是根据"登珠峰"现存的情况"险象环生"可推知的异常事件;(5)(6)的"遇到车子失控等情况"和"被人钉了梢"都是特殊少见的异常情况,是对A所述的当时情况下按常情应有的必要性行为该不该实施的原因说明。由于"万一"所假设的非常态情况或事件是跟常态相对而言,出现频率很低,所以,若是通常或正常存在的状况就不能用"万一"句来表达。比如,当知道图书馆每天八点开门,就不能说"图书馆八点开门,万一今天八点开门……"。此外,"万一"所假设的非常态的事情虽然可能性极小,但这种极小可能性又是现实存在的,所以它能假设可能发生或存在的事情,而现实存在的或已知发生的事情、反事实的或虚拟的完全不可能有的事情,就不能用"万一"句来表达。如不能说"万一我有一点学习经验的话,那就是……"/"万一我早知道这事就好了"/"万一太阳从西边出来,……"。

要说明的是,词典中大都注明"万一"表示"可能性极小的假设",但一般缺乏更详细的说明①。其实,"万一"所假设的事情只是说话人主观上认为可能性极小,而按客观事理来看并不都是如此。如(4)中由于"登珠峰险象环生"这种"常态"的存在,所以"遇到不测"这种"非常态"事情从客观上看并不能说是"可能性极小",甚至也不能说是一种"非常态",其语义与A的"常态"相承,故可推知。只是这样的事情相对于说话人来说一般是不如意的消极事件,与说话人的期望相悖,从说话人的认知心理上看为"非常态",(1)—(6)均如此。虽然说话人知道这种事情发生的可能性是现实存在的,但很不希望它发生,便使用"万一"来假设发生的可能性极小。这是"万一"主观性的表现。

词典中一般还注明"万一"用于"不希望发生的事情",这是就一般情况而言的。因B所述的大多是对说话人不利或不如意的消极事件,所以说话人不期望它发生;但少数情况下这些事情对说话人来说却是有利的、如意的,说话人期望它发生,例如:

---

① 张斌《虚词词典》对"万一"的解释是:"用在前面小句的开头,表示可能性很小,也就是主观上认为不大可能发生的事情,后边小句说出事情发生之后的情况。"(2001:538)这个释义比以往词典注释更贴近"万一"的基本意义,特别是指出了"主观上认为"这一点。但"万一"的实际用法和意义要更复杂些。

(7) 他不愿问他们什么,而只低声的嘱咐他们:"你们要挺刑!你们认罪也死,不认罪也死,何苦多饶一面呢?用不着害怕,国亡了,你们应当受罪!挺着点(A),万一能挺过去(B),你们好知道报仇!(C)"(老舍《四世同堂》)

(8) "上哪儿都好,就是不能在太阳旗下活着!"

"对!"瑞宣点了点头,胖脸上起了一层小白疙瘩。"不过,也别太忙吧(A)?谁知道事情准变成什么样子呢。万一过几天'和平'解决了(B),岂不是多此一举?(C)你还差一年才能毕业!"(老舍《四世同堂》)

(7)的"能挺过去"、(8)的"'和平'解决",都是对说话人有利的好事,虽然说话人自己也知道发生的可能性极小,但又认为并非完全不可能,就抱着一种强烈的期盼或侥幸心理,期盼得到偶然的好机会或有奇迹出现。我们常说:"万一中个大奖,不就发财啦?""我要试一下,万一真的出现奇迹呢!"这类句子中B的谓语部分常有"真的、果真、果然、真(真是、真要)、确实、的确"等情态成分,表达说话人认为假设的未来现实可能会跟自己的预期或期望相符的主观心态,而不出现"居然、竟然"等表示出乎意料之意的现实情态成分。这是"万一"小句非现实情态性的表现。

应该指出的是,这类例句在实际语料中只占极少数,在几千个"万一"例句中仅几十例,而且大多是语境省略句,A、B、C 三段俱全的极少,只检索到(7)(8)(详见 4.4.1 节),这应该是"万一"的一种非典型用法。但根据我们的语感,表期望发生之事的"万一"句在口语中也是常说的,但对它的理解更需要依靠语用推理,是说话人认为某种现状不如意不理想(即语用预设),期望奇迹发生改变这种状况,或者能够因此避免不如意后果的出现,例如:

(9) 甲:"最近投稿了吗?"
乙:"没有,投也发不了。"
甲:"那也得投(A),万一碰上呢!(B)"
乙:"是啊,再不发就不能毕业了!"

听话人乙"没有发稿"是当前的不理想状况,是谈话的前提或话语的预设,"发稿"是说话人(也包括听话人)期望发生的好事,并且认为如果实施了句中所述的行为 A("投稿"),就有可能得到偶然发生的好事 B("碰上"),从而可改变"没有发稿"的不利现状,避免造成很不如意的后果("不能毕业")。

其实,不管期望或不期望,"万一"所假设的事情的发生,一般都是说话人主观上难以控制的,表现出强烈的非意志性特点。如(7)—(9)中"挺过去、北平和平解放、论文发表"这些事情,都是说话人不能自主控制的。在我们所统计的162个"万一"小句①中,非自主的谓语 VP 是自主的3.5倍(126∶36),占绝对优势。非自主动词表示不可控的变化或恒定的状态属性,不受施事者或行动者的左右;其中的自主 VP 所述为假设的非现实性动作行为,对说话人来说几乎都是不期望、非意愿性的。此外,"万一"句前面常见忧虑义非现实情态词"怕、担心、害怕、生怕、忧虑、担忧、恐怕","万一"小句中被字句的出现频率高出把字句三倍多②。对说话人来说,这类"万一"小句都表示负面意义,也是"万一"句非意志性的句法语义表现。

总之,"万一"所引导的小句 B 所述的事情发生的可能性取决于某种偶然性或机会,也就是可能性极小。但是,无论这种可能性有多么小,说话人的着眼点仍在于它"真的要发生"这一点。换言之,说话人认为它发生的可能性虽然极小,但这种可能性还是现实存在的,是非意志性的,不是说话人主观上能控制的。

3)表达目的。C 是说话人根据假设的条件 B 而推断出的伴随结果,是说话人的推断和表态,这是使用"万一"和"万一"句的表达目的。受 B 语义所限,C 一般表达不期望不如意的消极后果,从语用功能上(也即"万一"句的语用功能)看,大致分四种情况:表推知,如(1)(6);表应变,如(2)(3)(5);表疑问,如(4);表评议③。

## 4.3 "万一"所在语段的语义关系分析

### 4.3.1 "万一 B+C"的语义关系

本小节将通过对"万一"句内部语义关系的分析,加深认识"万一"及"万一"句的语义特点、语用功能和使用条件。

---

① 语料详细来源参见第一章1.3.1节的说明。
② 被字句表示受事者受到某种影响而有所改变,多用于对受事者或说话人来说是不愉快、受损害、不期望等消极意义的事件,一般是非意志性的。把字句的典型语义是表示主观处置(沈家煊,2002),是动作者有意对受事施加影响,使受事发生某种变化,一般是意志性的。
③ 四种不同语用功能的"万一"句,所属认知域不同,使用频率也有差异。表推知的一般属于"行域"和"知域",使用频率最高;其次是表应变和表疑问的,一般属于"言域";表评议的多属于"知域",频率大致在前两类之间。

B和C是使用"万一"的语义条件和表达目的,也是"万一"句的基本构成要素,二者组合,构成由"万一"引导的假设复句,一般表示假设性因果依变关系,若因果依变关系不明显或不存在,则往往可解释为假设让转关系。"万一B"表示假设条件,C表示随之出现的结果。C形式上很丰富,往往有承接性关联副词或连词与"万一"配合,以凸显它跟B之间的语义关系;也常出现一些非现实情态词,这些词单用或与关联词语合用,与"万一"配合,表达句子的非现实情态意义,并凸显B和C之间的语义关系。

C中常出现的关联词语有副词"就、便、也、还",连词"那、那么/那末、则",它们跟"万一"配合,形成"万一B(,)就/也/还/那……"格式。略举几例①:

(1) 私刻犯法,<u>万一</u>让公安局知道可<u>就</u>麻烦了。(《人民日报》,1995年)

(2) <u>万一</u>纸价、印工上涨,而定价因读者已付定款未能上涨,<u>则</u>订数越多,损失越大。(《读书》,转引自北大CCL)

(3) 因为谭鑫培作为老生泰斗,一向反对同台演员"乱来",<u>万一</u>他当场给梅兰芳来个下不来台,<u>那</u>梅兰芳今后的一生,还干得成、干不成这一行就难说了。(徐城北《齐如山为梅兰芳改戏》)

(4) <u>万一</u>剧中故意宣传的商品是伪劣的,<u>那么</u>,是北京电视艺术中心,还是摄制组,抑或是播放《京都纪事》的电视台上法庭?(《人民日报》,1993年)

C中口语书面兼用词的出现频率明显高于同义的书面语用词。最常见的是关联副词"就",适用于各种语体,而跟"就"同义的"便"是书面用词,用得较少;连词"那"和"那么/那末/则"同义,"那"也是口语书面均可,用得较多,而跟它同义的"那么/那末/则"用于书面语体,用得较少②。这种差异说明口语化的关联词跟"万一"更相适应,也说明"万一"具有口语化特点。

"就/便"和"那/那么/那末/则"与"万一"配合,只表假设关系,而具有关

---

① 这些关联词语的使用都有实例,为节省篇幅,不一一举例。下文同。
② 根据在语料库中的搜索结果,粗略看来,C中的关联词出现频次从高到低依次为:就>也>那>便>还>那么>则>那末。"就"的频次约为"也"的1.4倍、"便"的8.8倍、"那么"的13.5倍、"则"的15.9倍,"还"的频次略低于"便";"那"的频次约为"那么"的5.4倍、"那末"的31.7倍。"那末"为"那么"的同音形式(见《例释》),但似乎书面色彩更重些,出现最少,仅有8例。这种情况说明,口语书面兼用的"就、也、那"的频率明显高于有书面色彩的"便、则、那么/那末"。

联作用的副词"也"也是口语书面兼用词,出现的频率也比较高,由于其自身意义①限制,它与"万一"配合构成的"万一 B,也……"格式虽有时只表假设意义,但较多可解为假设让转意义,各举1例:

(5) 万一垃圾撒了,也会污染电梯间。(《市场报》,1994年)
(6) 此事万一被蒋介石发现,杨虎城也会有个出路,共产国际将通过新疆给杨以帮助。(《人民日报》,1996年)

(5)只表假设,"万一"不能替换为"即使",但可以替换为"如果"。(6)可理解为假设让转,"万一"可替换为"即使",但似乎也可替换为"如果"。而"即使"表假设让转,"如果"一般只表假设。

C有时也用副词"还"与"万一"配合构成"万一 B,还……"格式,可以只表假设意义,也可以表假设让转意义,但它所表的假设让转意义不如"万一 B,也……"格式明显,即使在语境中往往也可以做假设和假设让转两解。这也与"还"的意义②有关,例如:

(7) 冒险搞个什么整本的画报,万一弄得不好,还可能把印刷所拖垮。(《读书》,转引自北大 CCL)
(8) 远的俺用棍子抡,近的还有斧头哩,万一斧头脱了手,还带有一把镰刀哩。(姚雪垠《李自成》)

(7)中的"万一"不能用让步义的"即使/就算"替换,可以用假设义的"如果/要是"替换,说明句子只表假设。(8)中的"万一"可以用"就算"替换,也可以用表假设的"要是"替换,说明它的让步义不很明显,可以做假设让转和假设两解。

"万一 B,也/还 C"格式是只表假设还是表假设让转,关键看 B 和 C 语义上是顺承关系还是逆转关系。若 C 不依 B 的语义变化而发生相应的语义变化,而是逆着 B 的语义说下来,那么,它们之间便有了语义上的转折,"万一 B+C"便具有了假设让转义,否则就只表假设义。如(8)顺着"斧头脱

---

① 《八百词》595页:"表示无论假设成立与否,后果都相同。"《虚词例释》455页:"在主从复句里起承接作用,表示条件、原因、目的、假设、让步、转折等关系。"
② 《八百词》252页:"虽然(尽管、即使)……,……还……。表示动作或状态不因为有某种情况而改变。"《例释》225页:"'还'如果跟'虽然''尽管'连用,则表示某种行动、动作或情况不因何种条件的存在、出现而发生变化。"

了手"这个不利情况出现的结果通常应该是"就糟了/没有武器了"等,但"带有一把镰刀"说明结果没有随着假设条件而发生相应的变化,而是还有可以采取的补救办法或应变手段,因此,该句便有了假设让转意义的语义基础,可以表假设让转意义。表假设让转意义时 C 一般表应变。

应该指出的是,"万一"句表假设让转时,虽然可以用"即使"替换,但替换后表义功能有差异,"即使"一般表中性的、主客观均可的假设,并有让步义,而"万一"一般只表达有语义偏向的可能性极小的主观假设。

C 中出现的上述关联词语,也常连用一起再与"万一"配合,表假设关系。常见的如"那/那么"和"就"连用成"那就/那么就"。C 中有关联词语"就/便""那/那么/则"和"那就/那么就"时,多表推知,有时也表评议,分别如(9)(10);当 C 中同时还用了表示强调主观程度高的语气副词"可"①,句子便形成"万一……那可就/可就……了/啦"格式,C 表评议。

(9) 还有一种情况,现在来自上头的收费集资项目太多,**万一**把明白卡发下去了,再要多收钱,以完成上级布置的收款任务,<u>那就</u>难<u>了</u>。(《人民日报》,1995 年)

(10) 这样成天提心吊胆,**万一**被人抓住<u>就</u>糟<u>啦</u>!(冯德英《迎春花》)

(11) **万一**要是被他们看出破绽来<u>可就</u>不好办<u>了</u>!(刘流《烈火金刚》)

(12) **万一**有个病什么的,人吃了<u>那可就</u>麻烦<u>了</u>。(《人民日报》,1996 年)

C 中还常常有表示非现实情态的能愿动词跟"万一"配合,表达句子的非现实情态意义,并加强说话人对假设结果的推断性。如表示可能的"会、可能、可以、可、能"等。

(13) 路上滑,**万一**出了事故,<u>会</u>给国家造成损失。(《人民日报》,1993 年)

(14) **万一**调配不当,一加一<u>可能</u>等于零,更<u>可能</u>是个负数。(《读者》,转引自北大 CCL)

(15) 美国联合碳化物公司开设在西德巴叶的一家工厂,配备了昼

---

① "可"表主观程度高,兼有程度副词和语气副词的功能,是语言主观性的表现(张雪平,2005)。在"万一"句结果分句中用"可",既表承接,也突出了"万一"句的主观评议功能。

夜值班的消防队,拥有五十英尺高的可移动水塔,<u>万一</u>出现险情,<u>可立即</u>从四面喷水。(同上)

"会"用得最多,其次是"可能"。这时,C 表推断,用"会"表示推断结果出现的可能性很高,用"可能"表示可能性居中。C 中有"可以/可/能"(不包括用在 C 为疑问小句中的"能")时表应变,在语境中与 B 可构成假设让转关系,如(15)。特别是用了"可以"的 C,一般用来提出退一步的补救办法或处理手段,表达不因 B 出现的异常不利情况而导致异常不利的后果,使得"万一 B,可以……"格式一般可解释为假设让转义。形式上可在"可以"前面添加上关联副词"还"或"也"(见小括号里的标注。下文同),使该句式的假设让转义更明显,请比较:

(16) 汪家的客堂很显敞,砖地上铺了席,红木做的老式桌椅,大方结实,是汪处厚向镇上一个军官家里买的,<u>万一</u>离校别有高就,(还/也)<u>可以</u>卖给学校。(钱钟书《围城》)

可能义的非现实情态成分往往跟"就、也、那"等关联词语连用或合用凸显"万一"句结果小句 C 的推断性,略举 1 例:

(17) 后来他又想到<u>万一</u>下雨,他<u>就可能</u>淹死。(《读者》,转引自北大 CCL)

C 中有时也出现表示必要义的能愿动词"要、应该、应当、必须"等,表示针对 B 所述假设情况而应该采取的应变办法或手段,使得 C 多含祈使义,特别当这些能愿动词用为否定式时,祈使义更明显,如(18)。这类 C 和"万一 B"只能构成假设关系,如:

(18) <u>万一</u>今夜我发生不测,不要难过,要向地委、行署领导讲,但不幸的消息不能告诉我的亲人,尤其不能告诉我的九旬老母。(《人民日报》,1995 年)

(19) <u>万一</u>出现停顿,<u>就应该</u>立即用接触和谈判来填满它,目的是不让双方的极端势力有可能利用这些停顿。(《人民日报》,1996 年)

用得最多的是"要","应该"等不常用。这是因为"要"能表达说话人的主观意志,与"万一"倾向主观表达的特点相一致;而"应该、应当、必须"出现很少,语料库里都在10例以下,而且多出现在应用说明性语篇或语段中,这是因为它们表达义务情态,具有客观性,与"万一"的主观性特点不相和谐。

C以疑问形式出现时,它跟"万一B"之间只能构成假设关系,不能构成假设让转关系。C有时表询问,目的是寻求答案;有时表设问,自问自答,目的是引出答案;有时只表达说话人的疑虑和担心;有时表反问,答案在问中。除询问外,后三类都是无疑而问,已有答案、无须答案或答案已经暗含在疑问之中。表询问的C跟表应变的C语义相通,是询问在出现B的情况下该采取什么应变办法,后者是直接给出了答案。而无疑而问的C跟表推知的C语义相通,隐含着推知结果。表疑问的"万一"句常用于对话中,比较简短,C和B之间常无书面上的语音停顿标记,构成紧缩形式。例如:

(20) "你说刻得像,万一不像怎么办?""你放心,我们是用照相印刷的办法给你仿,如果差一点,我可以不要钱。"(《人民日报》,1995年)[询问]

(21) 李克农受领任务后,迅速思谋着万无一失的行动方案。他与共同执行任务的吴克坚、童小鹏、邱南章等商量,万一遇上国民党特务阻拦甚至劫持怎么办?带上手枪。(福贝《从未领兵打仗的神秘将军》)[设问]

(22) "马车文明?万一马惊了把新娘摔下来,怎么办?怎么办?"孙八真心疼媳妇!(老舍《老张的哲学》)[疑虑担心]

(23) 很多人都在犹豫:买房一次拿出那么多钱确实心疼,租房万一以后房价涨了岂不又亏了?(《人民日报》,1994年)[反问]

综上所述,B和C语义上是否具有因果依变关系决定了"万一"复句的语义关系,形式上受C中出现的与"万一"配合的关联词语或非现实情态词语的制约。"万一B+C"的基本语义关系是假设关系,在特定的语境中也可表假设让转关系,但没有固定的表示假设让转关系的"万一"句式。因此,我们只把假让义或让步义看作"万一"句的会话隐含义,认为并非句式(包括"万一B,也/还/可以……"格式)固有的意义。那么,"万一"也只表假设义,让步义也只是其会话隐含义。

结果小句C中出现的关联词语或非现实情态词语等,与"万一"配合,使C具有不同的语用功能,这也正是"万一"句语用功能的形式表现。为了

明确,将上述"万一"句的语用功能与 C 句法形式上的大致照应情况,总结如下:

| 表推知 | 表应变 | 表疑问 | 表评议 |
| --- | --- | --- | --- |
| 会/可能 | 可以/可能 | 疑问式 | 那可/那可就/就……了 |
| 就/便/那/那么/则 | 要/应该/应当/必须 | | |
| 也/还 | 也/还 | | |

### 4.3.2 A 与"万一 B+C"的语义关系

A 是使用"万一"的语境条件,它与"万一 B+C"之间表层形式上可以用"可是/可/但是/但/不过/只是"等转折关系词语关联,或者"因此/因为"等因果关系词语关联,其深层语义上形成矛盾关系或者因果关系。这些显性关系标记以不出现为常,是因为"万一"在整个语段中也有衔接功能,可使整个语段语义连贯,表达简约。

#### 4.3.2.1 矛盾关系

A 和 B/(B+C)语义矛盾,其语义模式为:A+(可是)[万一 B+C],分以下两类。

1)转折关系:A 和 B 语义矛盾。

(24) 心明眼快固然可以临时"一眼看出来(A)……"可是,万一没看出来(B),怎么办呢?(C)(老舍《无名高地有了名》)

(25) 他并不怕死(A),只是万一他死了(B),更多的同志便会受到敌人的计算,那能不焦心。(C)(《月黑夜》32,转引自《虚词例释》)

例中"万一"前有显性转折关系标记"可是""只是",表明 A 和"万一 B"之间语义上的转折。(24)的 A 和 B 语义对立明显,(25)的 A"他并不怕死"隐含着"他活着",也和 B"他死了"语义对立。

A 和"万一 B"之间不出现转折关系词语更常见,可以在"万一"之前添加上转折词"可是"等来显化 A 与 B 之间的矛盾关系,例如:

(26) 好人的标准属于绝密(A),(可是)万一泄了密(B),你们都该装好人了。(C)(王朔《谁比谁傻多少》)

有时 A 和"万一 B"之间有间隔,例如:

(27) 看来,<u>李天英返回故土已不再遥遥无期</u>(A),她说:"如果在韩国找到亲人,我也要把儿子带走,我离不开他。"李少林则说:"<u>万一母亲找不到亲人回不了国</u>(B),<u>我会始终如一奉养母亲,即使我一辈子解决不了婚姻问题,我也不会嫌弃母亲。</u>(C)"(王农、陆宏彬文,《文学报》第671期)

2)对立性并列关系:A 和(B+C)语义矛盾。

有时 A 也是假设复句,其假设分句和结果分句,分别与"万一"复句的假设分句 B 和结果分句 C 语义矛盾,整个语段从正反两面对一件事情的未来情况做出假设和推断,A 和(B+C)之间形成具有逆转意义的对立性并列关系(即并列关系+转折关系)。如(28)中 A 为有标假设复句,其从句句首有假设连词"如",(29)的 A 为无标假设复句。语料中多出现于报刊文摘中论说评述性语段中,以显示推论的逻辑严密性。

(28) 舆论认为,美国政府对卡特的波黑之行有不便说出的想法:<u>如卡特能使波黑塞族作出让步,以缓解气氛,这有克林顿的一份功劳</u>(A);<u>万一调解失败</u>(B),<u>美国政府也可以不承担任何责任。</u>(C)(《人民日报》,1995年)

(29) 这是唐到沦陷区后第一次收到这么长的电报,他很明白,……<u>将来事情弄好,自然没有问题</u>(A),<u>万一出了毛病,或给各方面(特别是共产党方面)发觉而加以责难,影响到他本身利益时</u>(B),<u>他就可以把一切责任推到唐的身上,说这是唐个人行动,他可以不负责,而且可以振振有词公开惩办</u>(C)……(沈醉《"花花公子"的晚节》)

#### 4.3.2.2 因果关系

A 和"万一 B+C"语义上因果顺承,分以下三类。

1)先因后果:A 是提出"万一 B+C"假设的原因,其语义模式为:A+(因此)[万一 B+C],例如:

(30) <u>这艘潜水艇既然能开得这样稳稳当当的,上面一定有不少人</u>(A),因此,<u>万一斗起来</u>(B),<u>我们碰到的对手是强大的。</u>(C)(儒勒·凡尔纳《海底两万里》)

例中 B 之前有因果关系标记"因此"。更多情况下,A 与 B 之间并没有因果关系标记,但语义上也是因果顺承关系,如下例,可在"万一"小句之前添加上"因此"显化这种关系。

(31) 担心的是,他在前方医院工作,那里往往也在敌人火炮射程之内(A),(因此)万一发生不测(B),这损失可就太大了。(C)(《人民日报》,1995年)

跟一般"因为……所以……"类说明因果关系句有所不同,A与"万一B+C"之间是推论因果关系,因为在整个语段中,A作为原因语段,一般为现实存在的情况,而"万一B+C"作为结果语段,却总是非现实性的推论。

2)先果后因:A表行为,"万一B+C"是设想的行事理由,其语义模式为:A+(因为这样的话)[万一B+C]。这是一种有标记的语序,在理解时需要依靠语用推理来补充相关信息,"万一"之前往往需补出一个与A所述行为相关的原因语段"因为这样的话",以明确A与"万一B+C"之间的语义关系。"万一B+C"补充说明A所述行为实施或不得实施的理由或重要性,A常用祈使形式。因此,实际上是"这样的话"这一语义补足语段先与"万一B+C"构成先因后果关系,然后再与A形成先果后因关系,例如:

(32) 李四爷立在槐荫下,声音凄惨的对大家说:"预备下一块白布吧(A)!(因为备下的话,)万一非挂旗不可(B),到时候用胭脂涂个红球就行(C)!庚子年,我们可是挂过!"(老舍《四世同堂》)

(33) 当时这种举动还很罕见,所以周围一片反对声;都说"铁饭碗"扔不得(A),(因为扔了的话,)万一办砸了(B),生计怎么办?(C)(《读者》,转引自北大CCL)

(32)的A为祈使句,表述一种必要实施的行为,(33)的A表述一种不能实施的行为。两例中A与"万一"句之间虽没有因果关系标志,但其语义上存在先果后因关系,可在"万一"前添加上"因为备下/扔了的话"明示这种语义关系。

3)目的关系:A表示某种行为,"万一B+C"是设想的行事目的,其语义模式同"先果后因"式。目的关系也是一种因果关系,目的复句述说某种行为及其目的,在隐含的关系上跟因果句相通(邢福义,2001:41)。"万一"之前可出现"以便、为的是、免得、以免"这些目的关系标记,例如:

(34) 但是,仍须进行必要的应急准备(A),以便在万一发生核事故时(B),能实施有效的应急响应,将损失减到最低,保护公众,保护环境。(《人民日报》,1996 年)

(35) 不过我还是尽量多看一点(A),免得万一有疏漏(B)就后悔莫及了。(C)(塞尔玛·拉格洛芙《尼尔斯骑鹅旅行记》)

## 4.4 "万一"所在语段在使用中的变化

### 4.4.1 "万一"所在语段的语义结构简式

"万一"所在语段在语篇中并不都是三段俱全,由于"万一"所引导的小句 B 是"万一"复句的结构核心,也是其非现实情态意义的表达核心①,不可或缺,而 A 和 C 都可以隐含或省略,便形成"万一"所在语段语义结构的简式。

#### 4.4.1.1 简式Ⅰ:万一 B+C

当 A 为根据语境或常识、背景知识可推知的信息时,通常隐含或省略,形成简式Ⅰ:万一 B+C。这种情况比较常见,例如:

(1) 因为虽然我可以把运好带出来,但是,万一被奶奶知道,我可不得了。(岑凯伦《合家欢》)

(2) 济南还有你们的三叔李子明,他在学校里混事儿,万一今后你们这边有什么困难,就把云鹤给他送去。(王素萍《她还没叫江青的时候》)

简式Ⅰ以 A 语义隐含多见,一般是上文语义中直接隐含着的。如(1),

---

① 这里说"万一"小句是"非现实情态意义的表达核心",不是指传统研究中所说的复句的偏句和正句的语义核心的区别,而是从情态意义的表达上来说,没有表达假设可能情态的"万一",也就没有所谓的"万一"假设句,也就不能明确表达句式的假设非现实情态。比如:"万一他吃了,就糟了。"如果去掉"万一"变成"他吃了,就糟了",一般可做两种理解:1.表假设,"要是他吃了,就糟了";2.对事实的评议,"他(已经)吃了,就糟了"。当做后者时,情态意义的差异很明显,即使做前者理解,也跟有"万一"时所表达的情态意义有差异,不能表达说话人带有语义偏向(通常是不期望的)的主观情态。

从语境可推知,"万一"之前的句子隐含的意思是"在奶奶不知道的情况下悄悄把运好带出来",这个隐含义与 B 语义矛盾。(2)根据背景知识可推知,B 前小句隐含的意思是"在学校里混事儿的三叔李子明有能力提供帮助",这个隐含义跟 B 语义上因果相承。

有时 A 不在语境中出现,而是根据生活常识、背景知识可推知的信息,因而省略,如(3),大家都知道"刘翔在田径比赛中屡屡夺冠"的事实,这个常态情况是不需说出的背景知识,它跟"比输了"这个非常态情况语义对立,因此可以使用"万一"句。

(3) 可中国田径只有一个刘翔,万一他比输了,大家会不会更没情绪?(《人民日报》,2007 年)

#### 4.4.1.2 简式Ⅱ:A+万一 B

当 C 为语境中不言自明的信息时,通常隐含或省略,形成简式Ⅱ:A+万一 B,例如:

(4) "你可以不去。""不,我还是去。"燕生似笑非笑地说,"万一你们出事呢?"(王朔《橡皮人》)

(5) 好吧,他就在这儿休息会儿吧,万一有个好机会把骆驼打发出去呢!(老舍《骆驼祥子》)

简式Ⅱ也有两种情况,一种情况是 C 的语义为隐含义,一般用于对话中,B 多为疑问形式,句末有"呢+?"表疑问和忧虑,多表不期望发生的事情,隐含的 C 可以补出来。如(4)相当于"万一你们出事怎么办呢?/万一你们出事就糟了"。A 和 B 之间多为转折关系。另一种情况是 C 省略,其意思不言自明一般无须补出来,从 B 本身就可推知,若硬要补出的话,一般都可以补为"就好了!"。这类多用于描写人物的心理活动,B 多为感叹形式,句末有"呢+!"表侥幸语气,一般用于说话人期望发生的事情。如(5)相当于"万一有个好机会把骆驼打发出去就好了"。这种格式中 A 与 B 之间多为先果后因式因果关系。

#### 4.4.1.3 简式Ⅲ:万一 B/万一呢

有时在对话中 A 和 C 都为易推可知信息,均省略,形成简式Ⅲ:万一

B;有时甚至连 B 的内容也省略,形成更简略的"万一呢",例如:

(6)"万一呢?""什么万一?""万一这时突现出现一个……"(王朔《给我顶住》)

(7)"怎么,她要告你?"夏经平吃了一惊。"目前没有,我是说万一。咱就照那严的量刑标准,假设是在'严打'时黄——流氓够得上么?"(王朔《我是你爸爸》)

"万一"小句单独成句很需要语境的支持,这种情况下的 A 和 C 都属于语境中省略,一般只出现在对话中,如(6)的第三个"万一"句。对话中甚至可以省略"万一"所引导的假设小句内容 B,形成"万一呢"成句的情况,如(6)的第一个"万一"句,而 B 的内容在前后句中一般要出现,否则就无法理解,如这个"万一呢?"就等同于该例第三个"万一"句。有时"万一"表面上好像做句法成分,如(6)的"什么万一?"表面看来是一个名词性偏正词组成句,"万一"做该词组的中心语,实际上从它前后的两个"万一"句可以看出这是"万一什么"的倒置,"万一"仍然是连词;(7)中"万一"似乎是名词,句法上做"说"的"宾语",其实是承前面话语省略,仍是连词,相当于"我是说万一她要告你呢?"。

### 4.4.2 "万一"在不同语义关系语段中的频率差异

A 和"万一"句之间语义上形成矛盾关系或因果关系,"万一"所在语段的语义关系不同,在语义表达和使用频率上有一定差异,说明"万一"及"万一"句的用法有典型和非典型之别。

"万一"在矛盾关系语段中使用最多,其用法最典型,其中的 A 是"万一"句的语用预设。因为"万一"只假设发生可能性极小的事情,就隐含着一个语义相反的发生可能性较大的事情做它的预设。这种语境中使用的"万一"句语义表达完整,一般无须依靠语用推理来补充相关信息,例如:

(8) 要不这么着,你预备晚饭,我的早饭,<u>早晨自然来的人少</u>(A),可是啊,<u>万一来的多</u>(B),<u>我老张也决不含糊</u>(C)。(老舍《老张的哲学》)

只有在说话人估计会"来的少"时,才会使用"万一来的多"。如果估计会"来的多",就不能再说"万一来的多",这是由"万一"的语义所决定的,下例同:

(9) 看看母亲的反应怎样,如果她有商量余地,我们一切可以依从她(A),但是,万一她坚决拒绝我们的要求(B),那么,我就脱离家庭(C)。(岑凯伦《合家欢》)

当 A 和 B/(B+C)之间为先因后果式因果关系时,其语序符合正常的因果关系的逻辑顺序,符合时间顺序原则,语义表达完整,一般也无须语用推理来补足相关语义信息。"万一"在这种语段中也出现较多,其用法也是比较典型的。

当 A 和 B/(B+C)之间为先果后因式因果关系时,其语序不符合正常的因果关系的逻辑顺序,整个语段的语义结构不完整,需要靠语用推理来补足相关语义信息,这是"万一"的非典型用法,使用频率较低。前文讨论 B 表示说话人期望发生的事情时,我们说那是"万一"的一种少见的非典型用法,这类"万一"句与其背景语段 A 一般也构成"前果后因"式,在理解时更需要依靠语用推理,即使在 A、B、C 三个语段都出现时也需要语境的支持。如下例,在语境中才能确定说话人说的"有人要(票)"是期望发生而又不大可能的事,若发生了就可以避免"再跑去退票"的麻烦。

(10) 甲:我在 BBS 上发了个帖子转让这张车票,不知有没有人要。
乙:现在又不是乘车高峰期,估计不大可能。
甲:过一会儿再上去看看吧(A),万一有人要(B),就不用跑去退票了(C)。
乙:是啊,再上去看看。

"万一"所在目的关系语段的语义模式同先果后因式,因此这种语境中"万一"的用法也是非典型的,使用频率比较低。

### 4.4.3 "万一"所在语段在独白和对话中的差异

"万一"所在语段在独白和对话中有差异。在独白中一般更常见的是"万一"所在语段语义模式的全式,若是简式,A 或 C 一般为语境中隐含,而且基本上不会出现只有 B 一个语段的情况;在对话中则常常是省略 A 或 C 段,甚至只有一个 B 段或只说"万一呢",形成"万一"小句单独成句的情况。语料库中当代作家王朔的小说是对话丰富的口语化语料,其中"万一"大多出现在人物对话中,以简式多见。而《人民日报》《作家文摘》书面化程度较高,其中的一些"万一"用在非对话语段中,其所在语段语义模式以全式多见。这种现象说明了语境对"万一"用法的重要影响,也体现了语言使用的经济原则的制约作用。对话语体的特点是现场性、即时性的,很多信息属于对话场景中易推知的,就是独白中,有些信息也是在上下文中已出现或隐含可推知的,均无须再赘言。

## 4.5 "万一"的语体分布

上文在"万一"所在语段中观察分析了其语义语用特点,本节进一步在语篇中观察其语体分布情况。"万一"倾向分布在叙事语体中的非叙事语段中,彰显了其假设义和口语化、主观性特点。

### 4.5.1 "万一"的语体分布规律

根据对北大 CCL 语料库中语料的分类检索及对其他语料的观察,"万一"在不同语体①中的总体分布情况大致如下②:

出现在叙事语体中:文艺语体中的小说、叙事性散文、文摘等散言体中最多,剧本、电视电影脚本等对白体(有些为独白体,如《百家讲坛》)中也比较多;新闻语体中主要出现在报道体语篇中人物谈话或评议性语段中。

一般不出现在非叙事语体中:文艺语体中的韵文体诗歌和散言体的风景描写散文,法律法规、公文等说明规定性的公文语体,书面性强、正式的科技论文、政论文、杂文等议论性文体。这些语体都侧重客观表达。

另外,侧重客观叙事的故事体中很少出现,只偶尔出现在人物对话或描述人物心理活动(内心独白式的对话或自言自语)的语段中,故事主线的叙

---

① 对"万一"出现的各类语体的具体分类参考袁晖、李熙宗(2005)。另外,把"万一"倾向出现不出现的语体分为叙事语体和非叙事语体两大类,是从语篇功能上来分的,参考郭继懋(2006)和方梅(2007)。

② 2007年8月22日在CCL中按语体类型检索到"万一"出现的条数如下(没有排除"万一"的实词用法,但实词用法出现很少):小说328、散文59、戏剧32、电视电影222、百姓故事10、生活随笔4、社科1、热门故事0、诗歌0、法律法规0、科技0、杂文0、论/政论0。另据考察出现在《人民日报》(1993—1996)及2007年8月份《人民日报》和《江南时报》中的例句,虚词"万一"主要出现在新闻报道中人物谈话或评论性的语段中,极个别出现在评论中,"报刊"类的《作家文摘》中出现也比较多,跟"小说、散文(主要是叙事性散文)"中一样,主要用于人物对话、谈话或心理活动描写语句中,个别用于评议句中。"万一"出现的大都是叙事语体。比较典型的正式书面语体政论文如《邓小平文选》3和科技论文(如语言学论文,文中所引例句中的除外)中不出现。侧重理性批判的评议性论说体杂文、侧重客观描写的风景描写散文和纯客观说明的操作说明语体中,不出现。"万一"不出现的均为非叙事语体。

述中不出现。纯客观性的操作说明语体中也不出现。

上述是"万一"语体分布的总的趋势。但同一种语体的同一语篇中,其语体风格也不是完全一致的,也有叙事语段和非叙事语段的差异。

"万一"具有口语化、主观性的语用特点,虽然倾向用在叙事语篇中,但却是用于人物对话谈话、心理描写或评论性语段中①,跟一般的假设句相似,其语篇功能不是用来叙事,而是用来说理论证或表态的。看它在叙事语篇中的用例:

(1)"至于你采取什么死法儿我也不打算过多干涉,我建议你不要选择跳楼,……用心割手腕也不是上策,且不说割的时候会感到疼痛,**万一**割不深,血流得不快那也很磨人的,再说还有被救活的可能。"(王朔《人莫予毒》)

(2)"还是要。现在可以不要,将来一定得要,否则老了怎么办?""将来也不要,永远不要!就我们俩,一辈子,老了我伺候你。""**万一**你死在我前头呢?"(王朔《过把瘾就死》)

这两例都是小说中的人物对话,(1)整个语段是论证性的,"万一"句是假设一种情况并推论出结果,说明事理,以此来证明说话人自己观点的正确;(2)中"万一"句表达说话人的疑问,用来反驳对方观点,也具有论证性质。

(3)下雨?下雨也出去;万一她因为下雨早下工呢!"马威你糊涂!那有下雨早放工的事!没关系,反正是坐不住,出去!"(老舍《二马》)

这个小说中的"万一"句用来描写人物的心理意识流活动,是人物内心的自我辩白,说服自己采取某种行动,也具有论证性质。

(4)姜显丰说,像现在,一头猪仔500多元,等半年后再出栏,是不是一定能有利赚、赚多少,都很难说。价格**万一**有比较大的回调,散养户很难挺得住。(《人民日报》,2007年)

---

① 我们检索了现代作家老舍小说《二马》,共得17例"万一"假设句,13例为人物心理活动描写,3例在对话中,1例是人物对话的间接转述。还检索了当代作家王朔的14篇小说,共得31个"万一"假设句,其中有28例用于人物对话中,2例描写人物心理活动,1例评议。这说明在叙事文体中,"万一"句主要出现在人物对话、心理活动描写或评论性语段中,而不是叙事语段中。

(5) 周立太：老家现在还有包产地，去年为了孩子读书，才把户口从农村落到重庆市区。老子不怕，我心宽，**万一**不行了，我还可以回去种地。(《江南时报》，2007年)

(4)是新闻报道，整个语段是人物谈话的间接转述，"万一"句表达假设和推断，是用来发表个人对所谈问题的认识和看法的，也属于论证性质。(5)属于"新闻·评论"语篇，但"万一"用于人物访谈语段中，表达人物对所谈问题的推断和态度。

### 4.5.2 语体分布彰显语义语用特点

根据功能语法的思想，语体从实质上来说，是交际目的和语法结构，以及语言手段的结合体，不同的语体导致截然不同的语法模式，对语法系统的理解离不开语体的视点(陶红印，2007：11)。语体彰显了使用条件，因而是对语言事实最好的解释(张伯江，2007：1)。下面，依据相关理论对"万一"的语体分布特点略加分析和解释。

陶红印(1999)指出，口语和书面语的区分是一个连续体，也有典型与非典型语体。有的口语语体相当正规，如演讲报告，有的介于正规和随意之间，如一般的采访，有的就十分随意，如熟人朋友之间的聊天儿。就这样几种口语语体来说，越靠后的越典型。就口语语体内部来说，对话体都应该看作典型的口语语体。从口语的角度看，小说中的对话部分比描写部分更典型，而从书面语的角度看，叙事部分更典型。在书面语内部，法律条文和文书、学术论文、报纸社论、散文、小说、戏剧等类型——越靠前的似乎越典型。

"万一"倾向出现在叙事语体中，而一般不出现在非叙事语体中。前者的特点是口语化和主观性较强，后者则书面化和客观性强。这说明一个语言成分或句式在语体中的分布是与它自身的语义语用特点相一致的。"万一"具有口语化、主观性的语用特点，由于语篇内部语体风格的差异，具体来说，只有小说、散文中的人物对话和心理描写部分，剧本、电视电影脚本，文摘、新闻报道的谈话或评议性语段等，才与"万一"的语用特点相一致，所以都成为"万一"使用的典型语篇环境。而小说、文摘、新闻报道中的叙事部分，相对来说书面化程度较高，也比较客观，与"万一"的口语化、主观性特点不相容，并且这些部分都是语篇中的前景信息；而"万一"表示假设义，"万一"句是典型的非现实句，在语篇中表达背景信息(参考 Hopper & Thompson，1980)。这样，叙事语篇的叙事主线上就不会出现"万一"句。

应该指出的是,"万一"的语体分布规律也只是倾向性的,不是绝对的,这也是篇章现象的共同特点①。比如对语料库中"政论文"的搜索中不见一例"万一",但在属于政论性质的新闻评论中偶有发现,不过一般只出现在人物谈话文段中,用来发表说话人的意见和看法。这是由于时评体是主观表达语体,跟客观性较强的一般政论文不一样,再加之谈话的口语性,其语体特点跟"万一"的语用特点相一致。

## 4.6 本章小结

### 4.6.1 "万一"的语法意义

"万一"所在小句 B 和其后小句 C 形成假设条件和结果关系,构成假设复句,其基本语义关系是假设关系,在语境中也可表示假设让转关系。"万一"句跟其背景语段 A 形成矛盾关系或因果关系。"万一"小句是"万一"所在语段的结构中心和情态语义表达中心,"万一"是衔接前后小句或句子的纽带,使其所在语段组成一个语义相对完整连贯的整体,同时表达"万一"句带有语义偏向的假设可能性非现实认识情态。

"万一"具有口语性、主观性和消极倾向性,综合其使用的语境条件、语义条件、表达目的,以及"万一"句的句法、语义、语用特点,可以把"万一"和"万一"句的使用条件概括为:

当说话人设想到某种跟通常状况或常情相悖或相关的、可能性极小又有可能的非常态的事情,并且该事的发生会导致或避免出现某种不期望不如意的非意志性的结果时,就可以使用"万一"引导的假设句来表达。

可以进一步把"万一"的语法意义概括为:表示主观上认为发生可能性极小的非常态事情的假设,并隐含着某种非意志性的非常态结果。

### 4.6.2 语篇分析之动态研究方法

马真(2001:15)指出:"几乎每个词语,特别是虚词的使用都会涉及语义背景的问题。""我们在对外汉语教学中,无论在词语教学或是在语法教学中,有必要让学生了解掌握所教词语或句法格式使用的语义背景,以便让外国学生,特别是在高年级,更好地更准确地了解、掌握和运用所学的词语和

---

① 廖秋忠(1992:33)指出:"篇章现象的表现一般只呈现倾向性而不是绝对性。"

句法格式。"本章的研究是在上述思想的启发下,对虚词或句式使用条件(包括语义背景)研究的一次尝试。我们认识到,像"万一"这样具有语篇功能和情态功能的连词,不宜只在孤立句中对其做静态的分析,宜在动态的语篇中考察其具体使用情况及句法语义语用特点,找出其使用条件及变化规律。这样,不但有助于认识其语义、功能和用法,发现在孤立句中看不到的事实,也能更好地服务于对外汉语教学和语言应用。

# 第五章 假设标记的用法及其历时解释

第三章讲到有的假设连词性质功能不单纯,兼有关联功能和修饰或述谓功能,可以和"如果"等性质功能单纯的假设连词连用。比较突出的是"一旦",《现汉》等注为名词和副词,用在假设条件分句中,则往往兼有副词性和连词性;其次是"假定",《现汉》(第5至7版)注为名词和动词,用在假设条件分句中,有时兼有动词性和连词性。词典上虽未注明这两个词是连词,但在假设句中使用时其连词性很明显,已经演化出一种连词用法。具有兼类性质的"要、果真、万一",词典已注明其连词义项,第三章和第四章已述。第三章3.3节对"如果说"类假设标记的共时用法做了考察,发现其内部成员的词汇化和语法化程度不同,有的还算不上典型的假设连词。本章主要运用分布分析法、比较分析法和语法化理论,对"一旦、假定"的用法加以描写分析,对它们以及"如果说"类假设词语的形成做历时考察,厘清这些性质不单纯的假设词语不同用法的语法化层次,着重从其假设标记用法的形成角度,对它们共时用法的复杂性做出历时的解释。

## 5.1 "一旦"的用法及其形成与演变

### 5.1.1 对"一旦"性质和用法的认识分歧

"一旦"在现代汉语中比较常用,目前学界对其性质及用法的认识不大一致。《现汉》《八百词》注为名词和副词,《虚词例释》和侯学超(1998)、张斌(2001)、朱景松(2007)三家《虚词词典》注为副词。张谊生(2000)和史金生(2011)把"一旦"归入低频时间副词,田然(2009)基本认同副词说。邢福义(1981)较早把"一旦"看作副词兼连词,彭小川、杨江(2006)不区分用于已然未然的"一旦",认为它是具有语篇功能的连词,用在复句中,用于前一小句,提出或假设某种情况的出现,后一小句说明随之产生的结果等。甚至对同一个用例中的"一旦"性质,各家的认识也会有所不同,如彭小川、杨江(2006)把下面两例中词典释为副词的"一旦"看作连词,他们认为"一旦"不可能是连词兼副词的兼类词。

(1) 病人<u>一旦</u>有什么变化,你就立即通知我。(《八百词》)
(2) 世世代代用旧手工在蚕室养蚕的老蚕农<u>一旦</u>使上了机器,怎能不从心坎里感动呢?(《虚词例释》)

在我们看来,(1)中的"一旦"用于未然义复句中,前后分句构成假设条件和结果关系,可用"如果"替换,可以看作连词。但(2)中的"一旦"用于已然义复句中,前后分句并不构成假设条件和结果关系,而是构成说明因果或顺承关系,因此不能把它替换为"如果",却可以替换为"一下子、忽然",可见,把这个"一旦"看作副词是可以的。

从学界对现代汉语中"一旦"的认识来看,主要存在以下几个问题:
第一,名词性的"一旦"是词还是短语?
第二,用于已然和未然的"一旦"是否都是副词?
第三,复句中的"一旦"是否只能看作连词?

各家对"一旦"的用法及性质的认识为什么会如此不一致呢?我们认为,首先是"一旦"本身的用法比较复杂,不同语义功能之间有牵连,语法性质不单纯;其次是并未对其各种用法及其之间的关系做全面深入的研究,对其连词化的认识分歧更大。多认为它是由时间名词到时间副词,再演变为假设连词的,但有的认为它在上古或中古已由副词演变成假设连词(于丽娟,2009;郑丽,2009),有的认为晚清到民国是"一旦"向连词语法化的一个重要时期,目前正处在由副词向连词的过渡阶段(饶春、潘玉华,2011),有的则认为"一旦"在魏晋南北朝时虚化为具有连接功能的时间副词,而且沿用至今(张成进,2013)。

为了厘清上述问题,在对语料充分调查的基础上,本节首先分析"一旦"在现代汉语中的各种用法及其性质和使用条件,然后探讨这些用法的形成过程及其之间的演变关系,并与近义连词"如果、只要"进行比较,力求较为准确地把握"一旦"的性质与使用特点,对其连词用法的形成做出客观判断,进而为其共时性质的模糊性及大家认识的分歧提供历时依据与解释,为语言研究和教学及词典编纂等提供参考。

### 5.1.2 "一旦"在现代汉语中的用法

在现代汉语共时平面上,从语法分布和使用语境来看,"一旦"主要用作连词,其次是副词,偶尔还用作非典型名词,但这几种用法之间的界限并非截然分明,有些用例可做两种甚至三种分析。

#### 5.1.2.1 名词性"一旦$_1$"的用法

《现汉》和《八百词》认为"一旦"可以做名词,常用于"毁于一旦"中。不过,语料库中"一旦"的名词性用法(记作"一旦$_1$")很少见,主要做介词宾语,如(3)(4),所在小句可以结句;极个别做定语,如(5)。

(3) 连队已连续 10 年"双无"了,这件事要是报上去,万一查出来是本连人员所盗,10 年荣誉岂不毁于一旦。(《人民日报》,1995 年)

(4) 朱梅渠感到十年寒窗,废于一旦,便绝意功名,退归林下。(《读者》,转引自北大 CCL)

(5) 瑞丰没有作过官,而想在一旦之间就十足的摆出官架子来,所以他的架子都不够板眼。(老舍《四世同堂》)

这几例中的"一旦"可解释为"一天,一天之间"等,而且多与前文中表示长时的时间词语对举使用,如前两例中的"十年",从而表示时间短的意思。这种名词性的"一旦"多见于书面化强或有文言色彩的语句中,意义上基本等同于内部成分意义的相加,但结构凝固,因此它作为词和短语的界限并不分明,说它是名词,也是非典型的类名词,因此张斌(2001)特别注明:"毁于一旦"中的"一旦"是数量短语。

与上面意义相似的"一旦",当出现在状语位置上时,从句法功能上,其性质更难判断,如(6),从它与"几年"对举来看,可视为数量短语;从它以固定形式表示"一天之间"义来看,可视为非典型名词;若认为它用来描述新情况出现得快,理解为"一下子",还可视为副词。

(6) 老赵,凭这样两句话,你几年造成的名誉,岂不一旦扫地!(老舍《赵子曰》)

#### 5.1.2.2 副词性"一旦$_2$"的用法

"一旦"可做时间副词(记作"一旦$_2$"),其典型用例出现在已然现实性语境中,一般用在顺承关系复句中分句谓语 VP 前做状语,表示新情况的突然出现或即时发生,意思为"突然,忽然;一下子",例如:

(7) 肖济东先是不明白什么事,<u>一旦</u>明白后便沉吟起来。(方方《定数》)

(8) 我瞪大眼睛看着他,半天才反应过来。这本来是情理中的事,<u>一旦</u>成为事实,又觉得有些突然了。(水静《毛泽东密召贺子珍》)

(9) 这些既常见又难寻的图片<u>一旦</u>派上了"地纹"的用场,立即成为身价倍增的抢手货。(《人民日报》,1995 年)

(10) <u>一旦</u>走出了那昏暗的屋子,她却开始感到不知所措。(余华《一九八六年》)

(11) 由于刚才的跟踪是不由自主,现在跟踪<u>一旦</u>结束,我便如一片飘离树枝的树叶,着地后不知道该干什么了。(余华《此文献给少女杨柳》)

这些例句是叙事或描写性的现实意义复句,"一旦"做状语,突出其所修饰的谓语 VP 所述新情况出现的突然性或发生的即时性。所在分句自足性弱,不能结句,有后续分句,说明其所在分句所述情况出现之后随即出现的情况。

由此看来,典型时间副词"一旦"跟名词性"一旦"的语义和篇章用法都有所不同,所以像上举(6)中的"一旦"处在结句的小句中,当看作类名词。有些用例的确兼有名词和副词的特征,很难定性。如"老栓倒觉爽快,仿佛一旦变了少年,得了神通,有给人生命的本领似的,跨步格外高远"。《虚词例释》认为此例中"一旦"是副词,侯学超(1998)则特别注明并非副词。这个"一旦",意义上可理解为"突然;一下子"或"一天之间;突然之间";句法上做状语,起修饰限制作用,其所在小句又似可结句。这样的"一旦",其实正处于由名词性向副词性的演变阶段。

出现在未然事件或假设条件复句从句中的"一旦",常用现代汉语各家词典均注为副词。其实这种语境中的"一旦"性质往往不单纯,也不一致。从句法上看,其所在小句都是黏着性的,更不具有结句功能,必须伴随后续小句才能语义自足;从语义功能上看,其时间义相对于现实句中的"一旦"大都有所弱化,往往具有一定的假设义和关联作用。先看下例:

(12) 他怕熊<u>一旦</u>追上来,想打开枪保险。(侯学超《虚词词典》)

这是个因果复句,"一旦"用在忧虑义动词"怕"所带未然义谓词性宾语从句中做状语,是黏着性的,主要起修饰作用,可理解为"突然,忽然",时间义还比较明显,可看作副词。但现代汉语中这样的用例已经极少见,比较常见的是用在非现实性假设条件复句中带有副词性的"一旦",例如:

(13) 话不是这样说的,上海找佣人难,假使她一旦赌气走了,你的事情这样忙,我又帮不了你,这可是怎么好呢?(苏青《归宿》)

(14) 但小孩子是不能骗的,你要是骗了他,等他长大一旦明白过来,你要付出代价的。(冯骥才《一百个人的十年》)

(13)的"一旦"处在有"假使"标记的假设从句中谓语 VP 前,具有修饰限制作用。由于语境的影响,话语表达的重点是以假设某种情况的出现作为推断的条件,至于该情况出现的时间特征并不是表达的焦点,因而"一旦"的时间义弱化,具有一定假设义,可解释为"突然/(要是)有一天",可看作时间副词或名词,也兼有假设连词性。(14)中的"一旦"所在分句紧跟在"要是"引导的假设分句后,可解释为"忽然;(要是)有一天;要是",兼有副词性、名词性和连词性,但假设连词性更明显。

### 5.1.2.3 连词性"一旦$_3$"的用法

"一旦"在当代汉语中最常见的用法是出现在无其他假设条件连词共现的假设条件从句中做连词(记作"一旦$_3$"),例如:

(15) 科威特等国曾明确表示,一旦中东和平实现,海湾合作委员会将同以色列恢复外交与经济联系。(《人民日报》,1995 年)

(16) 一旦伊拉克重返世界石油市场,那么,至少在短时期内将促使油价以较大幅度下滑,除非欧佩克采取紧急措施。(同上)

(17) 更重要的是,一旦有了孩子,她作为"毛泽东夫人"的地位也巩固了——那"约法三章"一直使她耿耿于怀。(叶永烈《江青与毛泽东结合内幕》)

(18) 一旦臭鼬遇到进攻者,就会立即调转屁股,高竖尾巴,从肛门喷射臭液,使强敌退却。(《中国儿童百科全书》)

(19) 雏鸟一旦离巢,就有凶残的捕食特技。(同上)

这些都是假设条件复句,"一旦"用在从句主语或谓语前。(15)—

(17)表示未然性假设条件和推断结果,"一旦"重在引出一个假设条件,作为后分句推断的依据,虽还有点时间义,但修饰功能弱化,关联功能凸显;(18)(19)表示规律性的假设条件和结果,"一旦"引出一个惯常义的推断条件,时间义更加弱化模糊。因此,这样的假设条件复句中的"一旦"虽还可解释为"要是/只要有一天",但都不能解释为"突然,忽然;一下子",可以用假设连词"如果"或充分条件连词"只要"替换,而保持句子的基本语义关系不变。

可见,用在无其他假设条件连词共现的假设/条件从句中的"一旦"主要起关联前后分句的作用,同时表示假设义,多与后面分句中的关联词"就、便、那么"等配合,已是比较典型的连词。如下面两例中"一旦"与假设连词"要是、如果"对举,更说明是把它当作典型的假设连词来使用的。

(20) 一旦哪个男人对她有了心意,她就觉得遭了冒犯受了污辱如同大难当头,可要是没有一个男人把她看在眼里她又觉得这世界暗无天日不公道了。(尤凤伟《石门夜话》)

(21) 树皮和叶子中白色的乳汁,内含强心苷,有剧毒。如果进入眼中,眼睛顿时失明;一旦进入血液,能使肌肉松弛、血液凝固,心脏停止跳动。(《中国儿童百科全书》)

但至今常用现代汉语词典里尚未列出"一旦"的连词义项,这是因为其语法化完成得晚,直到现代汉语中才彻底完成其连词化过程。它做充分条件连词的功能到现代汉语中才产生,而且基本上只见于当代语料中,是其假设连词功能进一步扩展的结果。如以下两例中的"一旦"为比较典型的充分条件连词,基本上只能替换为"只要"。

(22) 这两人还都有点怪癖,就是一旦腰里有了几两银子,就懒得上台。(邓友梅《烟壶》)

(23) 多功能,大容积,一旦拥有,别无所求。(《编辑部的故事》,转引自北大 CCL)

由于"一旦"的充分条件连词用法出现更晚,所以使用频率较低。语料库中大部分"一旦"可看作假设连词,语义上相当于"如果",约占 68%;少部分语义上相当于"只要",可看作充分条件连词,约占 16%;另有约 16% 的用例可两解,如上面(15)—(19)。

### 5.1.3 "一旦"各种用法的形成过程

由上述分析可知,在现代汉语共时平面上,"一旦"多做连词,较少做副词,极少做非典型名词,有的用例兼有副词性和名词性。在现实义复句及非现实义宾语从句中谓语前起修饰作用,为时间副词;在假设/条件从句谓语或主语前,语义上相当于"如果;只要",多为假设连词,少数为充分条件连词,有的则兼有连词、副词和名词性。根据语法化理论,一个多功能的语法成分的共时用法往往是其历时用法的层积,因此可以通过观察其用法的形成过程来对其共时用法的复杂性做出解释。

#### 5.1.3.1 名词性"一旦$_1$"的形成、意义及性质

"旦"的甲骨文、金文字形为"日"字下有一块状形的东西,小篆块状改为一横,表示"太阳刚出地平线"之意(张儒,2005:50)。据《汉语大字典》(623页)的注释,《说文·旦部》:"旦,明也。"《玉篇·旦部》:"旦,早也,朝也,晓也。""旦"的本义为"天明;早晨",所举例句如:

(1) 先王昧爽丕显,坐以待旦。(《书·太甲上》)
(2) 旦辞爷娘去,暮宿黄河边。(《乐府诗集·木兰诗》)

"旦"由"天明,早晨"义进而转喻引申出"天,日"之意,如《庄子·外物》中的"投竿东海,旦旦而钓,期年不得鱼"。

数词"一"与时间名词"旦"连用成名词性成分"一旦",从先秦起,表示时段或时点,在不同的语境中,意义和用法有一定差异,其性质也有短语、类名词、准名词之分,其所在小句可具有结句功能。

先看时间义短语"一旦$_{1a}$"。当"一旦"表示时段时,表义不太确定,在不同的语境中可表示"一个早晨;一个上午①;一天",春秋战国已见,分别如以下三例,记作"一旦$_{1a}$"。它多用来表示"一天"的时间长度,但表义也不十分明确,如(5),可以理解为一整天或一个白天。"一旦$_{1a}$"较少如在(3)中一样做宾语,多用来做状语,如(4)(5),在先秦未见做定语例。

(3) 盖由相知非一事一物,相尽非一旦一夕。(西晋《三国志·魏书·任城陈萧王传第十九》)

---

① 表示"一个上午"的用例仅见例(4)。

(4) 叔孙归,曾夭御季孙以劳之。旦及日中不出。曾夭谓曾阜曰:"旦及日中,吾知罪矣。鲁以相忍为国也,忍其外不忍其内,焉用之?"阜曰:"数月于外,一旦于是,庸何伤?贾而欲赢,而恶嚣乎?"(春秋末年《左传·昭公元年》)

(5) 长鱼矫既杀三郤,及胁栾、中行而言于公曰:"不杀此二子者,忧必及君。"公曰:"一旦而尸三卿,不可益也。"(战国《国语·晋语》)

这几例中的"一旦"都表示实在的时段义,是数名结构,为典型的名词性短语。由于汉语的时量词大都借自时间名词,所以现在看来,看成数量短语亦可。(6)中做状语的"一旦"与前文的"三旦"形成对比,更表明是典型短语。做典型短语的"一旦$_{1a}$"六朝之后很少独立使用,偶见于固定化短语"一旦一夕"中。

(6) 人有卖骏马者,比三旦立市,人莫之知。往见伯乐曰:"臣有骏马,欲卖之,比三旦立于市,人莫与言,愿子还而视之,去而顾之,臣请献一朝之贾。"伯乐乃还而视之,去而顾之,一旦而马价十倍。(西汉《战国策》卷三十·燕二)

再看短时义类名词"一旦$_{1b}$"。当时间义短语"一旦"在特定的语境中,不是表示实在意义的"一个早晨"或"一天"之长,而是指时间短时,意义上有所抽象,记作"一旦$_{1b}$",战国已见,例如:

(7) 民之望兵,若待父母。是故天下,一旦而定有四海。(战国《逸周书》)

(8) 陛下虽数亡山东,萧何常全关中以待陛下,此万世之功也。今虽亡曹参等百数,何缺于汉?汉得之不必待以全。奈何欲以一旦之功而加万世之功哉!萧何第一,曹参次之。(西汉《史记·萧相国世家》)

(9) 吾西州穷士,一介寂寥,恩周荣誉,泽遍衣食,永惟道荫,日月就远,缅寻遗烈,触目崩心,常谓福齐南山,庆锺仁寿,吾侪小人,贻尘帷盖,岂图一旦,遂投此请。(六朝《南齐书·豫章王嶷传》)

这几例中的"一旦"都不是用来实指一天的时长,在(7)中做状语,句中说天下"一旦而定",从常理来看,天下不会一天而定,因此文中实际上是说在得民心的情况下,短时间内就可平定天下而拥有四海;(8)中"一旦"做定语,可以理解为"一天",由于与"万世"对举,所以也可以理解为时间极短;(9)中"一旦"做宾语,与前文中隐含的永世长久义相对。显然,在这样的语境中"一旦"具有短时义。

表示短时义的"一旦$_{1b}$"从战国起直到清代,用例较多,同名词性短语"一旦$_{1a}$"的句法功能相似,主要做状语,较少做定语,从六朝起还可做宾语,见(9);又由于使用频率较高,形式上趋于凝固,可看成一个名词。但由于它往往用于对比性语境中,与一个表示较长时段的短语对举使用,语义上可做"一天"或"短时"两种理解,如(8),因此它作为词的性质并不显明,看成一个类词短语或准词①更确切,故这里称作"类名词(pseudo noun)"。"一旦"所在小句具有结句功能,现代汉语书面语中还残存着这种用法,常见于"毁于一旦"中②。

最后看不定时义准名词"一旦$_{1c}$"。表示"一天"意义的"一旦"还可表示时点,用来指明动作行为或事件发生的时间范围是在不确定的某一天,语义上相当于表示不确定指称意义的时间词"有一天"③,记作"一旦$_{1c}$",战国已见。从句法上看,常用在句首或句中谓语前,只做状语,也可单用。从使用语境来看,既可用于已然义现实句中,如(10)(12),也可用于未然义非现实句中,如(11)。

(10) 然而田成子一旦杀齐君而盗其国,所盗者岂独其国邪?(战国《庄子·胠箧》)

(11) 夫卑贱者习知尊贵者之事,一旦吾亦乃可以加也,非所以习天下也,非尊尊贵贵之化也。(西汉·贾谊《新书》)

(12) 周成王时,好刻木作羊卖之。一旦,乘木羊入蜀中,蜀中王侯

---

① 本节"类名词"和"准名词"(见上下文)的概念,借鉴了王洪君(1994)一文中关于"类词短语"和"准词"的概念。王洪君(1994:104)指出:"汉语中词和短语的界线模糊,字和字组却是一目了然的。"她把无附加词汇义且句法式凝固的字组称为"类词短语",把无附加词汇义且惯用式凝固的字组称为"准词"。根据我们的理解,"一旦$_{1b}$"的短时义主要是语境带来的,由于"一天"相对一个较长的时段来说总是很短的;而它表示实在的"一天"之长时,"一"是可以替换为"二"等其他数词的,所以其表示短时义时应该属于句法式凝固。"一旦$_{1c}$"表示时点,在使用之初就是这么一个形式,其中的"一"从不可被其他数词所替换,所以我们认为它应该属于惯用式凝固。基于此,也为了区别表示时段和时点的非典型名词"一旦",我们分别称之为"类名词"和"准名词"。

② 现代汉语中的同类用例本小节一般不再列举,参见5.1.1节。

③ 吕叔湘(1944/1982:217)指出,"有一天"是无定指称性的时间词,可以在过去,也可以在将来。文言中"一日"或"一旦","一旦"多指将来。指示将来,只用在假设小句,不用在普通陈述句。

贵人追之,上绥山。(东晋《搜神记》)

这种用法的"一旦"六朝至宋使用较多,元明清时明显减少,到现代汉语中已不再用于现实语境中,完全被"一天"所取代。但它仍可用于非现实语境中,且大多带有假设义。

需要说明的是,表示"有一天"的"一旦$_{1c}$"形式凝固,其中的"一"不可以替换成"二"等其他数词,因此可看成时间名词。但其意义泛指某一天,等同于其内部成分的意义相加,因而也不是典型的名词,当为准名词。又因它只用作状语,当用于假设条件从句中时,在现代汉语中多把它看作表示不确定时间的副词,但从历时的用例(见5.1.3.3节)来看,其意义和句法功能跟它用于现实句中并无本质区别,两种语境下的"一旦"具有同一性,应该都看作非典型时间名词,故这里均称作准名词(categorical noun)。

### 5.1.3.2 时间副词"一旦$_2$"的形成及使用情况

时间副词"一旦$_2$"是由表示短时义的类名词"一旦$_{1b}$"演变来的。"一旦$_{1b}$"常用在句中谓语前或句首主语前做状语,用来表示事情经历的时间短,在特定的语境中,可理解为描述事件或变化发生之速,便进一步引申出抽象性的"突然,忽然;一下子"之意,从而演变成了一个表短时、突发义的时间副词[①]"一旦$_2$"。它初见于战国,从下面两例中可以看出其语义的演变及副词性功能的形成过程:

(13) 至于用力之久,而一旦豁然贯通焉,则众物之表里精粗,无不到,而吾心之全体大用,无不明矣。(战国《大学》)

(14) 此庶人之剑,无异于斗鸡,一旦命已绝矣,无所用于国事。(战国《庄子·说剑》)

(13)中"一旦"修饰"豁然贯通",与前面"用力之久"语义相对,既可以理解为"一天之间",也可以理解为"突然,忽然;一下子"。(14)是比喻说理句,"斗鸡"之鸡若被斗败,可能瞬间就没了命,用"一旦"修饰"命已绝矣",是描述命绝之速,而不好再做"一天之间"解。从这两例中"一旦"意义的变化上可以看出,(13)可看作类名词或时间副词,而(14)只应看作突发义时间副

---

[①] 杨荣祥(2005:58)把近代汉语中的"一旦"列为"表突发、短时"的时间副词。

词。这说明时间副词"一旦$_2$"是由表示短时义的类名词"一旦$_{1b}$"在特定的语境中,伴随着语义进一步抽象化而功能固定化的结果。

与"一旦$_{1b}$"所在小句具有结句功能不同的是,"一旦$_2$"所在小句具有黏着性,一般不能自足成句或结句,作为背景性小句用来陈述后一小句所述事件发生的前提条件,前后两个事件之间具有因果或顺承关系。典型的用例多出现在现实语境中,在汉语史上出现频率不高,如下面几例,但一直用到现代汉语中。

(15) 今臣一旦为狂疾,而曰"必赏女",与余以狂疾赏也,不如亡!(战国《国语·晋语》)

(16) 今括一旦为将,东向而朝,军吏无敢仰视之者,王所赐金帛,归藏于家,而日视便利田宅可买者买之。(西汉《史记》)

(17) 喜行义修洁,忠诚忧国,内辅之臣也,今以寝病,一旦遣归,众庶失望,皆曰傅氏贤子,以论议不合于定陶太后故退,百寮莫不为国恨之。(东汉《汉书·薛宣传》)

(18) 吾顺言许之,所以从其意,使自安而不为备,因蓄士卒之力,一旦击之,所谓疾雷不及掩耳,兵之变化,固非一道也。(唐《通典》)

从东汉起到清代,"一旦"也常出现在忧虑义动词"恐"等所带的未然义谓词性宾语从句中 VP 前做状语,当其所在小句表示说话人担忧某种不期望的事情可能会突然发生时,其意义跟它在现实句中相近,可理解为"突然之间;突然有一天",带有名词性,似可看作非典型的"一旦$_2$","一旦 VP"黏着性更强,如(19)(20)。到现代汉语中,这种用例已经极少见了。

(19) 臣光智谋浅短,犬马齿齾,诚恐一旦颠仆,无以报称。(东汉《汉书·孔光传》)

(20) 上于子孙至严,前长孙、中孙年俱三十而死。今臣临复适三十,诚恐一旦不保中室,则不知死命所在!(东汉《汉书·王莽传》)

### 5.1.3.3 假设连词"一旦$_{3a}$"的语法化历程

把假设连词"一旦"记作"一旦$_{3a}$",我们认为它来自不定时义准名词"一旦$_{1c}$"。"一旦$_{1c}$"在未然性假设分句状语位置上,吸收了句式的假设义而慢慢弱化乃至丧失其时间义,并逐步获得句法位置上的自由,一步步完成了其连词化过程。

先看不定时义准名词"一旦$_{1c}$"用于假设从句中的情况。

从战国时起,可见到"一旦$_{1c}$"用在未然性假设从句中的 VP 前,有时也在句首主语前,做状语。东汉起用例较多,它所在小句黏着性强,不自足也不能结句,与其后小句构成假设条件和推断结果关系。"一旦"用来指明未然假定事件发生的不定时间,因未然性假设句语境的影响,一般可理解为"有朝一日;要是有一天"。从意义和功能上来看,它正处于由不定时义准名词向假设连词的过渡阶段。下面看具体用例。

从战国时起,可见到"一旦$_{1c}$"用在未然义无标假设复句从句谓语或主语前,它所在小句与其后小句构成假设条件和结果关系,例如:

(21) 不去眉睫之祸而慕贲、育之死,不谨萧墙之患而固金城于远境,不用近贤之谋而外结万乘之交于千里,飘风<u>一旦</u>起,则贲、育不及救,而外交不及至,祸莫大于此。(战国《韩非子·外储说左下》)

(22) 今媪尊长安君之位,而封之以膏腴之地,多予之重器,而不及令有功于国。<u>一旦</u>山陵崩,长安君何以自托于赵?① (西汉《战国策·赵策四》)

(21)中"一旦"用于小句谓语前,其所在小句与其后小句之间,用连词"则"关联,构成一个假设复句;(22)中"一旦"用在句首主语前,其所在小句也与其后小句构成假设条件关系。从前文语境和常识可知,"一旦"所限定的事件是在一定的前提条件下可预知的,但又是未然的,因此兼有时间义和假设义,可解释为"要是有一天"或"有朝一日"。

从汉代起,"一旦$_{1c}$"也常出现在有"若、如"等假设连词标记的假设复句从句 VP 前,有时也用于主语前,可释为"有一天",例如:

(23) <u>设使</u>食肉者<u>一旦</u>失计于庙堂之上,若臣等藿食者,宁得无肝胆涂地于中原之野与?(西汉《说苑》卷十一)

(24) 淮南王安来朝,蚡以太尉迎安霸上,谓安曰:"上未有太子,大王最贤,高帝孙。<u>如一旦</u>晏驾,非大王当立谁哉?"(东汉《前汉纪·

---

① 吕叔湘(1944/1982:409—410)说:"用'一……'的句子,固然大多数以表示时间上的先后紧接为主,但也往往兼有假设之意。尤其是指未来之事,假设之意更明显;有时竟只有假设的作用,不表示紧接。在这种地方,白话常说'一个……',文言常用'一旦'或'一日'。"

荀悦》)

(25) 凡武人意气,特易崩沮,设一旦有变,则向之怨者皆为敌也。(六朝《全刘宋文》)

(26) 布妻曰:"昔曹氏待公台如赤子,犹舍而来。今将军厚公台不过于曹公,而欲委全城,捐妻子,孤军远出,若一旦有变,妾岂得为将军妻哉!"(六朝《三国志裴注》)

下面再看假设连词"一旦₃"的形成及其语法化程度。我们所能见到的更倾向分析为假设连词的"一旦"最早见于东汉,如下例:

(27) 阴阳之道,绝灭无后,为大凶。比若天地一旦毁,而无复有天地也。是故圣贤好天要文也。(东汉《太平经》)

例中"一旦"用于"比若"后所跟假设句中,整个句子是用打比方的手法来论述客观事理的,"天地毁"具有未然性,又具有不可预期性,因此假设义凸显,"一旦"虽仍可理解为"要是有一天",但只解为"要是"也可以。

然而,这样的用例从东汉一直到唐之前都几乎见不到,多数"一旦"都如上面用例一样,更倾向表未来不定时间。到唐宋时,才较多见到在假设句中几乎只能做假设连词分析的"一旦",例如:

(28) 或曰,自如来未尝大都而通之。今一旦违宗趣而不守,废关防而不据,无乃乖秘藏密契之道乎。(唐《禅源诠序》)

(29) 若一旦废弃,遂同匹夫,纵有报恩之心,何缘自效。(北宋《大金吊伐录》)

(30) 今一旦出城,便有不测之变,焉能远及!(北宋《旧五代史》)

例中"一旦"均出现在假设句中,有假设连词"若"或现在义时间词"今"共现,句子明显表示对当前情况的假设和推断,"一旦"虽仍有修饰功能,但时间义弱化模糊,具有明显的假设义,不能再解释为"要是有一天",与"若"似乎同义,二者可只保留其一,见(29')(29"),或者用"若"替换"一旦",见(30'),而句子的基本语义关系不变。

(29') **若**废弃,遂同匹夫,纵有报恩之心,何缘自效。

(29") 一旦废弃,遂同匹夫,纵有报恩之心,何缘自效。

(30') 今若出城,便有不测之变,焉能远及!

　　用在假设从句中吸收了假设义的不定时义类名词"一旦$_{1c}$"正处在向假设连词语法化的过程中,随着其使用频率的增高,宋代时出现了少数用在无其他假设连词共现的假设句中,并且只宜或只能解做假设连词的"一旦",例如:

　　(31) 温好被白袍。知诰每遇温生日必献。一日既献,而座客有诣温者曰:"白袍不如黄袍好。"知诰遂斥之,而谓温曰:"令公忠孝之德,朝野所仰。一旦惑诣佞之说,闻于中外,无乃玷□亘赫之名。愿令公无听其邪言。"温亦然之。(北宋《五国故事》)

　　(32) "与君殊路,何必相见?常闻人若见君,莫不致死,岂方义命当死而见耶?方义家居华州,女兄衣佛者亦在此。一旦溘死君手,命不敢惜,顾人弟之情不足。能相容面辞乎?"(北宋《太平广记》)

　　(33) 抑小序:"卫武公刺厉王,亦以自警。"不应一诗既刺人,又自警之理。且厉王无道,一旦被人"言提其耳",以"小子"呼之,必不索休。且厉王监谤,暴虐无所不至。此诗无限大过,都不问着,却只点检威仪之末,此决不然!以史记考之,武公即位,在厉王死之后,宣王之时。说者谓是追刺,尤不是!(南宋《朱子语类》卷八十一)

　　这几例"一旦"出现在现场谈话语境中,(31)前文先说有座客诣温说:"白袍不如黄袍好。"知诰当即斥之并对温说的"一旦……"为假设句。在说话当时,因恐怕所述事件发生,"一旦VP"显然是说话人的当前假设,并非将来的假设,所以,"一旦"与上面所举未然意合假设句中的"一旦"不同,不好再理解为带有时间义的"要是有一天",而理解为假设连词"若"最恰切,其时间义已丧失殆尽。(32)与此例同。(33)的前后语境表明,"一旦"句是说话人对以往认识的反事实假设性推断,"一旦"只有假设关联功能,只能理解为假设连词。

　　上述用例说明宋代时"一旦$_{1c}$"已语法化为假设连词"一旦$_{3a}$",但使用频率不高且句法位置不自由,只见于假设从句谓语前,不见于主语前,说明其连词化过程仍未彻底完成,语法化程度低。只能看作假设连词的"一旦"明清时略多,基本上仍只见于假设分句谓语前,仅见到清代小说中有1例用在主语前,见(37)。

　　(34) 向来所居为奇货者,一旦丧气失志,无所措手矣。(明《万历

野获编》)

(35) 低着头来望下面,只见海面上的潮头约有四五丈高,风狂浪大,又不敢下来。**一旦**解下了藤,离地有二十多丈之远,跌将下去,却不跌坏了,怎么是好?(明《三宝太监西洋记》)

(36) 以丞相威望素著,圣上又宠眷极隆,朝廷正赖丞相匡辅,与同休戚。**一旦**归田解甲,在丞相固计之得,独不念朝廷辅佐无人么?(清《七剑十三侠》)

(37) 不然,他日**一旦**色衰爱弛,悔无及矣!(清《东周列国志》)

连词"一旦"之所以首先占据谓前这个句法位置,应该与其语法化过程中多用在其他假设连词后、多用来指明行为或变化发生的不定时间有关,也与汉语中假设从句主语往往省略或无须说出有关。同时也表明了"一旦"的语法化程度还比较低,用在谓语前,还多少带有限制功能。

"一旦$_{3a}$"不与其他假设连词共现,脱离句中谓前状语位置的束缚,比较多地用在句首主语前,用来引出一个假设条件,关联前后分句,彻底完成其假设连词化过程,已经是现代汉语中。如下面两例中的"一旦"除了用于从句句首关联前后分句外,从语义上看,句子都是表示对某一种情况的假设性测断,因此"一旦"几乎不再具有时间义,尤其是在(39)中它只有假设义,已经体会不到时间义了。

(38) **一旦**桐芳到了那里,大赤包会指派鱼兵虾将监视着她,教她永远困在那里。(老舍《四世同堂》)

(39) **一旦**宝庆对付不了她,只有大哥能对付。(老舍《鼓书艺人》)

#### 5.1.3.4 充分条件连词"一旦$_{3b}$"的产生

"一旦"还可以做充分条件连词,语义上相当于"只要",记作"一旦$_{3b}$"。"一旦$_{3b}$"的出现已是现代汉语中,因为到现代语料中才见到少数可用"如果"或"只要"替换均可的"一旦"用例,如(40)(41);而只宜解作充分条件连词"只要"的用例,基本上到当代语料中才出现,如5.1.2节(22)(23)。

(40) **一旦**我认定谁是个可交的人,我便真拿他当个朋友看待。(老舍《我这一辈子》)

(41) 四爷也明白,男人**一旦**相中了,是舍得大把花钱的。(老舍

《鼓书艺人》)

由此我们推断,大概是到了现代汉语中,随着假设连词"一旦$_{3a}$"使用频率的增高,其功能进一步扩展,进而可以用作充分条件连词。特别是在当代语料中,多用在客观性强的说明性语篇中,凸显推断的客观条件,表示前后分句所述事情之间具有更强的推断性因果联系。

还要说明的是,"一旦"在演变的过程中,其使用语境及语用色彩义也发生了微妙的变化。从其连词功能形成的过程中可以看出,它常用在主观性强的对话中,其所在从句所述的事情,如"飘风起""山陵崩"之类,一般为某种消极意义的变化或新情况;但演变成连词后,现在常用于客观性强的说明性语体中,其所引从句所假设的条件,较多为惯常规律性的或中性和消极意义的事情,也可以是积极意义的事情。语篇分布的变化,或许也是"一旦"进一步演化为充分条件连词的动因之一,相伴而来的是其语用色彩义也在发生变化。

### 5.1.4 "一旦"用法之间的演变关系及其成因

由"一旦"各种用法的形成过程可知,它最初为名词性数名短语"一旦$_{1a}$",到战国时可用来表示时间短,形式上趋于凝固,演变为短时义类名词"一旦$_{1b}$",一直到清代文献中都比较多见,现代汉语中还偶尔可见;战国时由短时义类名词"一旦$_{1b}$"演变为表短时兼突发义的时间副词"一旦$_2$",东汉起用例较多,现代汉语中较少。表示"有一天"意义的"一旦$_{1c}$"从战国时起可用于未然义假设从句谓语前或主语前,东汉起用例增多,逐渐吸收了句式的假设义而丧失其时间义,到宋代时演变为假设连词"一旦$_{3a}$",直到现代汉语中才完成其连词化过程;到现代汉语特别是当代汉语中,其连词功能进一步扩展,在客观性强的语体中,可用作充分条件连词"一旦$_{3b}$"。做连词是"一旦"在现代汉语中的高频用法,特别是常用作假设连词,其他用法频率较低、很低或已经、基本消失。

总之,"一旦"各种用法的形成经历了两条演变路径,这些用法(性质、初见时间)之间的演变关系可表示如下:

一旦$_{1a}$(名词性短语,春秋)→一旦$_{1b}$(短时义类名词,战国)→一旦$_2$(短时突发义时间副词,战国)

一旦$_{1c}$(不定时义准名词,战国)→一旦$_{3a}$(假设连词,宋代)→一旦$_{3b}$(充分条件连词,现代)

在用法的演变过程中,"一旦"经历了词汇化和语法化。它由数名短语变为短时义类名词,是形式凝固化、语义抽象化的结果;再进一步演变为表示短时突发义的时间副词,主要是在语境影响下,语义进一步抽象化的结果。

促成"一旦"演变为假设连词的动因主要是语境吸收及句法位置的相似性。表示"有一天"意义的不定时义准名词"一旦。"常出现在假设从句中谓前或句首主语前状语位置上,慢慢吸收了句式的假设义,导致其时间义弱化模糊,而最终可以出现在"一旦 $VP_1$,(则)$VP_2$"这样的假设句中,独立承担起假设关联作用,从而演变成一个假设连词。"一旦"连词化的过程中,语用频率也起到了促动作用,频率的增高促使其语义的演变和关联功能的实现成为认知上的事实。到现代汉语中,其连词功能进一步扩展,又演化出充分条件连词功能,主要应归因于它做假设连词的高频使用,再加之客观化语境的影响,从而导致了其连词功能的扩展。

从"一旦"的演变过程中还可以看出,由于其词义本与假设义无关,造成其假设连词化的过程很漫长,而且还只能用于表示未来可能发生的事情的假设(参见第三章3.2.2节)。这说明语义基础制约了其演变过程的长短及语法化后的语义方向。

### 5.1.5 小结

在现代汉语中,"一旦"多用作连词,但其副词用法仍然存在,其名词性用法还偶尔可见,而且在有些用例中,其性质并不单纯。本节通过对"一旦"共时用法的考察,细致地分析了其句法、语义和语用特点,并从历时演变的角度对其各种用法的形成做了全面深入的讨论。研究结果可以证明,"一旦"的假设连词用法已经成熟,而且还进一步演化出充分条件连词功能。

连词"一旦"由时间义演变而来,本来可表示事情发生的不定时,语法化为假设条件连词后,其词义基础制约着它主要表示不定时发生的事情的假设,其句式则表述假设性的前后紧接而发生的情况,突出的是假设条件和结果之间时间上的紧随性特征。表现在句法上,"一旦"所引从句中谓语核心主要是变化义的非自主性动词,结果分句中常出现即时义时间词语"即刻、很快"等和较高可能性的推测义情态词"会",构成"一旦……就会……"格式,加强表达前后分句之间较强的推断性因果联系(详见张雪平,2015c)。

综合上文分析,可以把假设连词"一旦"的语法意义概括为:表示不定时突发性事情的假设。其句式义可概括为:表示先后紧随发生的假设事情及其必然性因果联系。

本节的研究结果可以为共时层面上"一旦"用法的复杂性及其性质的模

糊性提供客观的依据,为具体用例中其语法性质的确定提供客观的判定标准,为学界认识的分歧提供历时上的解释。语法化是一个连续的而非离散的发展过程(Heine,1992),从"一旦"用法的演化过程可知,不但其连词化完成得晚,而且其不同用法之间互有牵连,往往不能截然分开,这些用法又层积在现代汉语中,才导致学界多把它只看作名词、副词,或者把复句中用例都看成连词,甚至对同一用例的分析也见仁见智。如在"毁于一旦"中,《现汉》和《八百词》认为是名词,但张斌(2001)则注明是数量词组。这样的"一旦"其实是类名词。又如,"老栓倒觉爽快,仿佛一旦变了少年,得了神通,有给人生命的本领似的,跨步格外高远"。《虚词例释》认为例中"一旦"是副词,相当于"一下子"或"忽然、突然";侯学超(1998)则特别注明此例中"一旦"并非副词。从上文的分析可知,这个"一旦"其实兼有时间副词和短时义类名词的特征,因它用在 VP 前,起修饰限制作用,可理解为"一下子"或"突然之间;一天之间",且所在分句又似可成句。再如,"世世代代用旧手工在蚕室养蚕的老蚕农一旦使上了机器,怎能不从心坎里感动呢?"《虚词例释》把此例中"一旦"注为副词,而彭小川、杨江(2006)认为是连词。其实,这个"一旦"用于已然义复句中,前后分句构成因果或顺承关系,可以把它替换为"一下子/忽然",不能替换为"如果/只要",当为时间副词。

现代汉语中"一旦"的几种用法共存,尽管其连词用法更常见,但若现在就说,现代汉语用于篇章复句格式中的"一旦"都是连词(彭小川、杨江,2006),还为时过早。用于复句中的"一旦"并非都是连词,其典型副词用法的确存在,而且其名词性用法还偶尔可见。因此,对多功能的"一旦"的具体用法应客观分析正确认识,不能以偏概全。

## 5.2 "假定"的用法及其语法化

### 5.2.1 "假定"的用法及其演变关系

#### 5.2.1.1 "假定"在现代汉语中有三种用法

在现代汉语中,"假定"是一个比较常用的假设义词,《现汉》把它释为动词兼名词。"假定"做动词和名词时意义实在,可以充当句法成分,如(1)(2);而当它不做句法成分、只做关联分句的连接成分时,实际上就变成了连词,如(3):

(1) 传统经济学说还**假定**,经济活动者的行为仅仅在目标方面依赖于经济活动者自身,在其他方面则是完全适应环境的。(《读书》,转引自北大 CCL)

(2) 如果我们接受了这个**假定**,就没有必要自己来决定孰是孰非。(冯友兰、涂又光《中国哲学简史》)

(3) **假定**冬天来了,春天还能远吗?(俞平伯《春来》)

(1)中"假定"受副词"还"修饰,后带小句宾语,做动词;(2)中"假定"受指代词组"这个"修饰,做宾语中心语,做名词;(3)中"假定"位于句首,不做句法成分,其作用是关联前后小句,我们认为它是连词。为叙述方便,下文把做动词、名词和连词的"假定"分别记作"假定$_V$""假定$_N$"和"假定$_C$"。

上述三种用法的"假定"虽都有假设义,但语法功能并不相同。已有研究大多只谈到"假定"的动词和名词用法,却极少提到其连词用法,更无相关论证①。因此有必要证明"假定"确实存在一种连词用法,以便为汉语研究与教学及词典编纂等提供参考。

#### 5.2.1.2 "假定"的用法之间存在演变关系

根据语法化理论,一个多功能的词,其几种用法之间往往存在演变关系。据我们考察,"假定$_N$"和"假定$_C$"之间不存在演变关系,它们都源自"假定$_V$"。首先,从出现时间上看,"假定$_V$"先于"假定$_N$"和"假定$_C$"。"假定"成词很晚,在语料库中最早只在清代小说中见到可疑的 1 例②,后在民国小说《上古秘史》中见到 7 例,全部为动词,可见"假定$_V$"至迟出现在民国时期。"假定$_N$"在现代语料中几乎不见,当代语料中才多起来,而"假定$_C$"出现在现代语料里。再根据语法化的单向性假设(吴福祥,2004),出现较早的"假定$_V$"可以演化出出现较晚的"假定$_N$"和"假定$_C$",而出现较晚的"假定$_C$"不可能演变出出现更晚的"假定$_N$"。因此我们断定,"假定$_N$"和"假定$_C$"都由"假定$_V$"演变而来,而"假定$_C$"与"假定$_N$"之间不存在演变关系。事实上,"假定"成为动词后又经历了两条不同的演变路径:第一,从述谓性的假设义行为动词演变为指称性的假设义名词;第二,从述谓性的假设义行为动词演变

---

① 《虚词例释》《八百词》及侯学超、张斌、朱景松三家《虚词词典》均未收录"假定",说明这些虚词词典跟《现汉》一样,都不认为"假定"有连词用法。不过,陈国华(1988)和王维贤等(1994)曾把"假定"列在假设连词之列,但未加以证明。

② **假定**志在修仙,或与神仙等类之事,似乎非先生这等气度所能学来,还望明察为幸"。见清代小说《八仙得道》(下)。只知此书为"(清)无垢道人"著,具体写作时间不详。此 1 例不足为凭。

为关联性的假设义连词。

从现代汉语的事实来看,动词事物化为名词很常见。如动词"发明"本来陈述"关系",事物化后变为指称发明出来的东西或方法,再如"编辑、领导、著作、建筑、抵押、欠缺"等,几乎都是在当代汉语中才由动词转化为动名兼类词的(沈家煊、王冬梅,2000:28)①。因此,我们认为"假定"成为名词也是动词事物化的结果,是转喻机制的作用,下文不再讨论。本节要讨论的主要是"假定"如何由述谓性的假设义行为动词语法化为关联性的假设连词,从而证明"假定"在现代汉语中存在连词用法。"假定$_V$"语法化为"假定$_C$"是实词虚化,是语法语义认知等因素共同作用的结果,下面具体分析。

### 5.2.2 "假定"语法化的动因和机制

据《辞源》,"假"早在上古汉语中就被用作假设连词,西汉后可做形容词,意为"不真",在现代汉语中,"假"只做构词词素。"定"从上古至今都可做动词,表"约定;固定;平静"之义,而"规定、制定"义的"定"现在只做构词词素。因此,从词法上分析,"假定"是由词素"假"和"定"复合而成,故可释为"姑且认定"(《现汉》657页),本是动词性的偏正式复合词,后来演化出了连词用法。那么,"假定$_V$"是如何演变出"假定$_C$"的呢?本节将借鉴语法化理论,通过语言事实的分析,说明"假定"语法化的动因和主要机制。

解惠全(1987/2005:135)指出:"实词的虚化,要以意义为依据,以句法地位为途径。"并指出古汉语假设连词"使、令"等都是在分句句首位置和假设条件关系复句中虚化而来的。洪波(1998/2005:170)进一步指出,汉语的实词虚化必然与句法结构及其所蕴含的句法语义密切相关。受上述观点的启发,我们发现"假定$_V$"向"假定$_C$"的虚化,跟"使、令"一样,是在假设分句的句首位置上实现的,其所在句子结构的相似性和句式语义的相宜性是其演变的动因,重新分析是其演变的重要机制。

"假定$_V$"做谓语,可带名词性和谓词性宾语,以谓词性宾语为常,在所带谓词性宾语中又以主谓小句宾语为常。"假定$_V$"带名词性宾语时只能做谓语,与名词性宾语构成述宾关系,故不可能虚化。当"假定$_V$"带谓词性宾语时有虚化的可能,理论上可以让它所带的谓词性宾语中的谓词充当句子的谓语,它退出谓语的地位;但当它只带一个谓词性结构做宾语时,也是不

---

① 感谢马庆株先生告知,20世纪50年代的出版物中,做名词的还是"编辑者、领导者"。可见"编辑"之类演化为名词应在当代汉语中。

可能虚化为假设连词的,因为假设连词是句间连词,必须关联两个或两个以上的小句。

当"假定$_v$"关涉两个以上小句,即形成"假定＋(S1＋S2＋……Sn)"[1]这种句子格式时,才具备虚化为假设连词的基本句法条件,有可能虚化为假设连词;但当它所关涉的小句与小句之间不具备假设性推论因果关系时,它也不可能实现这种虚化,如以下3例:

(4) 采用逆向思维的时候,首先**假定**所要探讨的问题已经解决,有了结果,然后分析得到这些结果需要什么条件,它们又有什么特点。(《中国儿童百科全书》)[并列关系]

(5) **假定**我们把检验证单(借书证与借书单)、检索存书和借书登记作为三个加工内容,并且设置库存书目和借书登记卡作为两个数据存储的文件。图2.14给出了其数据流图。(郑人杰《实用软件工程》)[递进关系]

(6) 不过我们**假定**,监视车辆到达或离开的传感器并不发出脉冲,除非我们确定合上了电器开关。(同上)[必要条件关系]

只有当"假定$_v$"所关涉的两个或多个小句之间具有假设性推论因果关系时,它才有可能实现向假设连词的虚化;同时,只有当"假定$_v$"用在一个假设复句中,又出现在假设分句句首时,它才具备重新分析的条件,真正实现向假设连词的虚化。看下例:

(7) 但是,暂时**假定**这个目标能完全实现——就是说,**假定**地球生产生活必需品的能力能充分发挥出来,而且,生活必需品的分配比例非常有利于资本的增长和对劳动的有效需求——人口的增长[2],就会大大加速,以致在较短的时期内,一切优质土地都被占用,食物的可能的增长率将降到比上面假设的算术级数低得多的水平上。(托马斯·罗伯特·马尔萨斯《人口原理》)

例中前后有两个"假定"共现,后者所直接关涉的两个小句是对前者所直接关涉的一个小句内容的具体说明。两个"假定"所直接关涉的小句和其后的

---

[1] "S"代表小句宾语。
[2] 为了简明,省略了此小句后小括号内的说明解释性内容。

三个小句("人口的增长……水平上")构成了假设条件和结果关系,第一个结果小句里还有显示推论性因果关系的关联副词"就"和能愿动词"会",与"假定"相配合。由于"假定"的基本语义是假设,一旦它所关涉的小句用来作为其后小句推断的条件时,当然就是假设性的条件,它所在的句子自然也就成了假设复句。

但是,我们还不能说此例中的"假定"已经演化成了连词,它其实正处于向假设连词演变的过渡阶段。因为前一个"假定"前有副词"暂时"做状语,表明了其动词性;后一个"假定"前虽没有副词,但从它和前一个"假定"的共现关系上看,也应该看作动词。这两个"假定"和它们所关涉的前后小句之间都是述宾关系。不过,正因为句子本身的逻辑语义关系为假设条件和结果关系,所以,若去掉前面的"暂时",使"假定"居于分句句首位置,就完全可以把它重新分析为假设连词,这时再用假设连词"如果/假如"等替换,句子合法并且语义关系不变。简要变换如下:

(7') 但是,**如果/假如**这个目标能完全实现——就是说,**如果/假如**地球生产生活必需品的能力能充分发挥出来,……人口的增长,<u>就会</u>大大加速……

再比较以下两例:

(8) 如果**假定**我国粮食作物播种面积保持不变,粮食总产增长速度以 80 年代我国人口平均增长率(1.48%)再加上一个百分点为目标,<u>那么</u>我国主要粮食作物尚有足够单产潜力,可以应付今后 50 年的粮食需求。(《人民日报》,1995 年)

(8') <u>如果</u>我国粮食作物播种面积保持不变,粮食总产增长速度以 80 年代我国人口平均增长率(1.48%)再加上一个百分点为目标,<u>那么</u>我国主要粮食作物尚有足够单产潜力,可以应付今后 50 年的粮食需求。

(8") **假定**我国粮食作物播种面积保持不变,粮食总产增长速度以 80 年代我国人口平均增长率(1.48%)再加上一个百分点为目标,<u>那么</u>我国主要粮食作物尚有足够单产潜力,可以应付今后 50 年的粮食需求。

(9) 再说,我自命是个追求真理的人,<u>如果</u>我**先假定**了某种行为将不利于我,而拒绝尝试,那就表示我在自欺欺人。(朱邦复《巴西狂欢节》)

(8)"假定"和"如果"连用,出现在假设从句句首,既可把它看作动词,也可看作连词。但由于其后的假设从句是句法上相对自足的主谓小句,因此"假定"不是非做从句的谓语不可,便可以把它删除而不影响句法和语义,见(8'),这说明其语义已经虚化。我们也可去掉句首假设连词"如果",使"假定"处于假设从句句首位置,而句子的句法语义保持不变,见(8")。上述变换足以说明此例中"假定"的意义和功能等同于"如果",可以重新分析为一个假设连词。但(9)中的"假定"就不具备重新分析为假设连词的条件,只能分析为谓语动词。因为它出现在假设从句主语之后,是从句不可或缺的谓语成分,还带有明显的动态特征,有状语"先"和时态标记"了"。因此,若删除"如果",句子仍然合法,但若删除"假定",句子就不合法。

综上,"假定"语法化为假设连词就是在假设从句句首位置上实现的。"假定$_V$"和"假定$_C$"所在句子结构的相似性和句式语义的相宜性是"假定"演化的动因,重新分析是促成其演变实现的重要机制。具体而言,即:当"假定"关涉两个或两个以上小句且小句与小句之间具有假设性推论因果关系,它又出现在假设从句句首时,就具备了重新分析的可能,可以把它重新分析为假设连词。

### 5.2.3 "假定"语法化的过程和结果

#### 5.2.3.1 演变过程

"假定"由假设义行为动词语法化为关联性的假设连词,经历了这样的演变过程:

陈述一个假设性事件("假定$_V$")→以所陈述的假设性事件为推断的假设条件(有"假定$_C$"特征的"假定$_V$")→关联假设句的前后分句("假定$_C$")

这个过程是"假定"语义上由实到虚的演化过程,由具体的概念意义演化为抽象的语法意义;同时,也是其动词性弱化、连词性增强的过程,由句法谓语变为句间关联成分;二者之间有一个动词性连词性兼有的过渡阶段。

第一个阶段是"假定"共时平面上虚化的起点,"假定"做谓语,陈述姑且认定的事情,具有[假设][陈述]特征,意思是"姑且认定"。在第三个阶段,"假定"引导假设分句,关联假设复句的前后分句,表达说话人对姑且认定的事情的认识,具有[假设][条件][关联]特征,表示假设关系。第二个阶段是一、三两个阶段之间的过渡,"假定"兼有动词和连词的部分语义特征,陈述一个假设性的推论条件,并且这个条件小句与其后小句构成假设性因果推论关系。"假定"就是在这样的语境中动词性逐渐弱化,关联性逐渐增强,最

后完成了语法化,举例如下:

(10) 完全<u>可以</u>**假定**,一个拥有上千万资产的人由于信息控制方面的失误,转瞬变得倾家荡产。(《人民日报》,1996年)[假定$_V$]

(11) <u>再</u>**假定**原先只有唯一的一个物体存在于自然界中,人们可以判定它不受到外力作用。(程稳平、程实平《21世纪的牛顿力学》)[过渡状态]

(12) **假定**在社会主义经济理论上不能突破这个教条的束缚,<u>那么</u>经济体制改革很难取得实质性的进展,解放生产力和实现共同富裕也就成为可望而不可即的理想目标。(《人民日报》,1993年)[假定$_C$]

一个语法成分语义上从具体到抽象的演变是语法化过程中的普遍现象,是认知上的隐喻机制在起作用。"假定"由表述一种比较具体的行为活动,到表达一种抽象的逻辑判断方面的主观认识,其语义演变的过程也是概念投射的过程,即从行为活动域投射到逻辑判断域,假设义在整个投射过程中保持不变,这是隐喻机制的作用。

### 5.2.3.2 演化结果

从上述例句可知,"假定$_V$"在虚化的过程中表现出明显的去范畴化(de-categorization)①倾向,失去了作为谓语动词所应具备的典型范畴特征,具备了更多的假设连词的语法特征,具体表现在以下几个方面:

第一,动态特征丧失,关联功能显现。当"假定$_V$"的语法化过程完成、虚化为连词时,在句法上便失去了动词的典型动态性特征,具有了连词的关联功能。如"假定$_V$"可带的副词性状语"先、暂时、仍、一直、再、还、都"等,时体标记"已/已经、了"等都不再出现,而可以和关联成分配合,构成"假定……那么/就/则……"这样的假设框架结构,见上文例句。这正是"假定"的语法性质发生根本变化的语法表现,说明它已经由一个自由的句法成分变成一个黏附性的关联成分了。

第二,用在假设从句句首关联复句的前后分句。在我们所检索到的82个"假设$_C$"句中,"假定"在主语之后的只有两例,其他均在假设从句句首。

---

① "去范畴化"是指在一定的条件下,某一句法范畴的成员失去了该范畴部分特征的现象。从跨语言研究看,去范畴化具有下述几个主要特征:语义上,以语义泛化或抽象化为前提;句法形态上,失去范畴的某些典型的分布特征,同时也获得了新范畴的特征;在语篇功能方面发生扩展或者转移(参见方梅,2005b)。

这种句法限制缘于"假定"虚化之前常位于句首,后带主谓小句做宾语,故其虚化之后还基本固定在假设分句句首位置①。这也说明"假定$_c$"的虚化程度还不高,句法上仍受限。也许正因如此,词典还没把它列为"连词"。

第三,可与其他假设标记对举、共现。如(13)中"假定"与"倘若"对举,(14)中与"如果"互文,(15)中与"的话"合用。

(13) **假定**目标是由你自己所制定的,则你本身将成为实现目标的原动力;倘若目标是由他人所制定的,则你应对这些目标进行个人的思考与判断,尽量地让它们成为你的一部分。(《哈佛管理培训系列全集》,转引自北大 CCL)

(14) 然而,如果没有真实的万有引力,**假定**各个物体都是用胶水粘起来的,地表面的物体还能对地面产生压力吗?(程稳平、程实平《21世纪的牛顿力学》)

(15) **假定**经济学中可以就此再分离出一个新的分支学科的话,那么这个新的分支学科可以称为"经济决策学",而西蒙教授将被肯定地认为是经济决策学的开创者之一。(《读书》,转引自北大 CCL)

第四,与其后小句之间没有语音停顿。"假定$_v$"与其后小句宾语之间常有语音上的停顿,而"假定$_c$"与其所引导的从句之间一般没有语音上的停顿,分别如:

(16) 在两种划分方式下,总需求量的分解都**假定**了:对所考虑的全部交易单位——不论是全部的买方还是全部的卖方,价格都是相同的。(米尔顿·弗里德曼《价格理论》)

(17) **假定**我们认为一个句子一般都对应着一个事件,那么分析句子就要分析事件的结构。(语言学论文,转引自北大 CCL)

第五,"假定说"的形成。跟"如果""假如"等假设连词可以与虚化的言说动词"说"凝合为有词汇化倾向的"如果说""假如说"一样,有的"假定说"也只能理解为一个组块化的假设标记,通常也与"那么"配合,例如:

---

① 解惠全(1987/2005:143)指出,一些实词虚化为虚词之后,在具体使用时,往往依旧保持着原来实词在造句方面的某些特点。

（18）**假定说**从古典经济学算起，我们很早就已经有某种有形或无形的经济决策学的话，那么西蒙教授的研究成果把人们引入了这门历史相当悠久的经济决策学研究的崭新的发展阶段。(《读书》，转引自北大 CCL)

（19）就是说**假定说**我是工部的，那么我要给皇帝提个政治改革意见，我要找工部尚书请他往上代转。(《百家讲坛》：杨天石《戊戌变法与近代中国》)

能和"如果"等假设连词对举或共现，与其后小句之间没有语音停顿，词汇化倾向的"假定说"的出现，这些语法特征体现了"假定"作为假设连词用法的成熟。后两点显然也受了典型假设连词用法的类推力量的影响，这也是导致其实现连词化的机制之一。上述特征可以充分说明"假定"已经演变出假设连词用法了。

### 5.2.4 小结

在现代汉语中，"假定"的动词、名词和连词三种用法并存，本节主要分析了它由假设义行为动词虚化为假设连词的过程、动因和机制，证明其连词用法是由其动词用法演变而来的。"假定"的语法化过程很短，民国时期词汇化为动词后，很快即演化出了假设连词用法。主要内容总结如下：

1) "假定"的名词和连词用法都由其动词用法演化而来。
2) "假定"向连词的虚化是在假设句中从句句首位置上实现的。
3) "假定"语义上由具体到抽象的演变与其语法功能的演变相伴随。
4) 所处句法位置和语义基础是"假定"演变的动因，制约着其演变的发生；重新分析及隐喻和类推是其演变的机制，促成了其演变的实现。

我们建议，《现汉》等词典应对"假定"的释义追加上"连词"这一义项。

## 5.3 假设标记"X 说"的形成及其话题标记性

### 5.3.1 问题的提出

第三章 3.3 节对"如果"类假设连词（即"X"）和虚化的"说"构成的"如果说"类词语（即"X 说"）的假设标记功能做了详细讨论，也指出了这类词语的词汇化程度高低不同，有的还不像典型的连词。在现代汉语中，"X 说"主要做假

设标记,有时兼做假设和话题标记,或者不表假设,专做话题标记①,例如:

(1) **如果说**成年人吸烟是"慢性自杀",那么吸烟对青少年的危害就更大。(《中国儿童百科全书》)

(2) 在变幻无定的人生舞台上,**如果说**他的节目有精彩之处,那便是做花可以有假,做人一定要真!(《人民日报》,1995年)

(3) **要说**当干部的感受,那话头就长了,可以说酸、甜、苦、辣、咸一应俱全。(同上)

有人认为假设标记演变为话题标记是语言发展的一种共性(李晋霞,2005),还有人认为假设标记"如果(说)"表现实假设是一种新用法,源自西文翻译(舟丹,1958;参见第二章2.2.1节)。那么,"X说"做假设标记和话题标记的用法之间是否有演变关系?表示现实假设是否来自西文翻译?要弄清这些问题,还需从这些用法的形成角度来观察。

"X"本是假设连词,在谈论某件事或某个特定对象的场合,用它作为假设标记,会出现以下两种结构式:

A. (X+说+S)+P:(你)要说他不在乎钱,那我不相信。
B. (X+说+NP)+P:(你)要说王老师,我可以给说上一天。

这两种结构式本来都是假设句,"X+说+S/NP"为假设从句,P为结果分句,其中的"说"和S或NP本来都是动宾关系。我们认为,就是这两个结构式中的"X说"发生重新分析,最后词汇化了,A中的"说"、B中的"X"成了词内成分,A中的"X说"成为假设标记,B中的"X说"成为话题标记。

"X说"做假设标记和话题标记均源自古代汉语,其用法的形成过程可以验证上述分析。从汉魏六朝以来,"X+说"经常出现在讨论问题或叙说描述事情的语句中,这给"X说"成为假设标记和话题标记提供了语境。言说动词"说"在古代汉语中有"谓、言、云、论、曰、讲"等同义词(汪维辉,2003),且以"说"概称之。它们与"X"连用所形成的"X说/谓/言/云/论/曰/讲"等也是同义词语,为叙述方便,也以"X说"概称之。"若说"在现代汉语中做假设标记和话题标记都较常见,在古代汉语中也较之其他"X说"更

---

① 对"话题"的认识宽狭不一,但体词性话题无疑是典型的话题。因有"条件从句是话题"的说法(Haiman,1978),本节区分"X说"只引导假设从句的假设标记用法和只引导体词性话题的话题标记用法。

早地用作假设标记和话题标记。因此,下文主要以"若说"为代表,在第三章3.3节研究的基础上,从历时角度探析做假设标记的"X 说"的形成及其词汇化问题,并与其话题标记用法的形成加以比较,探析这类词语的这两种功能之间是否有演变关系,说明它们表示现实假设是否有历史来源,解决上面提出的问题。

### 5.3.2 "X 说"成为假设标记的演变过程

A 式"(X+说+S)+P"常出现于谈话语境论说事理的语句中,当"说"类词做引语标记时,表言说义,例如:

(4) 王曰:"向也子曰'天下无道。'今也子曰'乃且攻奄'者,何也?"对曰:"今谓马多力则有矣,**若曰**胜千钧则不然者,何也?夫千钧,非马之任也。……"(西汉《战国策·韩策》)

(5) 后公威思乡里,欲北归,亮谓之曰:"中国饶士大夫,遨游何必故乡邪!"臣松之以为魏略此言,谓诸葛亮为公威计者可也,**若谓**兼为己言,可谓未达其心矣。(六朝《三国志裴注·蜀书五·诸葛亮传第五》)

这两例中的"若曰""若谓"用于评议语段中的假设句中,"曰""谓"表言说义,引述别人或说话人自己的话。"若曰""若谓"与上一小句中的"谓"呼应,表示"假如说……"的意思,而实际上是作者借引假托的一种"说法"作比,来阐述自己的看法的,因此,"曰""谓"有一定认识义①。但"若曰""若谓"中的"曰""谓"不能去掉,说明这样的"若说"还没有词汇化。

其实,正是上述语境中的"X 说"后来发生了重新分析而最终词汇化了。当 A 式用于评议语句中时,因评论语篇主观性和非现实性较强,"X"的假设义不会弱化,A 式只能是假设句。"说"本是言说动词,是谓宾动词,后面带个小句宾语 S,而这种分布下的谓宾动词容易发生去范畴化,失去原来的语义,"说"便逐渐虚化了(参见方梅,2005b)。随着"说"的虚化,"若说"便走向词汇化了。看下面两例:

(6) 然守常之徒,而卒闻此义,必将愕然创见,谓之狂生矣。夫三王不相沿乐,五帝不相袭礼,而其移风易俗,安上治民一也。……**若谓**古事终不可变,则棺椁不当代薪埋,衣裳不宜改裸袒矣。(六朝《抱朴

---

① 据李明(2003),"谓"先秦已有认知义,"言、云"六朝已有认知义。

子·省烦卷第三十一》)

(7) 抱朴子曰:"……**若谓**林宗不知,**则**无以称聪明;**若谓**知之而不改,**则**无以言忧道。昔四豪似周公而不能为周公,今林宗似仲尼而不得为仲尼也。"(六朝《抱朴子·正郭卷第四十六》)

这两例中的"若谓 S"用于评议语段中,和后面分句"则……"构成框架结构假设句,"若"为假设连词,"谓"不再做引语标记,其言说义已虚化为认识义。(6)中"谓"主要表认识义,相当于认知动词"认为、以为";(7)中"谓"意义更虚些,表认识或推测。"若""谓"结合较紧,在一个音步内,与其后从句之间的停顿较长,看作一个句法单位也可。整个句子凸显的是假设义,即使省略"谓",句义也基本不变;"若谓"所在假设句的结果分句 P 所说明的对象可以理解为"谓 S"或 S。因此,这样的"若谓"可重新分析成一个假设标记。不过当时这种用例还不多,说明"若说"还处在词汇化的初期。

唐五代时,"若说"使用已多,尤其在口语性强的禅宗语录里多见,有的已是典型的词汇化了的假设标记,例如:

(8) **若云**草死犹有种在,**则**复人死亦有识。(唐《北齐书》)

(9) **若论**肯卖,不诤价之高低;**若**死腰楔,方便直须下脱。(五代《敦煌变文集新书·降魔变文一卷》)

这两例也是假设句,"若云""若论"引导假设从句,其中"云、论"虚化程度较高,言说义已弱化或消失,像构词词缀。(8)中"云"还有点认识义,(9)中"若论"和后句的"若"互文,说明"论"已无实义,也不能再用认知动词"认为、以为"来解释了。这两个假设句的结果分句 P 要说明的对象就是 S,而不再是"云/论+S",因此"云、论"完全可省略。这说明,这样的"若说"已经词汇化了,尤其是(9)中的"若论",可以说是被当作一个假设连词来用的。

如六朝时一样,唐五代时有些"若说"也不是假设标记,如:

(10) **若言**归佛,佛在何处?若不见佛,即无所归;即无所归,言却是妄。(唐《六祖坛经》)

(11) **若言**经不是佛说,即为谤经。(五代《祖堂集卷第十四·大珠和尚》)

这两例也是假设句,同(4)(5)两例相似,"言"表言说义,转述他人或表述说话人自己所假定的一种"说法"。这类假设句的结果分句 P 要说明的对象是"言 S",而非 S,"言"不能省略。

比较上述例句不难看出,"若说"所在假设句的结果分句 P 所说明的对象是"说 S"还是 S,正是它词汇化与否的分界线。

"如说、要说、倘说"等"X 说"词汇化的过程与"若说"类似,就是在评论语篇中的"(X+说+S)+P"格式中,"说"语义虚化,成为词内成分,"X"和"说"成为一个语义重心在前的句法韵律单位,使"X 说"走向词汇化。具体而言,"说"不做引语标记,由言说义虚化为认识义是"X 说"词汇化的起点;"说"认识义进一步弱化消失,是"X 说"词汇化的语义条件。随着"说"认识义的弱化消失,它逐渐成为词内成分,"X 说"便可重新分析为假设连词。这个演变过程可图示如下:

[X|说(言说义)+S]+P → [X|说(**认识义**)+S]+P → [X 说(**词内成分**)+S]+P

这个词汇化过程始于六朝,"若说"在唐代已完成,但因不同语境中的"说"的语义虚化程度不同,所以多数"X 说"至今并未完全完成其词汇化过程①。

### 5.3.3 "X 说"成为话题标记的演变过程

唐代之前未见用于 B 格式"(X+说+NP)+P"中的"X 说",唐五代时,B 式常出现在描述/说明语篇中,这类语篇客观性和现实性较强,常用来描述人或物具体的状态样貌或说明比较抽象的属性事理等。由于语篇性质的制约,该格式作为整个句子的话题小句,主要用来提起或引出一个要描述或说明的对象作为陈述或谈话的起点,这便使得其中的 X 的假设义弱化,"说"的言说义凸显,二者便凝结为一个语义重心在后的句法韵律单位,例如:

(12) **若说**君高道,何人更得如。(全唐诗·姚鹄《寄赠许璋少府》)

(13) 大师住漕溪山,韶广二州行化四十余年。**若论**门人,僧之与俗,三五千人说不尽;**若论**宗指,传授《坛经》,以此为衣约。(唐《六祖坛经》)

---

① 现代汉语中的"X 说"在不同语境中,其语义功能和词汇化程度也有些差异;用于现实假设或反证归谬反事实假设时,"说"的认识义还很明显,"如果说"之类词语的词汇化程度较低;当用于可能假设、类比虚拟假设时,"说"几乎无实义,"如果说"之类词语的词汇化程度较高,基本等同于"如果"等假设连词。这也正是制约"说"能否去掉的语义因素。详见第六章 6.3 节。

再如下面 2 例,分别用"若说"引出所要谈论描述的人物和要说明的抽象事理:

(14)"**若说**我家夫主,不是等闲之人,如今说着姓名,凡是人皆总识。那是阎浮提内,五天印土之中,……他缘宿业因缘,配我以为夫主"。(五代《敦煌变文集新书·难陀出家缘起》)

(15)蒙诏遂见大王,(大王)问其太子:**若说**人间恩爱,不过父子之情。**若说**此世因缘,莫若亲生男女。……(五代《敦煌变文集新书·太子成道经一卷》)

这种语境中,"说"的言说义凸显,绝对不能省略,否则就不能满足说话人要引出或提起一个谈话对象的语用需要;而"若"的假设义已弱化隐退,它便成为构词成分。这两例的后面分句 P 要说明的对象是 NP("我家夫主""人间恩爱"和"此世因缘"),而不是"说 NP"。这说明,此时的"若说"已经组块化了,可以分析为话题标记。

已成为话题标记的"X 说"所在句子的后面小句"P"(已成为述题)要说明的对象变成了"NP"(已成为话题),而不再是"说 NP"(参考李宗江,2007)。这正是"X 说"演化为话题标记的标志。如"要说王老师,我可以给你说上一天"可做两种分析:P 是结果分句,所说明的是"说王老师",这是词汇化前的"要说";P 成为述题,要说明的只是"王老师",这是词汇化后的"要说"。再如"要说王老师,可真是个好人"中的"要说"已是典型的话题标记,此时,无论如何也不能再说 P 说明的是"说王老师"了。

"X 说"演化为话题标记的过程可图示如下:

[X(假设义)|+说+NP]+P(结果分句)→ [X(词内成分)说 |+NP]+P(述题)

"若说"演化为话题标记在唐代已完成,唐五代时多见,这种用法一直沿用至今。其他的"X 说"("如说、要说、倘说"等)成为话题标记要晚,其演化过程与"若说"类似,就是在描述/说明语篇中的 B 格式"(X+说+NP)+P"中,因话语表达的需要,使得"说"的言说义凸显,"X"的假设义弱化消退,从而使得"X 说"发生重新分析而成为话题标记的。这正是"X 说"可重新分析为话题标记的语用语义条件。

### 5.3.4 疑问释解

由上文的分析可知,"X 说"虽兼有假设和话题标记两种用法,但二者之间并不存在演化关系。话题标记"X 说"和假设标记"X 说"各有各的演变路径。它们的共同点是,都在由"X"做假设标记的假设句中演变而来,但并不是"X 说"先演变出假设标记再由假设标记演变出话题标记,而是平行演变而来的。

"X 说"成为假设标记和话题标记,受制于语篇语境和话语表达,是在假设句中为满足特定表达的需要致使结构成分语义隐显发生变化的结果。假设标记"X 说"的形成主要是言说动词"说"语义虚化的结果。随着"说"语义上虚化程度的加深,变成了词内成分,"X 说"也词汇化为假设连词了。这种虚化是在评论语篇中实现的。而当"X"的假设义弱化、"说"的言说义凸显时,"X"变成了词内成分,"X 说"也成为话题标记,这种变化是在描述/说明语篇中实现的。加之在特定语境中的反复使用,"X 说"的假设标记和话题标记功能都变成了语法功能,它们便也成了同形的功能成分。

从汉语史上同类词语的演变情况来看,假设标记和话题标记之间的演变并不是单向的。如"时"的话题标记用法是由其假设标记用法变来,而假设标记"的话"却是从其话题标记用法演化来的。这种情况说明假设范畴和话题范畴有同质性,假设标记和话题标记相通是一种普遍规律(Haiman,1978;徐烈炯、刘丹青,1998;江蓝生,2002、2004),但还无法说明假设标记演变为话题标记是否为语言发展的一种共性。

现实假设句所述假设条件是已经实现或存在的事实,或者是说话人主观上认定的事实,是一种"变实为虚"的手段,有特殊的表达效果。如上举(1)和(2)分别是类比和非类比关系的现实假设句。从本节的考察来看,还不能说假设标记"如果(说)"表现实假设源自西文翻译。如上举(8)为唐代用例,却是类比关系的现实假设句,再如以下几例,既有类比现实假设句,也有非类比现实假设句。只不过古代"X 说"表现实假设用例较少,且多有语境依赖性(参考沈家煊,2003),到了现代,可能受西文翻译的影响,加上表达的需要,使用渐多,才被大家注意到而已。这种情况也提醒我们,判定现代汉语中有些语法现象是否为欧化现象时,最好从汉语史上做一调查,之后再下结论(贺阳,2008)。

(16)先主讳备,其训具也,后主讳禅,其训授也,**如言**刘已具矣,当授与人也;意者甚于穆侯、灵帝之名字。(六朝《三国志》)

(17)**若说**你大国有征伐之师,我小国却有御备之固。(明《三宝太监西洋记》)

(18)湘云在旁说道:"太太们请都坐下,让我们姐妹们给姐姐拜寿。"宝钗听了倒呆了一呆,回来一想:"可不是明日是我的生日吗!"便说:"妹妹们过来瞧老太太是该的,**若说**为我的生日,是断断不敢的。"(《红楼梦》第108回)

(19) 却说谭绍闻在书房中,依旧展卷吟哦。争乃天雨不止,渐渐心焦起来。总之,同一雨景,一等人以为清幽,一等人以为寂寞。**若说**书房中,有花木之润泽可玩,有琴书之趣味可把,这还心上添闷,那些滴漏茅舍,湿烟贫室,更当何如?(清《歧路灯》第57回)

(20) **如果说**搏虎难搏豹更难,豹子身体灵活,要避过它的攻击,很是不易。(民国《武宗逸史》)

(21) **如果说**马四爸是一流人物,那么老筛海爷金元,也就是五六等人物,虽说师兄弟,能耐还差得远着呢。(民国《雍正剑侠图》)

### 5.3.5 小结

上文分析了"X说"演化为假设标记和话题标记的过程和条件,"X说"成为一个词化单位,初见于中古,较早演化为假设标记,后来又演化为话题标记这两种用法是平行演变而来的。唐五代时"X说"做假设标记和话题标记都已常见,宋代"若说"等的用法同唐五代时一样,元明清时期,"X说"做假设标记常见,专做话题标记更常见,但到现代汉语中,"X说"做假设标记常见,而专做话题标记多数不常见。

古汉语中出现的"X说"主要就是"若说""如说"及"要说"。"若说"做假设标记六朝已见,其中"若谓、若言"出现较早,使用较多,唐宋时已较多见,同期"若说"也大量使用,"若论"也较多;"若云、若曰"较少,"若讲"明代才见。其他"X说"出现较晚,"如说"宋代见到个别用例,"要说"明代才见[①],"要讲"清代才见到,但它做假设标记较少,多做话题标记。"倘说、假如说、如果说"清代和民国才见到个别用例。"X说"做话题标记唐代见到典型用例,直至清代都较多见。

"要是说、假定说、倘若说、假若说、假使说、若是说、假设说、如若说"现代汉语中才见。这些后起的"X说"都可做假设标记,但只有"如果说、要是说"可专做话题标记,且用例都很少,特别是"要是说",只在语料库中见到"北京话口语"中1例。

---

[①] "要说"做假设标记和话题标记同时出现在明代小说《醒世姻缘传》中,但都比较少,直到清末《儿女英雄传》中,做假设标记才较多,做话题标记还不多见,但到现代汉语中,"要说"做话题标记比假设标记更常见(参见第三章3.3.2节)。

## 5.4 本章小结

本章采取共时和历时相结合的研究思路,在第三章研究的基础上,具体分析了"一旦、假定"和"X说"用法的复杂性,着重从历时演变角度,对其不同用法的形成做了比较全面深入的考察,证明了"一旦"和"假定"已经演变出假设连词用法,证实了假设标记"X说"的内部成员词汇化和语法化进程和程度有所不同,解释了"一旦"共时性质的模糊性和各家认识上的分歧,确立了"假定"的假设连词地位,说明了"X说"表现虚假设用法古已有之,并非是受了西文翻译影响才产生的一种新用法。

本章的研究验证了一条语义演变规律:词义基础制约语法成分语义演变的方向①。同时,我们也发现,词义基础也制约语法成分语法化过程的长短。

"一旦"本身不含假设义词素,是在假设分句中使用时吸收了语境义,演变为"(要是)有一天"这个未然不定时间义,进而逐渐演变为假设连词的。在现代汉语中,尽管其连词用法已经成熟,但表义功能单一,只能表未来可能假设意义,而不能用于对已然义现实事件的假设。这是由于,"一旦"本是表示"一天"这个定量时间义,定量成分跟肯定语义相通,也就限制了它用于含否定义的反事实假设句,而且一般不用于否定式(参见第六章6.1.3.1节)。这种句法语用限制也与其语法化程度不高、假设义尚未泛化有关,也因此限制了它用于低频的现实假设句和虚拟假设句。"一旦"的词汇化和语法化经历了漫长的过程,从上古开始,到近代北宋时期才较多地在假设句语境中表示假设,直到现代汉语中才完成其连词化过程,语法化程度还比较低。

"假定"却不同,本含有假设义词素,在演化过程中保持不变的就是假设义。因而它的语法化过程很短,词汇化为动词在民国时期,随即在现代就演变出假设连词用法。但虚化之后仍受"假"这个词素义的制约,目前还不能用于内含现实义的现实假设句,只用于可能假设、反事实假设和虚拟假设句。

沈家煊(1994)曾经指出,跟语法化的原因和条件相关的一个问题是语

---

① 史金生(2011)的研究结果同样表明,在语法化过程中,语义、语用、认知等各方面因素所起的作用是不同的。语义是基础,它往往决定哪些类别的词可以虚化,哪些类别的词不能虚化,而且能够决定虚化的方向。

法化的时间跨度。实词虚化的速度为什么有快有慢？有的要经历漫长的世纪,有的在短期内就能观察到。上述"一旦"和"假定"语法化的过程长短形成的鲜明对比,使我们认识到实词虚化的时间跨度大小与其词义基础有关。"假定"本来是假设义行为动词,它所述事态本就是假设性非现实意义的,因此只要具备了合适的句法条件,语义上很容易随句法条件而发生相应的虚化。事实上,"假定"的语法化正是以词义为基础,以句法位置和句法语义功能的变化为条件,在隐喻机制及同类词功能演变的类推作用下,很快地完成其语法化过程的。而"一旦"不含假设义词素,本身并无假设义,只是用在未然义非现实句或假设句中才开始虚化,当用在假设句这个特定语境中,吸收了句式的假设义,才逐渐具有了假设关联功能。其语法化强烈依赖语境,经历了漫长的时间,才使其新功能摆脱语境束缚,约定俗成为规约化意义,能够独立表示假设关系,最终实现由语用意义向语法意义的转化,成为假设连词。

虽说含有假设义的词语演变为假设连词更易、更快,但作为跨层连用而来的"X说"类假设词语的最初形成,是通过特定语境中言说动词"说"词义的虚化而附缀化实现的,所以其词汇化和语法化过程也比较漫长。从中古起到唐五代,高频的"若说"等首先演化为假设连词,随后其他"X说"也逐渐词汇化和语法化,但大多数用例中,"说"至今还保留有一定的实义,多数"X说"词汇化程度低,尚未完全语法化为假设连词。不过,正是由于"说"的言说义/认识义的保持,"X说"得以主要用于现实假设、反证归谬反事实假设和类比虚拟假设句,从而与一般假设连词"X"在语法标记功能上形成互补。这类假设标记的存在丰富了汉语假设情态及关系意义的表达手段。

# 第六章 假设标记的比较

本章在前面三章研究的基础上,主要采用比较分析法,首先对基本假设义一样的两对同义假设连词①"一旦"与"万一"、"假设"与"假定"的语义和用法异同及其成因做深入分析,确定"假设"存在连词用法,并对其连词用法的来源加以讨论。然后立足于句子表义内容的差异,对假设标记"X 说"中"说"隐现的复杂情况做细致的描写,揭示"说"隐现的基本规律及其成因,对两类有衍生关系的常用假设前标记的共时并存现象,从功能分化角度做出更加概括的解释。本章的研究是对前文内容的细化深入,从语义和表达等方面的细微差异,进一步揭示假设句和假设标记的相互选择关系及其制约因素。

## 6.1 "一旦"与"万一"

### 6.1.1 问题的提出

"一旦"和"万一"是现代汉语中的常用词,都兼有名词性、副词性和连词性。曹跃香、高娃(2005)依据《八百词》和《现汉》(1999 年版)②的注释,比较了它们做副词时的语义语用差异,并认为"万一"还可做连词,而"一旦"不能。据第三章 3.2 节、第四章和第五章 5.1 节的考察,做连词表示假设条件并关联前后分句是"一旦"和"万一"在现代汉语中的高频用法,而很少或较少用作名词和副词。

依我们对语料库中不同语篇中用例的随机抽样统计结果来看,做连词时,大部分"一旦"可看作假设连词,语义上相当于"如果",约占 68%;少部分语义上相当于"只要",可看作充分条件连词,约占 16%;另有约 16%的用

---

① "一旦"和"万一"只能表可能假设意义,"假定"和"假设"可表可能假设、反事实假设和虚拟假设三种假设意义,仅从所表假设义来看,是语义一样的两对同义词(参考张生汉,2005、2008)。
② 《现汉》2005 年第 5 版已不再列出"万一"的副词义项。

例可两解。"万一"一般只做假设连词,在特定语境中偶尔还可释为假设让步连词。作为假设义连词,"一旦"和"万一"表义功能一样,只表示可能假设意义;从逻辑上看,只表示充分条件或蕴涵关系。因此,它们有时可互换而句子的基本语义关系不变,例如:

(1) 一旦(万一)①发生火警,千万不要惊慌。(《人民日报》,1995年)

(2) 路上滑,万一(一旦)出了事故,会给国家造成损失。(《人民日报》,1993年)

但多数用例中的"一旦"不能替换为"万一",如(3)(4);"万一"也不能或不大能替换为"一旦",如(5)—(7)。

(3) 罗斯表示,**一旦**(*万一)气候条件允许,维和部队将尽快接管这些地区。(《人民日报》,1995年)

(4) 县委作出决定,对那些托人说情、伸手要官的干部,或者为别人说情的干部,可以随时检举,**一旦**(*万一)查证属实,将受严肃处理。(同上)

(5) 比如说,假定某个地方**万一**(*一旦)工作产生了点失误,造成了点损失怎么办?(同上)

(6) 我收你400卢布,**万一**(?一旦)你的同事今天不在家,你用100卢布可以勉强买点吃的东西。(同上)

(7) 虽然国家有监督抽查,**万一**(?一旦)查中,最多不过是受点批评罚点款。(同上)

那么,制约"一旦"和"万一"能否互换的原因何在?二者有何异同?本节在前文研究的基础上,就表示假设条件的"一旦"和"万一"在语义、表达及分布等方面的特点进行比较②,以期能深入认识二者语义和用法的异同及

---

① 例句中"一旦""万一"后面小括号中的词是笔者所替换的,不再另排一变换句。前面若有星号表示不能替换,问号表示不大能替换或不宜替换。下文同。

② 按说应该只把做假设连词的"一旦"与"万一"进行比较,但作为连词使用的"一旦"究竟是假设连词还是充分条件连词,除了语义上相当于"如果"或"只要"的解释外,从句法上和逻辑关系上都无法将二者区别开,且有一部分用例中替换为"如果"或"只要"均可(参见张雪平,2015c)。就"如果"和"只要"来说,也都表充分条件关系,有时也是可以互相替换的,且替换后表义表达上的差异很细微,不易体察,致使母语非汉语的学习者往往不敢使用"只要"(郭春贵,1989)。因此,本节把同表可能假设的连词"一旦"和"万一"进行比较,而不区别"一旦"是做假设连词还是充分条件连词,会更有利于寻找二者的差异,从而更好地应用于对外汉语教学。

其原因,更好地服务于汉语研究与教学。

### 6.1.2 语义表达差异

#### 6.1.2.1 假设的可能性大小不同

"一旦"和"万一"都只表示可能假设,但所假设的事情发生的可能性大小有所不同。情态上的可能性可看作一个程度不等的连续量,由高到低可大致分为五个等级:完全可能>很可能>可能>不大可能>不可能[①]。"一旦"所引假设条件从句所述事情发生的可能性是一个范围很大的连续的量,是一个量幅,只排除了"不可能"这个最低极端,例如:

(8) 一旦雄蝎完成授精作用,雌蝎就凶相毕露,一口咬死雄蝎作为食物。(《中国儿童百科全书》)

(9) 食品一旦受污染,就要危害人类的健康。(同上)

(10) 一切美好的东西,比如高楼巨厦,万贯家财,娇妻美妾……一旦遇到突如其来的灾难,顷刻之间,一切都将化作灰烬!(吴基民《三岛由纪夫——天才乎?》)

(8)中"一旦"所假设的事情是一种自然规律,为完全可能的假设,(9)中所假设的事情"食品受污染"发生的可能性可大可小,(10)中所假设的事情"遇到突如其来的灾难"发生的可能性很小。

"万一"则是一个有着明显语义偏向的假设连词,它只表示主观上认为发生的可能性极小的事情的假设,它所假设的事情发生的可能性处在可能性等级轴上"不大可能"到"不可能"之间,是一个范围很小的量幅,或者说类似于一个量点,例如:

(11) 人们担心,载有放射性核废料的船只**万一**发生事故,将对生态环境带来灾难。(《人民日报》,1995年)

(12) **万一**厨房里发生火情,请不要惊慌失措。(《人民日报》,1996年)

(13) **万一**中个大奖,岂不发财啦?(转引自张斌,2001)

---

[①] 熊建衡、赵织雯(1985)把英语中人们认识事物的"可能程度"分为五个等级:完全可能、很可能、可能、不大可能和不可能。这些等级也可以用来说明汉语假设句所假设的事情发生的可能性差异。

"载有放射性核废料的船只发生事故""厨房里发生火情"和"中个大奖"在现实中都是不大可能发生的事情,但又不是完全不可能的,所以用"万一"表示发生的可能性极小,但也有一点可能性。

如果把可能性等级的两个极端分别记作4和0,那么,"一旦"与"万一"假设义的差异可图示如下:

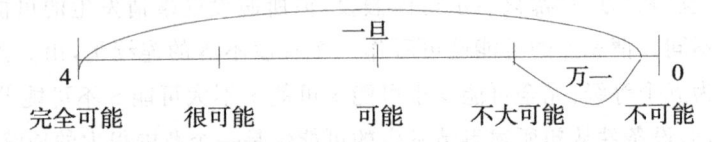

```
         一旦
 ├─────┼─────┼─────┼─────┤
 4                  万一   0
完全可能 很可能  可能 不大可能 不可能
```

"一旦"所假设的事情发生的可能性是一个量幅,是一个连续区间,而"万一"所假设的事情发生的可能性是极小的一个量幅,或者说接近于一个离散的量点。因此,二者相比,前者的假设义域要比后者宽得多,这势必造成它们使用上的差异。如上举(8)的"一旦"不能用"万一"替换,因所假设的事情完全可能发生;(9)中"一旦"似可替换为"万一",但替换后所假设的"食品受污染"发生的可能性就变得极小了;只有(10)的"一旦"从句所述事情发生的可能性极小,用"万一"替换后句子的基本语义不变,见(8')—(10')。

  (8')*万一雄蝎完成授精作用,雌蝎就凶相毕露,一口咬死雄蝎作为食物。
  (9')? 食品万一受污染,就要危害人类的健康。
  (10') 一切美好的东西,比如高楼巨厦,万贯家财,娇妻美妾……万一遇到突如其来的灾难,顷刻之间,一切都将化作灰烬!

"一旦"所表假设的可能性要远大于"万一",在这种意义上,也可以说"一旦"包含"万一"。因此,仅从二者所表假设义来说,"万一"较多时候可用"一旦"替换,见(11')—(13')。

  (11') 人们担心,载有放射性核废料的船只一旦发生事故,将对生态环境带来灾难。
  (12') 一旦厨房里发生火情,请不要惊慌失措。
  (13') 一旦中个大奖,岂不发财啦?

#### 6.1.2.2 认知倾向义不一致

"一旦"和"万一"的认知倾向义也不一致。"万一"多用于消极意义的事情的假设,很少用于积极意义的事情的假设;而"一旦"没有明显的表义偏向,它所假设的事情多是中性的或消极意义的,也可以是积极意义的。如果把"积极、中性、消极"这样的认知倾向义也看作一个程度量的话,那么,这同样是一个程度不同的连续量。"一旦"的认知倾向义域比"万一"宽,它占据的也是从高到低的一个连续的区间;而"万一"的认知倾向义类似一个离散的量点,一般只占据消极义这一端,偶尔也占据积极义这一端。如上举(1)(9)(10)中"一旦"所假设的都是消极意义的负面事情,并且发生的可能性极小,便可替换为"万一";(3)(4)(8)中的"一旦"之所以不能用"万一"替换,是因为其所假设的事情发生的可能性并不很小,并且也不是消极意义的。

如果把"积极、中性、消极"这样的认知倾向义看作从 2 至 0 的一个连续量的话,那么,"一旦"与"万一"的认知倾向义的差异如下图所示(左边灰色"万一"表示极少出现)。

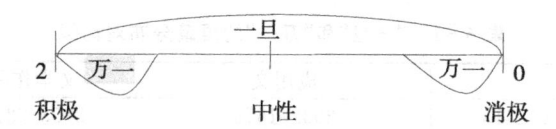

```
        ┌─────────一旦─────────┐
   2 ┌万一┐              ┌万一┐ 0
     积极            中性          消极
```

"词语固有的积极意义和消极意义归根结底还是跟人的期望有关系。因为积极意义是人们通常所期望的,消极意义是通常所不期望的。"(沈家煊,1999a:120)"一旦"和"万一"认知倾向义的差异,是其表达上客观性和主观性特点规约化的结果。"万一"多用于消极义事情的假设,正是其表达上主观性强的表现,而"一旦"没有明显的认知倾向义偏向,倾向于客观的中性的表达。

从实际语料来看,"一旦"句不管用于积极意义还是消极意义,都主要表达客观性较强的假设条件和结果关系,表达说话人冷静的分析和理性的推断,故常用来说明公认的客观事理、情理或规律,语气较强,可用于警示(田然,2009),较少用于评论。而"万一"句则侧重表达主观性较强的假设条件和结果关系,表达说话人主观的推断或善意的提醒等,语气缓和,故常用于评论或表达个人看法和态度,一般不用于说明客观事理和规律,试比较:

(14) 一旦(? 万一)论文被抽中盲审,就必须按照盲审的要求制作封面。

(15) 计算机一旦(? 万一)打开染有这种病毒的文件,它的硬盘就会被格式化。

这两句用来说明客观的规定和规律性事件,虽然发生的可能性也不大,且对行为主体来说是消极的事情,但若把"一旦"换成"万一",表达上就会发生变化,所表述内容的客观性显然降低,而倾向于表达说话人的一种主观测断,语气上也从不容置疑的客观陈述变成一种较强的或然性推测,因此不宜换作"万一"。上举(8)(9)中"一旦"所引假设句也是说明客观事理的,(8)不是发生的可能性极小的负面事情,"一旦"不能换成"万一";(9)虽是可能性较小的负面事情,但其中"一旦"同样不宜替换为"万一",见(8')(9'),道理同上。

"一旦"和"万一"主观性和客观性表达的差异,在语篇分布上有明显的表现:"一旦"多用于客观性强的应用文中,较少用于主观性强的文学作品中;"万一"则相反,较少用于应用文,特别是客观性强的说明性语篇中,而较多用于主观性强的文学作品中。请看下表:

表6-1 "一旦"和"万一"的语篇分布对比①

|  | 应用文 | 文学作品 |
| --- | --- | --- |
| 一旦(12413) | 2032/16% | 2753/22% |
| 万一(3674) | 258/7% | 2009/55% |

从表中可以看出,"万一"用于客观性强的"应用文"的比例和主观性强的"文学作品"中的比例分别占其总用例的7%和55%,差异明显。"一旦"用于客观性强的"应用文"中的比例占其总用例的16%,用于主观性强的"文学作品"中的比例占其总用例的22%,前者低于后者。但连词"一旦"用在典型应用文——说明文《21世纪的牛顿力学》和《中国儿童百科全书》中的用例频次却大大多于连词"万一"(185∶10),而在讲述历史故事的叙事语篇《中国上下五千年》中,二者的用例多少正好相反(2∶20)。这是因为叙述故事时常夹杂着叙述者的评论,语篇的主观性也增强了。

口语语体具有即时评论性,其主观性程度较高。"一旦"和"万一"客观和主观表达的差异,还表现在其口语化程度的差异上。首先,二者在口语化的语篇中的使用频次有明显差异。语料库中"一旦"的总用例约为"万一"的3倍,而二者用于典型的口语体——剧本中的用例数目比则为7∶47,显然"万一"的频度要远高于"一旦"。其次,从结果分句中配合使用的关联词上,也可以看出二者口语化程度的差异。二者虽都常与书面语口语兼用的关联

---

① 表中所列为各种用法的"一旦"和"万一"在CCL中的出现次数及占比。二者的非连词用法用例很少,一并计入,也不影响观察其连词用法的语篇分布特点。

词"就"配合,但相比而言,"一旦"更倾向与书面化强的关联词"便、则"配套使用(约11%),而"万一"则很少这样用(约2%)。并且从总体上看,"一旦"更倾向与结果分句的关联词配套构成假设框架结构式,与"就、便、则"配合共约占其总用例的44%;而"万一"则相对较少这样用,只约占其总用例的13%(见表6-2)。由于口语表达中常用短句,用复句时无标记句频率高,结果分句中也较少使用表承接的关联词,所以这一点也说明了"万一"的口语化程度高于"一旦",与它们主观性程度的差异一致。

表6-2 "一旦""万一"与结果分句中关联词的配合情况

|  | 就 | 便、则 | 合计 |
| --- | --- | --- | --- |
| 一旦 | 33% | 11% | 44% |
| 万一 | 11% | 2% | 13% |

另据陈柯言(2015)对60万字的说明性操作语体语料的统计,"一旦"出现35次,而"万一"未出现。这也显示了二者的书面与口语色彩和客观与主观表达特点的不同。

### 6.1.3 句式句类分布差异

"一旦"与"万一"在语义特点和表达功能上的差异与其句式和句类分布之间有密切关联。语义范围大、倾向于客观表达的"一旦"极少用于否定式中,很少用于疑问句中,基本上不用于祈使句,极少用于感叹句,一般只用于肯定陈述句。表示主观上认为可能性极小的假设的"万一",可自由地用于否定式和各种句类。

#### 6.1.3.1 用于否定式

"一旦"小句极少为否定式,"万一"小句相对较多为否定式。我们限定"一旦/万一"与"不/没"有序间隔6字在语料库中查询,结果是:"一旦"小句为否定式的仅17例,其中"没有"否定式为5例;而"万一"小句中,否定式有41例,其中"没(有)"否定式为4例[①]。鉴于"一旦"的总用例约为"万一"的3倍,这个统计结果已可以说明"万一"与否定义更相容,"一旦"则不然。如上举(6)的"万一"小句为否定式,就不大能或不宜用"一旦"来替换。否定为一种主观态度的表达,正契合了"万一"的主观表达特点,而与"一旦"的客观表

---

[①] 若让"一旦/万一"和"不/没"的间隔字数大于或小于6,用例数字会有变化,但不会影响此处的结论。

达特点不大相容,也因此致使极少用否定式的"一旦"小句,相比"万一"小句来看,较多用客观性的否定词"没有"。

#### 6.1.3.2 用于疑问句

"一旦"很少用于疑问句,"万一"则较多用于疑问句。据语料库中用例的统计,"一旦"句为疑问句的有 90 多例,"万一"句则有 700 多例,而前者总用例约为后者的 3 倍,因此它们用于疑问句的比例悬殊是相当大的。此外,"万一"小句可用疑问形式在特定语境中独立成句,如对话中常用"万一下雨呢?/万一他不来呢?/万一呢?",而"一旦"则无此类用例。疑问句一般用来提出问题,表达说话人的询问或猜测,是用来发表主观看法、表达个人意见的,因此表达上的主观性更强,与"万一"的主观表达特点更相容,而与"一旦"的客观表达特点不相协调。这就造成了二者在疑问句中使用数量的悬殊。如前举(5)为疑问句,"万一"便不能用"一旦"来替换。

#### 6.1.3.3 用于祈使句和感叹句

在语料库中极难见到"一旦"句为感叹句和祈使句,在客观化的语篇中根本不出现,在主观化的语篇中也极少见,在随机抽样分析的 400 多个例句中仅见到 1 例祈使句和 3 例感叹句。"万一"则较多用于祈使句中,很多表应变的"万一"句都是祈使句。"万一"用于感叹句也很常见,常用来表达评议的"万一……可就糟了!""万一……那可就麻烦了!"都是感叹句。祈使句和感叹句是表达主观意志和感情的句子,主观性强,与倾向于客观表达的"一旦"语用上不大相容,而与倾向于主观表达的"万一"相和谐。

### 6.1.4 句式义差异

"一旦"句与"万一"句的句式义也有差异。"一旦"句表述假设的先后紧随而发生的事情及其必然性因果联系,假设条件和结果分句之间的因果依赖性或推断性更强,因此,在结果分句中常常有"立即、立刻、马上、迅速、很快"等即时义词语共现①,更常出现表示高可能性的推测义非现实情态词"会"或"势必、必然",常构成"一旦……,就会/便会/会……"格式,例如:

(16) 现在她自己没有儿女,对运好总会好一点,她一旦有了儿女,

---

① "一旦"与即时义时间词共现的次数约为"万一"的 14 倍。

她立刻**就会**刻薄运好,我和艾莉是老朋友,她的为人,难道我还不清楚吗?(岑凯伦《合家欢》)

(17) 猫的耳朵也很灵敏,当它打盹时,总爱把耳朵贴在前肢下方的地面,**一旦**有老鼠走动,它**就会**立即惊醒。(《中国儿童百科全书》)

(18) **一旦**发现猎物,它**会**突然起飞快速追上,迅速地伸出强健的脚掌,狠击猎物的头部、背部,当猎物被击昏或击毙从高空翻滚坠落时,游隼快速轻盈地跟着猎物下降,在半空中把猎物抓走。(同上)

(19) 这种地区**一旦**暴雨来临或冰川解冻,大大小小的石块有了足够的水分,**便会**顺着斜坡滑动起来,形成泥石流。(同上)

(20) 在经济发展过分依赖外资和对外贸易的情况下,**一旦**外资减少,**势必**影响经济稳定。(《人民日报》,1995年)

"万一"句表述假设的主观上认为发生的可能性极小的非常态事情及相关结果,句式多为"万一……,就会/就可能/可以/那可就/要……",并不凸显假设条件和结果分句之间的因果依赖性或推断性。因此,"万一"句除用于推知因果联系外,还常常用来表达应变、疑问和评议等(详见第四章)。各举1例:

(21) **万一**由于某种原因,赞助中断,经费又无法及时解决,新赛制恐怕难以继续搞下去。(《人民日报》,1995年)

(22) 张国胜单位的领导表示,春节过后将派人陪张国胜夫妻送张静到北京或上海一流的眼科医院治病,**万一**复明无望,则送她上盲校学习。(同上)

(23) 居民们忧心忡忡:**万一**发生火灾,消防车开不进来,如何是好?(同上)

(24) 我这两块钱不挣倒没什么,可人家那大把的票子要不存起来,**万一**丢了就麻烦了!(同上)

由于受句式义的制约,有的"万一"句不宜用"一旦"来替换。如上举(7):"虽然国家有监督抽查,万一查中,最多不过是受点批评罚点款。"其中"万一"之所以不宜用"一旦"来替换,就是因为假设分句和结果分句之间没有明显的因果依赖性,相反,结果分句的内容还与常理相悖。因为按常理来讲,国家监督抽查只要查中有违法违纪行为,应该按照法律法规进行惩处,而"不过是受点批评罚点款"这种大事化小的推断则在常理之外,所以使用

"万一"表达准确,显露了说话人轻松无所谓的语气和态度,若换用"一旦"则不够恰切,语气上也不协调。

### 6.1.5 词义基础及语法化程度的制约

造成"一旦"和"万一"语义特点、表达功能及句式和句类分布差异的内在原因是其词义基础及语法化程度的不同。它们在现代汉语中都是多功能的兼类词,都兼有名词性、副词性和连词性,都由名词性成分演变而来,但其语法化的词义基础和演变过程有所不同。

据第五章5.1.3节的考察,连词"一旦"来源于表示未来不定时点的名词性"一旦",因其词汇义本与假设义无关,是在未然义假设句从句中,慢慢吸收了句式的假设义而逐步演变为假设连词的。其连词化过程漫长,萌芽于东汉,到宋代才见到个别只宜或只能分析为假设连词的用例,到了现代汉语中方可较多地用在句首主语前表示假设关系。在这个过程中,"一旦"的时间义弱化消失,其假设义和关联功能凸显,句法上渐趋自由。随着频率增高,其功能进一步扩展,到当代语料中见到只宜理解为表示充分条件关系的用例。因此,严格地说,"一旦"到现代汉语中才完成连词化过程,所以语法化程度还不高。

"万一"演变为假设连词早于"一旦",而且演变过程较短。柳士镇(1992)指出,"万一"来源于"万分之一",是简缩后的词组形式,东汉时期开始萌发,魏晋时基本定型,如(25)。魏晋时,"万一"由表数短语凝固为表示抽象性极小量的名词,如(26),再进一步演变为表示主观上认为可能性极小的假设连词,可以单用,也可以与其他假设连词合用,如(27)(28)。

(25) 夫欲治之主不世出,而可与兴治之臣不**万一**,以**万一**求不世出,此所以千岁不一会也。(西汉《淮南子·泰族训》)

(26) 使臣身死有补**万一**,则死之日,犹生之年也。(晋《三国志·魏志·杨阜传》)

(27) **万一**为变,事不可悔。(晋《三国志·魏志·武帝纪》)

(28) 若**万一**战有利钝,则大事去矣。(六朝《魏书·叱列延庆传》)

从"一旦"和"万一"的演变过程中可以看出,正是它们各自的词义基础决定了其演化过程的长短及语法化程度的高低。"万一"表示极小量的词义基础决定了其连词化过程较短,因为发生可能性"极小"的事情,很可能就是假设的不会成真,所以它从名词"万一"转而用为假设连词,几乎同时发生在魏晋时期。而"一旦"的词义基础是时间义，是由于语境吸收而逐渐演变成为假设连词的，所以其演变过程漫长，而且至今虚化程度不高，有不少用例中还带有未来时间义。二者词义基础和语法化程度的不同，导致了它们在现代汉语共时平面上功能和用法的差异。

二者对否定式和各种句类的选择有所不同，深层原因也是受各自词义基础的制约。"一旦"的词义基础是"（有）一天"，在假设从句中表示未来不定时间义时，用于限定假设的新情况的出现，当它虚化为连词时极少用于否定句，因为从信息表达的角度看，否定句是否定事情的发生的，不是用来报道出现的新情况的。"万一"则相反，其词义基础是表示极小量的"万分之一"，在演变的过程中，"万一"表示"极小"的语义始终没变（邓瑶，2009）。据石毓智（2001a），量大的事物肯定性强，量小的事物否定性强，中间的事物其肯定程度和否定程度相当。语义程度接近极小的词语多用于否定结构，少用于肯定结构。因此说，"万一"较多用于否定式，除了受表达上的主观性特点制约之外，深层原因是受其所假设的事情发生的"可能性极小"义的制约。

此外，根据语法化的一般规律，语法成分的语法化程度的高低与其主观化程度的高低一般成正比。"万一"多表达疑问、祈使和评议，与主观化语体和非现实句更和谐；"一旦"多用于说明，与客观化语体和肯定陈述句这种典型现实句更和谐，这正是受二者语法化程度高低制约的结果。

二者的句式义也与其词义基础相关。"一旦"由于受时间义基础的制约，它引导的假设条件句表示假设的先后紧随而发生的事情及其必然性因果联系；而"万一"因继承了极小量义，它引导的假设条件句便表示假设的主观上认为发生可能性极小的非常态事情及相关结果。

### 6.1.6 小结

本节针对"一旦"和"万一"在现代汉语中最常用的假设条件连词用法展开，从语义和表达特点、句式和句类分布及句式义等方面，较为全面地比较了二者的异同，并从词义基础及语法化程度上，分析了造成二者各方面差异的内在原因。我们得出的主要结论和认识总结如下：

1）"一旦"所表示的假设可能性比"万一"大得多，没有明显的表义偏向，倾向于客观表达；"万一"则具有明显的表义偏向，表示主观上认为可能性极小的事情的假设，并且较多用于消极意义的事情。

2）"一旦"句表述假设的先后紧随而发生的事情及其必然性因果联系，假设条件和结果之间的因果推断性更强；"万一"句表述假设的主观上认为发生的可能性极小的非常态事情及相关结果，假设条件和结果之间的因果推断性较弱。"一旦"和"万一"的句式义差异及其句法表现,进一步证明了假设标记对假设句式义的制约作用,以及句内情态成分对假设句的非现实推断性认识情态义的贡献(参见第一章 1.3 节)。

3)"一旦"和"万一"在语义和表达倾向上的差异与其句式和句类分布有密切关联:"一旦"句绝大多数为肯定陈述句,"万一"句则较多为否定式、疑问句、祈使句和感叹句。决定二者语义、表达、分布及句式义等方面差异的内在原因是其词义基础及语法化程度的不同。

还要指出的是,尽管由于词义基础和语法化程度等差异,"一旦"与"万一"在语义、表达和句类分布各方面都存在一定差异,但它们毕竟是假设连词中语义功能最相近的一对,有时被用来互相替代(见 6.1.1 节),甚至叠加使用。如下面 2 例,即是口语中同义羡余复用的例子,在规范的书面语里应当避免。

(29) 朱开山:这万一一旦打起官司了,会怎么样呢?

冯厅长:一旦打起官司了,他们也必败无疑。(电视剧《闯关东》)

(30) 如果一旦进入,万一进入以后,你用什么操纵方法能够把它改出?(《百家讲坛》:沙长安《试飞》)

## 6.2 "假设"与"假定"

### 6.2.1 "假设"和"假定"做假设连词

第三章已经说明现代汉语中"假设"和"假定"一样,都有假设连词用法,并且可以表示可能假设、反事实假设和虚拟假设三种假设义,但词典尚未注明。第五章 5.2 节通过讨论"假定"的语法化问题,证明它确有连词用法。本节在前文研究的基础上,重点比较"假设""假定"这对同义假设连词的用法差异,并讨论"假设"的连词用法的来源问题。

从《现汉》的释义(第 5 至 7 版同)看,"假设"和"假定"在两个义项上都是同义的:

【假设】①动姑且认定:这本书印了十万册,假设每册只有一个读者,那也就有十万个读者。②动虚构:故事情节是假设的。③名科学研究上对客观事物的假定的说明,假设要根据事实提出,经过实践证明是正确的,就成为理论。

【假定】① 动 姑且认定:假定他明天启程,后天就可以到达延安。② 名 科学上的假设,从前也叫假定。参看【假设】③。

"假设"除了动词义项②,另两个义项及释义与"假定"一样。略有不同的是,解释"假定"做名词表示"科学上的假设"是从前的用法。其实,做名词的"假定"(记作"假定$_N$")仍在使用中,只是频率较低。"假设"的义项②与义项①密切相关,因假设的事情本身就是"虚构的"。如果我们撇开"假设"的动词义项②,那么,"假设"和"假定"完全同义。

上文已证明"假定"存在连词义项(记作"假定$_C$"),"假设"除了做动词(记作"假设$_V$")和名词(记作"假设$_N$")外,也可用作连词(记作"假设$_C$"),陈国华(1988)和王维贤等(1994)曾经提到过,但尚未论证。就《现汉》所举例句来看,"假设$_V$"义项①的例句和动词"假定"(记作"假定$_V$")的例句很相似,都是包含两个小句的复句,分别使用了假设框架结构"假定……就……""假设……那也就……",前后小句之间构成了假设条件和结果关系,均为假设复句。其中的"假设"和"假定"均可用"如果/假如"等假设连词替换(见括号里)而语法语义关系不变,列为(1)(2):

(1) **假定(如果/假如)**他明天启程,后天<u>就</u>可以到达延安。

(2) 这本书印了十万册,**假设(如果/假如)**每册只有一个读者,<u>那也就</u>有十万个读者。

"假定"虚化为假设连词就是在假设复句中假设从句句首实现的,(1)正符合这个条件,所以这个"假定"可分析为"假定$_C$"。那么,(2)中的"假设"同样处在假设从句句首,从语义功能上看,也当分析为"假设$_C$"。这也就是它们可用"如果/假如"替换而句子的语法语义关系不变的原因。无须多言,在现代汉语中,事实上存在一个"假设$_C$",例如:

(3) **假设**我是个女孩子,长得漂漂亮亮,并且学了临床心理学,<u>那么</u>公司对我根本就不存在。(王晓波《未来世界》)

(4) **假设**反动派要屠杀二师学生<u>的话</u>,将在工人阶级中引起什么反响?(梁斌《红旗谱》)

(5) **假设**你有10万,可以买入5万;**假设**你有100万,可以买入50万;**假设**你有1000万,可以买入500万;**假设**你有1个亿,则可以买入5000万元;而<u>如果</u>你仅有1万,也可以买入5000元。(鲁召辉《股市宝典》)

(6) **假设**没有中文<u>的话</u>,那中国文化就非常有问题了,而中文<u>如果</u>变质,变得生态被破坏了<u>的话</u>,那么,你虽然美其名曰"全球化",而我们自己文化的载体,受到损害了,那是很大的危机。(《百家讲坛》:余光中《创作与翻译》)

(3)与(1)相似,"假设"用在假设句的假设从句句首,主句有连词"那么"与之呼应,构成"假设……那么……"假设框架。(4)的"假设"和假设语气助词"的话"共现。(5)是由四个假设句构成的并列复句,前三个假设句都在从句句首用了"假设",末一个假设句用了假设连词"如果","如果"和"假设"对举。(6)中的"假设"既和"的话"共现,又与"如果"对举,表示假设条件。可见,这几例"假设"均为"假设$_C$"。

### 6.2.2 "假设$_C$"与"假定$_C$"的使用有异

"假设$_C$"和"假定$_C$"作为语义和句法分布一样的一对同义词,既然能够共时并存,应该有语用等方面的差异。通过对语料的分析发现,二者做连词使用时的差异主要表现在语篇分布及使用频率上。其连词用法与动词或名词用法之间可能存在演变关系,为便于统计和说明问题,我们一并抽样统计了"假设"做连词、动词和名词这三种用法的使用比例,并与"假定"比较如下:

首先,"假设$_C$"和"假定$_C$"语篇分布不均衡,使用频率不同。在226个"假设"用例中,三种用法的使用比例不均衡,"假设$_C$"最少,仅约15%;"假设$_V$"居中,占31%;"假设$_N$"最多,占54%。"假设$_C$"在语料库中使用约40次,是一个相当低频的假设连词。我们统计了291个"假定"用例,总体使用情况是:"假定$_C$"约占29%,在语料库里使用约80次,频次不算太低(参见第三章3.2.1节)。"假定"的动词和名词用法分别约占56%和15%。为便于比较,把上述统计结果列为下表:

表6-3 "假设""假定"三种用法的语篇分布比较

|  | 连词 | 动词 | 名词 |
|---|---|---|---|
| 假设 | 15% | 31% | 54% |
| 假定 | 29% | 56% | 15% |

从表中可知,在语篇中,"假设"做名词为优势用法,而"假定"则是做动词为优势用法,各占其总用例一半以上。重要的是,二者做假设连词使用频率都比较低,而且"假设$_C$"还要低于"假定$_C$"。这可能是《现汉》等词典没有列出它们"连词"义项的主要原因。

其次,"假设"和"假定"在客观化和主观化的语篇中的分布状况不同,前者基本均衡,后者明显不均衡。在语料库中共搜到"假设"用例 3154 条①,其中"应用文"中有 1699 条,约占总数的 54%,而其他各类非应用文(报纸、文摘、文学等)约占 46%。这一结果和"假定"不同,"假定"主要用于客观性强的语篇中。在所搜到的 2729 条"假定"用例中,75% 的用于客观性强的应用文中,其他各类主观性较强的语篇(报纸、文摘、文学等)中只占约 25%。因此,相比而言,"假定"倾向于客观表达,而"假设"则没有明显的表达偏向。

### 6.2.3 "假设$_C$"的历时用法及其形成

第五章 5.2 节已经证明"假定"的连词用法源自其动词用法,是用在假设分句句首时,因句法语义因素经重新分析而来的,而且语法化过程很短,出现也很晚,直至现代汉语中才见到。关于"假设"连词用法的来源未见前人专题讨论,而且与"假定"有所不同。本节就我们所能查阅到的材料和语料,对"假设$_C$"的历时使用情况加以梳理和描写,对其假设连词用法的形成加以判定,以说明"假设$_C$"和"假定$_C$"来源的不同。

据我们的调查,"假设$_C$"出现很早,汉代已有用例。但综观整个汉语史,使用范围极其受限,用例极少,而且似有两度中断现象。

《实用古汉语大词典》(419 页)列出了"假设"的连词义项,并举到西汉贾谊《新书·宗守》中的 1 例,见(7)。《汉语大词典》所注"假设"表"如果,假定"义的最早用例也是此例,标注出处为《汉书·贾谊传》。马建忠(1898/1998:319)所指出的"设辞往往借用两字者",其中有"向使、假设、假令、诚使"等,所举"假设"用例也是此例。我们在 CCL 古代汉语语料库中检索,并参考了其他语料库,同时期也只见到这 1 例。《汉书·贾谊传》中另有 1 例,见(8),与(7)前后间隔一句出现。

(7) **假设**陛下居齐桓之处,将不合诸侯匡天下乎!(西汉·贾谊《新书》)

---

① 这里没有排除《现汉》释义中的动词义项②的用例,是由于此义项和它的义项①意义上密切相关,有时不易分清,且实际用例也很少,一并计入也不会影响此处的基本结论。

(8) **假设**天下如曩时，淮阴侯尚王楚，黥布王淮南，彭越王梁，韩信王韩，张敖王赵，贯高为相，卢绾王燕，陈在代，令此六七公者皆亡恙，当是时而陛下即天子位，能自安乎？臣有以知陛下之不能也。（东汉《汉书·贾谊传》）

徐朝红（2008:98）指出，在中古汉译佛经里见到 4 个"假设$_C$"用例，转录如下：

(9) 库藏尽已，民当进散。民既散已，怨至谁护？**假设**无护，命当不全。命既不全，国复谁居？① （吴·支谦《菩萨本缘经》）

(10) **假设**七日出，须弥及巨海，一切悉融消。（后秦·鸠摩罗什《大庄严论经》）

(11) **假设**入火林，见谛毁禁戒，终无是处，此即是明证。（同上）

(12) **假设**不得食，眼陷颊骨现，枯竭而至死。（同上）

徐文还指出，在所调查的中古本缘部佛经里，"假设"出现的范围很有限：从译者来看，只出现在支谦和鸠摩罗什两个译者的两部译经里，并且主要出现在鸠摩罗什的《大庄严论经》里，共 3 例，占总数的 75%；从出现的时代来看，只出现在古译时期，具体是三国和后秦两个时期。受徐文的启发，我们也查阅了佛经语料，除上面四例，还见到其他译经中可分析为假设连词的个别用例：

(13) 此优楼频螺聚落中，所有民众，**假设**有人尽系缚之，加诸骂辱，皆悉斩戮，汝颇于中，生苦恼不？（失译人名今附秦录《别译杂阿含经》）

(14) **假设**有人，以四天下尽为四方众僧建立房舍、卧具、医药悉皆给足，使百千亿声闻弟子及菩萨摩诃萨，修行种种无量法门，坐禅、诵经、教化诸善，如此之人其福多不？（北凉·昙无谶译《大方等大集经》）

(15) **假设**有人于四天下，尽为建立僧房、堂阁，卧具、医药皆悉具足，满百千亿声闻弟子、菩萨摩诃萨，修诸法门一切诸善，坐禅、诵经、教

---

① 关于佛经中"假设"是否做假设连词用的问题请教过赵长才老师。他还帮助检索了魏晋南北朝时期的 98 种译经，我们也查阅了来自 CBETA 电子佛典资料库（https://cbetaonline.dila.edu.tw/zh/）中出现的一千余例，发现可分析为假设连词的"假设"极少，大多是动词性和名词性用法，个别做假设让步连词。此例根据赵老师的断句对徐文的标点进行了修改。在此特别感谢赵老师的指教和帮助。

化功德,得几所福?(同上)

佛经中这些"假设"用例见于中古时期,当时佛经语料中还能偶见表示假设让步的"假设",其所在句子前后分句语义上具有相逆性,如(16)。假设句前后分句语义是顺承性的,但有的例句似可两解,如见于唐代的例(17):

(16) 世尊,**假设**佛不教我,僧不教我,比丘尼、优婆塞、优婆夷、若天、若魔、若梵,此诸人等,都不教我,向于佛者,我亦一心回向于佛,法僧亦然。"(失译人名今附秦录《别译杂阿含经》)

(17) 因法空无相,以是不起愿,**假设**有愿求,唯佛如实知。(唐·菩提流志译《大宝积经》)

隋唐时期见不到典型假设连词用法的"假设",南宋《朱子语类》里面见到(18)(19)这两例。之后未见到,直到清末《曾国藩家书》中才又见到8例,如(20)(21)。

(18) **假设**以子不欲之物,赏子使窃,子必不窃。(南宋《朱子语类》)

(19) **假设**如此,则如此;**假设**如彼,则如彼。(同上)

(20) 我的意思,是自己所受的恩泽太深重了,官到了二品,不能不算荣贵,**假设**在这种时候,再不尽忠直言,那还等什么时候进言呢?(清·曾国藩《曾国藩家书》)

(21) 兄长荣膺这个重任,深深的感到恐惧!**假设**又走像陆、阿二公的老路,那会给父母带来羞辱,就是兄弟子侄,也将受到别人的侮辱。(同上)

在古代汉语中"假设"作假设连词用例很少,而且主要见于中古佛经语料中,在隋唐北宋、元明时期,都未见到典型用例,似有两度中断。① 王克仲(1990)根据王引之《经传释词》、杨树达《词诠》、裴学海《古书虚字集释》和杨伯峻《古汉语虚词》这四部古汉语虚词著作,共列出61个假设义类词,其中有"假"和"设",但不见"假设"。这也说明"假设$_C$"的确在历史语料中很罕见。这促使我们进一步思考了"假设"做假设连词的形成和使用问题。

---

① 潘志刚(2014)认为"假设"用作复合的假设连词,产生于上古汉语末期,在两汉六朝用例都较少,此后一直沿用至现代汉语。

首先，由于"假"和"设"在中古以前就可以做假设连词使用，《汉语大词典》所举最早用例见于西汉语料中，分别如（22）（23）。马建忠（1898/1998：319）讲到"借用两字"的设辞的用法是："皆连用两字，而皆先乎读之起词。"可见，他把文言中当作假设关联词语使用的"假设、假令"等，视为两个词的连用。韩陈其（1986：76）指出，"设"做假设连词，可单用，但秦汉后却往往同其他假设连词联合为一个复音词（如"设使、设令、设若、设如、假设"）使用。这说明"设"早在先秦已有假设连词用法，潘志刚（2014）指出假设连词"设"见于上古汉语，所举更早一例见于战国时期，见（24）。

（22）公季成谓魏文侯曰："田子方虽贤人，然而非有土之君也，君常与之齐礼，**假**有贤于子方者，君又何以加之？"（西汉·刘向《新序·杂事四》）

（23）此特帝在，即录录，**设**百岁后，是属宁有可信者乎？（西汉·司马迁《史记·魏其武安侯列传》）

（24）庄公死，子般弑，闵公弑，比三君死，旷年无君。**设**以齐取鲁，曾不兴师，徒以言而已矣。（战国《公羊传·闵公二年》）

由于古代汉语假设连词具有离合性特征，即单音假设连词可以两个或三个连用成双音或三音节假设连词，而且可离可合（韩陈其，1986：69），那么，在古代汉语中，作为假设关联词语使用的少数用例中，"假设"是"假"和"设"偶尔临时同义连用，还是已经凝合成双音假设连词了呢？再从《汉语大词典》所给最早用例看，"假令、假使"见于《史记》中，"假如、假若"见于东汉和晋代，这些词都是两个假设连词连用而成，以此推知，我们倾向于认为"假设"是由单音节假设连词"假"和"设"连用而形成的双音节假设连词。这与"假定"连词用法的来源不同。

还有一个问题是，为什么历时语料中能见到的少数"假设 c"主要用于中古时期佛经语料中，其他语料中极少见到呢？我们猜想，这是由于"假设"本具有强烈的假定虚设义，正与佛经故事讲述各种虚设的情景相契合。而在其他语料中"假设"使用极少，应该与当时存在的"若、如、假若、假如、设若"等众多假设连词有关。这些在汉语史上长期使用且频次较高的假设连词的存在抑制了"假设 c"的使用，致使它成为一个使用语体受限的低频词。我们在 CCL 现代语料中共检索到 14 个词汇化的"假设"，除了 4 例名词用法外，有 11 例为连词用法，如下面两例。在当代也不难见到，例见前文。

(25) **假设**蕴姊在,看见我这日记,我知道,她会抱着我哭。(丁玲《莎菲女士的日记》)

(26) 然而我幸而也不曾被人看见,我想,**假设**不是我现在用文字把这件事供出来,我那些已经显达了的或尚未显达的同窗们是永不会知道这事的。(李广田《礼物》)

"假设"作为复合的假设连词使用虽然用例一直不多,而且主要见于汉魏六朝时期佛经语料中,但到了清末和现代汉语中,它的假设连词用法仍然存在,而且还不罕见,我们认为这是其历时用法的复活和沿用。

#### 6.2.4 小结

"假设"和"假定"是一对同义词,在当代汉语中都兼属动词、名词和连词。本节以"假设"为中心,从句法表现、使用频率、语篇分布,特别是其连词用法的形成和历时使用方面,比较了二者的差异。"假设"做连词用频次低于"假定";"假定"有客观表达倾向,"假设"则无;"假定"的连词用法源自其动词义"姑且认定";而"假设"的连词用法在汉语史上很早已出现,但用例很少,而且主要见于中古佛经语料中,到了现代汉语中用例略多。我们认为"假设 c"是由假设连词"假"和"设"同义复合而成,它在现代汉语中的使用是对其历时用法的继承。

现代汉语中存在假设连词"假设"是没有问题的,因此建议词典给"假设"添列一个"连词"义项。

## 6.3 从"说"的隐现看两类假设标记的异同

### 6.3.1 "X 说"中"说"的隐现问题

第三章 3.2 节和 3.3 节已述,"如果"类假设连词(即"X")和"如果说"类假设词语(即"X 说")都可做假设句前标记,可用于四种语义的假设句。但在实际用例中"X 说"中的"说"并非都能省略而替换为"X",例如:

(1) **如果说**孩子同意了,你也没有意见,等于你同意了,你说的是不是这个意思?(王朔《我是你爸爸》)

(2) 我看,**要说**金大夫时装跟不上时代,都是因为您看得紧!(陈

建功、赵大年《皇城根》)

(3) **如果说**生育是女人的第一天职,那么害羞便是女人的第一本能。(梁晓声《感觉日本》)

(1)中"如果说"的"说"可以省略,(2)中"要说"的"说"不可省略,(3)中"如果说"的"说"似乎可有可无。那么,"X说"中"说"的隐现有什么规律,具体情况如何? 有"说"无"说"有无差异? 是什么原因导致了这种结果?

关于"X说"中"说"的隐现问题已引起学者们的关注。邢福义(2001)把由"如果说 p,那么 q"标记的假设句称为特殊的假设句式,并指出其中的"说"有时不出现,但可以添上。沈家煊(2003:203)指出,"什么时候必须加'说',什么时候可以加'说',问题复杂,有待研究。"李晋霞、刘云(2009)就推理语境"如果说"中"说"的隐现做了较深入的研究,认为推理语境中的"如果说",当假设分句是一个断言分句时,"说"可以删除,否则要求"说"强制共现。但该文没有论及像(1)这样的用例,即处在推理语境中,假设分句并不表达一个断言,而是表述一个事件,其中的"说"也可以删除。此外,即使假设分句表达一个断言,如(3),"说"也不是可以随意删除的,有"说"无"说",句子在语义、表达上也会有所不同。

现代汉语中"如果说、要说"等 14 个"X说"类假设标记,不仅在语义功能及用法上有共性,其中"说"的隐现情况也具有较强的一致性。本节主要以最高频的"如果说"为例,兼及其他"X说",通过语料的分析,揭示"说"隐现的基本规律,详细描写"说"隐现的复杂情况,探讨制约"说"隐现的原因,试图对其隐现的规律及自由度做出合理的解释,从而在第三章 3.3 节和第五章 5.3 节研究的基础上,深入论证:"X说"和"X"这两类常用假设前标记所标记的假设句,在语义、表达等方面,往往存在着明显的或细微的差异,进一步说明它们各自聚合成类又共时并存的原因。

### 6.3.2 "说"隐现的基本规律

假设句是表示假设条件和推断结果关系的句子,第一章根据假设条件实现的可能性,从语义上把假设句分为两类、四种。根据对语料库中用例的分析,我们发现,"X说"跟假设连词"X"的语义功能在一定程度上互补。"X说"主要表示现实假设,而"X"主要表示可能假设;在表示反事实假设时,"X说"主要用于反证归谬,而"X"主要用于反证释因。若从假设分句的表义内容来看,大致可以分为两种情况:一是表述一个假设事件,二是表达人们的认知状态。本节把前者称为"事件假设",把后者称为"认知假设"。从复句三域理论(沈家煊,2003)来看,大致是,事件假设表达行域层面上的假设关系,认知假设表达知域和言域层面上的假设关系。从对语言事实的分析中,我们认识到,基于这种分类可以更简明地表述"X 说"类词语中"说"的隐现规律及其成因,也能更深入地认识"如果"类假设连词的语义表达特点。

所谓事件假设,是指假设分句的内容代表一个假设事件,并且一旦这个事件发生,就会顺理成章引发后面的事件,前后分句之间为一般假设条件和结果关系。如(1)的假设分句"孩子同意了"表述一个假设的事件,结果分句"你也没有意见,等于你同意了"是在这个假设条件的基础上顺理推出的结果,其中的"说"无实义,可以删除而不影响语义表达。我们把这种用例中的"X 说"看作事件假设标记。

所谓认知假设,是指假设分句的内容不是表述一个假设事件,而是表达一种认知结果,即一种说法或看法,假设分句与结果分句之间也不是一般假设条件和结果关系,而是一种说法或看法是另一种相关的说法或看法的充分条件(邢福义,2001;沈家煊,2003)。(2)(3)中的"X 说"就是这样的认知假设标记。如(2)可做如下变换:

(2') **要说**金大夫时装跟不上时代,我看,都是因为您看得紧!

"要说"所引假设分句"金大夫时装跟不上时代"代表一种说法或主观看法,不一定是言谈场景中的实际言说内容,结果分句"都是因为您看得紧"也不是顺理推出的结果,而是说话人对这种说法或看法的"看法"。因此,句中表达言者认识的"我看",完全可以移位到结果分句之前。"要说"中的"说"表言说义或认识义,更倾向表认识义,故不可删除。

(3)的假设分句"生育是女人的第一天职"表述一种社会共识或说话人认可的一种观点,说话人是以此为条件,来引出"害羞便是女人的第一本能"这种看法的。前后分句之间也不是一般假设条件和结果关系,而是一种类比推理关系。"如果说"中的"说"具有认识义,表示认可或承认的意思,因此也不能随意删除。

再比较以下两例:

(4) **如果说**明天下雨,比赛就取消了。
(5) **如果说**明天下雨,那根本不可能。

例中"如果说"后面的分句,若单独抽出来看,是个相同的命题,但在以上两句话中的语义有所不同。(4)中的"明天下雨"代表一个可能发生的事件,如果这个事件发生,就会引发后面的事件。"如果说"为事件假设标记,"说"既没有言说义也没有认识义,虚化程度高,因此可以删除而不影响句子的意义。(5)中的"明天下雨"为一种说法或看法,"说"表言说或认识义,言为心声,说的话就是认知的结果,后分句是对这种看法的认识。"如果说"为认知假设标记,"说"是必有成分,不可删除。

基于上述用例的分析,可以初步得出"X说"中"说"隐现的基本规律:"X说"标记事件假设时,"说"可自由隐现;"X说"标记认知假设时,"说"要出现。这条规律概括了"X说"中"说"隐现的基本语义条件。实际用例中因假设句语义的差异及表达的制约,"说"隐现的情况是比较复杂的,呈现出程度差异,下面结合实例具体分析。

### 6.3.3 "说"隐现的具体情况

我们发现,"X说"和"X"所引假设分句的表义内容也呈大致互补状态,前者多为认知假设,而后者多为事件假设,也可以说,"X说"通常做认知假设标记,"X"通常做事件假设标记。当"X说"用作事件假设标记时,其实是取代了假设连词"X","说"的语义隐退,成为语义羡余成分,故可以省去;而"X说"通常是用来标记认知假设的,其中"说"的认识义显现,故一般不可省略。因此,在某种程度上也可以认为,当那些本不带"说"的假设连词"X"被加上"说"时,就意味着说话人是将事件假设当作认知假设来处理了,便会具有特别的语义表达功能,故一般不能或不宜省略"说"。

#### 6.3.3.1 可以省"说"

从(1)所代表的情况可知,标记事件假设的"X说"中的"说"可以省略,例如:

(6)**如果说**出现疾病,往往会导致体表温度出现异常。(《百家讲坛》:刘静《温度与生命》)

(7)**如果说**21世纪真的能成为亚洲的世纪,我想,中华民族的整合,华人力量的整合,必须成为亚洲在世界崛起的基石之一。(张锐、任羽中《完美大学必修课》)

(8)**如果说**当时能够有一个比较宽松的政治环境,不是在文字狱的压迫下,那么严厉地禁锢思想,中国不至于后来落后到这个程度。(《百家讲坛》:周思源《正确看待康雍乾之世》)

"如果说"所引出的假设分句,在(6)中表述一个可能发生的事件,在(7)中表述一种可能出现的事态,在(8)中表述一个与当时事实相反的假设事件,它们的结果分句表达以此条件顺理推出的结果。前后分句之间为一般假设条件和结果关系。这种语境中的"如果说"为事件假设标记,等同于"如果","说"无实在意义,可以省略而不影响语义的表达。

其他"X说"用于事件假设时,"说"同样可以省略,例如:

(9) 但我们目前的收入水平比较低,恐怕一两年之内不可能都购买和消费绿色食品。<u>要说</u>①偶尔买一点绿色食品大米、茶叶等尝一尝是可能的。<u>若</u>经常性地消费绿色食品,还要看我今后的收入状况。(《人民日报》,1995年)

(10) 应该看到,能够并且愿意从事这项工作的年富力强的学人,为数不是很多,<u>如果</u>仍以过去的规模和速度出书,也许勉强可支,<u>若说</u>迎头赶上,就要加紧培育人才。(《读书》,转引自北大CCL)

(11) <u>要是说</u>这个村子里还碰不到多少人,我相信比这大的村庄也就没有几个了。(简·奥斯汀《傲慢与偏见》)

(12) <u>假如说</u>他日后写出了更宏大更深沉更有分量的作品,我相信也是从那块他眷恋的故土上生长出来的,我们期待着。(陶纯《李贯通印象》)

在语料库中,"X说"较少用于事件假设,不超过其总用例的30%。也就是说,实际用例中"说"可以省略的"X说"只是一小部分。

还要指出的是,"X说"用于可能性或反事实性事件假设的总体用例虽然很少,但在口语中出现的绝大多数是这类用例,尤其是可能性事件假设用例。我们随机抽取了语料库里《百家讲坛》中"如果说"的19个用例,其中有16例标记可能性事件假设,1例标记反事实性事件假设;"假如说"的17个有效用例、"要是说"仅有的6个用例和"若说"仅有的2个用例也全部标记可能性事件假设。在生活口语中,我们同样观察到了这种现象。这说明,在口语中,说话人往往把"X说"等同于"X"来使用,正是使用者对其中的"说"无实义的一种心理认同的表现。

---

① 从语感上看,"$X_单$说"中"说"可省略的自由度要小于"$X_双$说"。(9)中的"要说"与后一句中的假设连词"若"对举,(10)中"若说"与前面分句中的"如果"对举,可见"要说""若说"都是被当作一般假设连词使用的,"说"是个羡余成分。我们做的语感调查结果却显示这两例中的"说"倾向于不可省略,这说明词的双音节化倾向对"说"隐现的自由度也有一些影响。

#### 6.3.3.2 必须有"说"

从(2)所代表的情况可知,标记可能性认知假设的有些"X说"中的"说"必须出现,不可省略,例如:

(13) **如果说**老花农是他的知音,恐怕是自寻安慰吧!(冯骥才《雕花烟斗》)

(14) **若说**李商隐的诗歌完全没有反映时代风貌,这自然不对;但**如果说**他唱出了时代的强音,却也是错误的。(《读书》,转引自北大 CCL)

例中假设分句表述的不一定是真实言说内容,用"如果说、若说"主要是为了引出一种说法或看法,也可能是说话人的一种自我猜测,结果分句则表达对这种说法或看法的评价。其中的"说"表言说义或认识义,可解释为"认为、以为",一定不能删除,否则句子语义不通,见下:

(13') * **如果**老花农是他的知音,恐怕是自寻安慰吧!

(14') * **若**李商隐的诗歌完全没有反映时代风貌,这自然不对;但**如果**他唱出了时代的强音,却也是错误的。

#### 6.3.3.3 有"说"无"说"有差异

上述可以省略或必须有"说"的"X说"用例只是"X说"实际用例中的一小部分,大部分标记认知假设的"X说"中的"说"可否省略似在两可之间。其实,由于"说"删除前后句子在语义和表达效果上会有所不同,所以也不能或不宜省略,其隐现的自由度呈现出程度差异,详情如下:

标记现实性认知假设或某些反事实性认知假设的"X说"中的"说"一般不能省略,否则句子在语义与表达上会有明显改变。语料库中这类用例占"如果说"类词语总用例的 68% 左右。

标记事实性认知假设的有些"X说"中的"说",删除前后句子在语义上会有差异,表达上的强调点也会有所不同,所以"说"不能随意省略,例如:

(15) **如果说**地球的公转产生了四季的交替,那么,地球的自转是形成昼夜更替的主要原因。(《中国儿童百科全书》)

(16) **如果说**古典园林和一般的风景园林是以静为主,游乐园则是

以动取胜,是一种富有生命力的正在发展中的新型公园。(同上)

(17) 随着我国对外开放的扩大,外国商品大量涌入国内。**如果说**过去进口的只是日用品,那么现在进口的是各种各样的商品,从饮料、食品、药品,到电器、汽车、飞机,可以说进口商品无所不包。(《人民日报》,1995年)

与(3)相似,这3例的假设分句的内容不是真的假设,而是公认的事实、共有的知识或客观存在的事实,即说话人认可的现实性事态,结果分句也不是顺应假设分句的内容所推出的必然结果,前后分句之间为类比推理关系。全句意思是:如果认可前一种观点,那么就要认可或可以得出后一种相关的观点。"如果说"可看作事实性认知假设标记,其中的"说"有认知义,表示"看法、认识",可以用"认为、认可、承认"来解释,故不能省略。若省略"说",句法上也通,但不能突出假设分句的内容是"一种已知的事实"这层意思,而倾向于表达可能性假设,这显然不能与言者要强调结果分句所述内容的现实性相类比。

当"X说"标记话题性认知假设时,若删除"说",除语义上有变化外,表达效果往往也有明显差异,"说"同样不能随意省略,例如:

(18) 四个坚持本身没有错,**如果说**有错误的话,就是坚持四项基本原则还不够一贯,没有把它作为基本思想来教育人民,教育学生,教育全体干部和共产党员。(《邓小平文选》3)

(19) 记者请陆主席谈谈他在工作方法上是否有什么独到之处,他依然谦逊地说:"没有什么独到之处。**若说**干政协工作还比较顺手的话,这大概主要还是得益于我的工作经历。……"(《报刊精选》,2004年)

这两例中假设分句的内容也是说话人认可的现实性事态,结果分句才是其真正想表达的一种观点,前后分句之间具有"话题—说明"关系,用"X说"引出一个话题性假设条件,是为了把本来是认识上的一种"事实"当作"假设"来说,与直接陈述相比,不仅表达上更含蓄①,也能更好地与上下文内容相衔接。其中的"说"主要表认识义,可理解为"认为",也不能省略。如

---

① 一些文献中存在"委婉"与"含蓄"混用的情况。陈一(2014:159)做了区分:"委婉偏重于对人,含蓄偏重于述己。"本节所说的话题性认知假设句即非类比现实假设句,多为说话人的一种自谦之辞,具有含蓄表达功能。参看第一章1.4.3节、第二章2.2.3节的相关分析。

果删去"说",首先,假设分句语义上倾向于表达可能性假设,与结果分句内容的事实性不相协调;其次,也减弱了语篇上的衔接作用及含蓄表达功能,不能突出言者把该假设句所言内容与前句内容相比、故意往轻里说的意思。如(18)中言者想要表达的是,"如果说"句所言"有错误"与前分句"四个坚持本身没有错"相比,只不过是前进中的一点小错误而已;(19)中假设分句所言"干政协工作还比较顺手"与上句中"在工作方法上有独到之处"相比,显然是言者的谦虚之辞。使用"X说"引出故意往轻里说而语义信息量较小的话题性假设分句,不仅能紧承上句内容,而且也具有了表达含蓄的语用效果。

常用于事实性认知假设的其他"X说"中的"说"同样不能随意省略,例如:

(20) **要是说**高频瓷厂是西周镇的一大支柱企业的话,那么另一家企业也身手不凡,它足以支撑起中国轿车空调的大半个天地,这就是——宁波华翔电子有限公司。(《报刊精选》,1994年)

(21) **若是说**卢浮宫、凯旋门、巴黎圣母院和埃菲尔铁塔等代表古巴黎,那么,卢浮宫的玻璃金字塔、拉德芳斯大拱门、巴士底歌剧院和法兰西国立图书馆等则是今巴黎的象征。(《人民日报》,1996年)

(22) **假若说**戏剧扮演是对生活的模仿,那么三爷及鸟友们令人啼笑皆非的公堂审案则是对模仿的(滑稽)模仿。(《人民日报》,1993年)

(23) **倘若说**《唐吉诃德》第一部表达了文艺复兴时代的知识型,那末第二部在某种程度上表达了古典知识型。(《读书》,转引自北大CCL)

(24) **倘说**生活作用于作家的反应可以获致感悟的话,那末作家形之于作品中的形象给予人的感受可以是不同的。(同上)

上述两种"X说"所引假设分句的内容是一种现实性认知假设,受语义和表达效果的制约,不能省略"说"。"X说"还常用来标记反证归谬反事实假设句和虚拟假设句,其中的"说"隐退的自由度相对较大,但也由于语义或表达上强调点的不同,还是不宜省略。

标记反证归谬反事实性认知假设的"X说",当用于反驳某种已知的看法或说法时,其中的"说"不宜省略,例如:

(25) 还有人问:"人死了如有识神离体,有谁看见过呢?"**如果说**眼睛看得见的才是有,看不见的是没有,那么,世上眼睛看不见的物质多

得很,你能说它没有吗?譬如 X 光射线、紫外线、红外线、分子、原子、中子、质子、电子等等。(元音老人《佛法修正心要》)

(25')? **如果**眼睛看得见的才是有,看不见的是没有,那么,世上眼睛看不见的物质多得很,你能说它没有吗?

例中"如果说"所引假设分句的内容也是已知的一种看法,但这种看法在说话人看来,是与客观事实相反的,并从结果分句内容的荒谬不成立可反推它的荒谬不成立。"如果说"做认知假设标记,"说"还有认识义,可理解为"认为、以为"。若删除它,假设分句倾向于表达说话人的一种自我猜测,因此"说"也不宜省略。再如:

(26) **如果说**是看山人的房子,那么坚硬的大山有什么可看护的?**如果说**是单身老大的住所,那么他们完全不必把自己的窝建在这个荒无人烟的地方。(张炜《柏慧》)

若删去例中"如果说"的"说",句法语义上都通;但若脱离语境,有"说",假设分句倾向于表达一种被反驳的已知说法或看法;无"说",则倾向于表达说话人要推翻的一种自我猜测。因此,从语义表达上的细微差异看,还是不宜省略"说"。

当"X 说"用于比拟式虚拟认知假设时,"说"省略后句法语义上都通,但表达上的强调点会有所变化,故也不宜省略"说",例如:

(27) **如果说**钢琴是"乐器之王",那么小提琴就是乐器的"王后"了。(《中国儿童百科全书》)

(28) **如果说**春天像一个恋人,秋天不是更像一个母亲么?(张秀亚《秋日小札》)

(29) **如果说**消费者是市场经济中的"上帝",那么斯文松女士的工作就是帮助消费者做个聪明的"上帝"。(《人民日报》,1995 年)

例中假设分句的内容都是一种比喻或比拟,用"如果说"引出,强调了这只是一种主观上的说法或看法。因表达式本身的虚拟性,有"说"无"说"都不影响假设分句表达一种主观认识;但删除"说",就不能够突出假设分句只是"一种主观上的说法或看法"这层意思了,因此还是不宜省略。

#### 6.3.4 "说"隐现的内在原因

上文的分析可以证明,"X说"中"说"可否省略,受其所标记的假设句的语义和表达效果的制约,这是较易感知到的"说"隐现的外在原因和主观因素。那么,又是什么原因导致了这种结果呢?第五章5.3节考察过"X说"做假设标记的形成过程及历时用法,早期形成的"X说"是在评议语篇的假设句中,随着"说"语义的虚化而从跨层连用逐渐凝固化为假设连词的。但多数"X说"的词汇化至今并未彻底完成,表现为不同语境中的"X说"之"说"的语义虚化程度及"X说"的词汇化程度高低不一,致使"说"隐现的自由度也大小不同。因此我们认为,与"说"的虚化程度相应的"X说"的词汇化程度,是制约"说"隐现的内部原因和客观因素。

##### 6.3.4.1 "说"的虚化与"X说"的词汇化

在上文所讨论的"X说"中"说"隐现的三种基本情况:可以省"说"、必须有"说",以及有"说"无"说"有差异,其中"说"隐现的自由度呈现出程度差异,这与"说"本身词义的虚实程度相一致,也反映了"X说"词汇化程度的高低差异。其实,标记认知假设和标记事件假设,正代表了"X说"用法演变的前后两个基本阶段,中间有个过渡阶段,下面略做分析。

"说"本是言说动词,表言说义,做引语标记,可用在假设连词后,引出一种说法或看法,例如:

(30)雅克是巴黎拉瓦兹耶中学高中毕业班的学生,上课时总是积极准确地回答问题,一看就知道是一个优等生。**如果说**他是"留级生",恐怕一般人都不会相信。然而,这确是事实。(《中国儿童百科全书》)

(31)一个人正常的生命过程是由矮长高,由小到老。**如果说**有人从高变矮,返老还童,恐怕人们难以相信。然而,这种怪事确实发生过。(同上)

这两例中"如果说"引导的假设句从句的组合层次是"如果+说S"("S"代表小句,下同),且结果分句是对"说S"的评价,"如果"与"说"既不在一个句法层面上,也不能看作一个韵律单位,二者只是跨层连用,"如果+说"还不是本书所说的假设词语。"说"与后分句结合较紧密,表现为"说"不可删除,而"X"可以删除不影响句子的成立,见(30')(30)：

（30'）* **如果**他是"留级生"，恐怕一般人都不会相信。

（30"）**说**他是"留级生"，恐怕一般人都不会相信。

这样的用例正代表了即将进入词汇化阶段的"X+说"所处的语境，"说"后带一小句宾语，容易发生去范畴化而失去原来的语义（参见方梅，2005b），因此，随着"说"由言说义虚化为认识义，"X+说"也发生了重新分析而最终词汇化了。

再看上举(2)，此类用例中"X说"的"说"既可看作间接引语标记，也可看作认知动词，意义已经开始虚化，表言说义或认识义，必须出现，不可省略。"要说"是跨层连用，在假设分句中的组合层次仍是"要+说 S"，但与(30)(31)不同的是，结果分句所说明的对象是"S"，而不是"说 S"了。因此，从语义上看，"说"与其后分句的联系松散，在韵律上倾向与"X"组合，二者已作为一个整体使用；在句法上表现为可以把"X"和"说"一起删除，句子成立，而不能只删除"X"，见(2a)(2b)。因此，我们把这样的"X说"重新分析为认知假设标记。但二者结合还不够紧密，也可在中间插入别的成分，见(2c)。

(2) 我看，**要说**金大夫时装跟不上时代，都是因为您看得紧！（陈建功、赵大年《皇城根》）

　　a. 我看，金大夫时装跟不上时代，都是因为您看得紧！

　　b. * 我看，说金大夫时装跟不上时代，都是因为您看得紧！

　　c. 我看，**要**有人说金大夫时装跟不上时代，都是因为您看得紧！

上举(3)之类用例中的"X说"也是认知假设标记，但与(2)之类用例不同的是，其中"说"的意义进一步虚化，不表言说义，只表认识义，可用"认为"或"把……看作"等来替换，保持句法语义不变，见(3a)(3b)。"说"是认知动词，有实义，也不能省略。"X说"还属于跨层连用，还不能说它已经完全词汇化。不过，韵律上结合更加紧密，明显已经组块化，其后可以有停顿，见(3c)，因此，完全可以把它看作一个韵律词。在句法上表现为：不可删除"X"而只保留"说"，也不能在二者中间再插入别的成分，见(3d)(3e)。

(3) **如果说**生育是女人的第一天职，那么害羞便是女人的第一本能。（梁晓声《感觉日本》）

a. **如果**认为生育是女人的第一天职,那么害羞便是女人的第一本能。

b. **如果**把生育看作是女人的第一天职,那么害羞便是女人的第一本能。

c. **如果说**,生育是女人的第一天职,那么害羞便是女人的第一本能。

d. *说生育是女人的第一天职,那么害羞便是女人的第一本能。

e. ***如果**有人说生育是女人的第一天职,那么害羞便是女人的第一本能。

上举(1)之类少数用例中的"X 说"标记事件假设,其中的"说"更加虚化,已感知不到其实义,成了语义上羡余的构词成分,可以删除。"说"删除前后如果说仍有差异的话,可能只是表达上口语化程度的高低有所不同而已。

标记事件假设本是假设连词"X"的典型功能,标记认知假设才是"X 说"的典型功能,那么,"X 说"用于事件假设的用法该如何解释呢?首先从性质上看,可以说标记事件假设的"X 说"已成为一个假设义的词法词①,其语法语义功能等同于"X"。其次,从成因上看,应该是作为韵律词的认知假设标记"X 说"的词汇化程度加深、语义功能泛化,由类推所引起的功能用法演变的结果。这样,便造成了用于事件假设的"X 说"中的"说"成了语义羡余成分,可以自由隐现。

从以上分析可知,伴随着"说"语义上虚化程度的加深,"X 说"也一步步由跨层连用的两个词凝固化为一个假设义词法词,它作为韵律词,是一种中间状态。"说"的词义虚化过程与"X 说"词汇化程度的三种状态的对应关系如下:

说: 言说义/认识义 → 认识义 → 无实义

X 说: 跨层连用 → 韵律词 → 词法词

从左到右,"说"的语义虚化程度逐渐增高,"X 说"的词汇化程度也逐渐

---

① "词法词"是和"词汇词"相对的一个概念。据董秀芳(2004)介绍,国外有学者将需要列入词库中的词称为"词汇词"(lexical word),将由词法规则生成的词称为"词法词"(morphological word)。词汇词的意义具有不可预测性,结构上具有不规则性,要存放在词库中;词法词是由一些能产的词法模式所构成的,其意义可以由其构成成分的意义和词法规则推导出来,因此可以不必存放在词库中。

增高,形成一个连续统,可表示如下("<"表示低于):

跨层连用"X 说"< 韵律词"X 说"< 词法词"X 说"

从左到右,这个连续统中的"X 说"中的"说"可隐退的自由度也逐渐增高。这说明"说"隐退的自由度正和与其词义虚化程度相对应的"X 说"的词汇化程度高低正相关。这就是"X 说"中"说"的隐现呈现出程度差异的根本原因。

上面从现代汉语共时平面分析了"X 说"用法演变的前后三个阶段,这还可以得到历史语料的验证。仅以出现较早使用频率较高的"若说"为例:

（32）千金垒土望三山,云鹤无踪羽卫还。**若说**神仙求便得,茂陵何事在人间。(唐·罗邺《望仙》)

（33）**若说**自家资质怎地好,只消恁地做去,更不解理会其他道理,也不消问别人,这倒是夹杂,倒是私意。(南宋《朱子语类》卷 120)

（34）如今须是把得圣贤言语,凑得成常俗言语,方是,不要引东引西。**若说**这句未通,又引那句,终久两下都理会不得。<u>若</u>这句已通,次第到那句自解通。(同上)

(32)为唐代用例,"若说"显然为认知假设标记,"说"不可省略;(33)(34)同为南宋《朱子语类》中用例,(34)中的"若说"与后句中的"若"对举,明显为事件假设标记;(33)中的"若说"则既可分析为认知假设标记,也可分析为事件假设标记,说明正处于由认知假设标记向事件假设标记演变的过渡阶段。

不仅"若说",做假设标记的"要说"出现于明代,使用频率也较高,也是首先用作认知假设标记,直至清代才见到用于事件假设标记的用例。把共时分析和历时用例结合,可以较充分地证明"X 说"是由认知假设标记演变为事件假设标记的。至于"X 说"的两种用法都出现之后,晚起的"如果说、假如说、若是说"等"X 说"的形成及功能用法的演变,则不一定完全遵循上述演变路径,也可能是受到其他"X 说"功能用法的类推所致。

### 6.3.4.2 语法形式上的证明

"X 说"中的"说"隐现的自由度和与"说"词义虚实程度相应的"X 说"的词汇化程度高低正相关,可以得到韵律及句法形式上的进一步验证。

第一,不可加"说"。

当"X 说"用于认知假设时,其词汇化程度较低,"说"表认识义,可理解为"认为、以为、承认"等,不可随意删除。表现在句法上便是:凡是假设分句为"X+认为/以为/承认+S"的假设句,其中的假设连词"X"后一定不能再加上"说",但可替换为"X+说+S",见(35a)(35b)。其他几例同。

(35) 如果认为通俗文艺就是鸳鸯蝴蝶派,那就把重点搞错了,变得庸俗了。(《读书》,转引自北大CCL)

  a.*如果说认为通俗文艺就是鸳鸯蝴蝶派,那就把重点搞错了,变得庸俗了。

  b.如果说通俗文艺就是鸳鸯蝴蝶派,那就把重点搞错了,变得庸俗了。

(36) 如果以为搞活大中型企业要走私有化道路,这是不符合我国的社会主义性质,也不符合中国实际的。(《人民日报》,1995年)

(37) 如果承认"发乎情"是我国文论最早的对情感的界说,那么"止乎礼义"就是最早的对情感的制约了。(《读书》,转引自北大CCL)

(38) 如果承认各种属相"相生"、"相克",人和他的属相一致,那岂不是说属虎的人就要吃人,属龙的人就能上天入海吗?(《报刊精选》,1994年)

同样,当假设分句是"X+把……当作/看作/作为/比作……"时,"X"后也一定不能加上"说",见(39a)。这是因为"把……当作/看作/作为/比作……"句式表认知义(王红旗,2009),与"X说"中的"说"的认识义重合,受经济原则的制约,二者不能共现。但假设分句可替换为"X+是+S",见(39b)。这是因为"是"表示判断,是心里所想,跟在关联词语后面,可做知域的标记(曹秀玲,2012),具有认知义,正好与该句式的语义相符合。其他几例相同。

(39) 如果把它当作风景,它便是最美的风景。(《人民日报》,1994年)

  a.*如果说把它当作风景,它便是最美的风景。

  b.如果是风景,它便是最美的风景。

(40) 如果把整个山东看作一条正在腾飞的巨龙的话,那么,青岛则担负着作为"龙头"的历史重任。(《报刊精选》,1994年)

(41) 如果把一个人的思想感情、性格品质、道德情操、文化修养等作为内在美的因素,那么仪表就是外在美的因素。(《中国儿童百科全书》)

(42) 如果把我们正在建设的社会主义市场经济比作一场球赛,那

么政府应该是裁判,……(《人民日报》,1993年)

此外,当假设分句的内容不是比喻,而是纯粹虚拟想象的事件时,要用假设连词标记,不能后加"说",例如:

(43) **如果**我变成孙悟空,就要变出好多好东西送给穷人。
(43')* **如果**说我变成孙悟空,就要变出好多好东西送给穷人。

从语料库里没有搜集到用"X 说"标记虚拟性的事件假设的实例,其原因可能是:"X 说"标记虚拟性假设的用法出现很晚,到现代汉语中才见,而且用例很少(参见第二章 2.4 节);从用法上看,"X 说"以标记认知假设为主,较少用于事件假设。因此,作为"X 说"的一种晚起用法,表虚拟假设时,便只有认知假设用例,还没有产生事件假设用例。

第二,韵律句法表现。

"X 说"的"说"由言说动词虚化而来,本为引语标记,大多数"X 说"的词汇化程度不高。因此,当它用作假设标记时,形式上表现为与其所引从句之间可以有语音停顿,在书面上由逗号表示,而假设连词与其所引从句之间一般是不会有语音停顿的;"X 说"的句法位置也相当固定,一般只位于假设从句句首主语前,而不出现在句中谓语前(详见第三章 3.3.5 节)。如以下各例,不管假设分句的语义如何,"X 说"中的"说"都不能省略。

(44) **如果说**,人在大海洋里、大沙漠里、大森林里容易迷失方向,而到过井下的人都知道,在那里面根本就不存在东西南北的感觉。(孙少山《八百米深处》)

(45) **如果说**,这两盒金丹值两万,要是少了一粒儿,就二百块钱都不值!(陈建功、赵大年《皇城根》)

(46) **如果说**,成功的会议有什么秘诀的话,那就是自由而公开的讨论。(《哈佛管理培训系列全集》,转引自北大 CCL)

(47) **如果说**,洋务派的历史功绩是为现代化留下了虽然菲薄却极其宝贵的物质遗产,维新派的历史功绩则是为现代化留下了虽是昙花一现却影响深远的政治遗产。(转引自李晋霞、刘云,2009)

(48) **假使说**,三家村老学究,孤陋寡闻,识见卑下,如此作为,情有可原的话,那么,堂堂的明代前七子之一何景明的类似行径,就未免有点那个了。(《读书》,转引自北大 CCL)

### 6.3.5 小结

本节分析了"X说"中"说"隐现的基本规律和复杂情况,揭示了制约"说"隐现的原因:与"说"的词义虚实程度相应的"X说"的词汇化程度,是制约"说"隐现的内在原因与客观因素;"说"的语义表达和语用动机,则是制约"说"隐现的外在原因与主观因素。"X说"所标记的认知假设和事件假设,代表了其用法演变的先后两个基本阶段。用于知域和言域、标记认知假设的"X说",词汇化程度较低,其中的"说"语义虚化程度不高,有实义,不能省略;而用于行域、标记事件假设的"X说",词汇化程度较高,基本上等同于假设连词,"说"虚化程度高,无实义,可以自由隐现。但不同语境中,标记认知假设的"X说"的词汇化又呈现出程度差异,加之表达上的强调、含蓄及语篇衔接等语用需要,致使其中"说"隐现的自由度也呈现出程度差异。韵律与句法形式上的表现,恰好是"说"语义虚化程度低、仍受其原有的引语标记用法制约,以及大部分"X说"词汇化程度较低的语法后果。

本研究结果也进一步证明了"X说"和假设连词"X"这两类常用假设前标记,不仅在表假设义上形成了对立,而且它们所标记的假设句在细致的语义和表达功能方面也存在一定差异,所以在使用中,看似可以替换的往往并不可任意替换。这两类假设标记在句法、语义和表达等多方面存在对立互补的事实,正是"X说"得以衍生发展并与假设连词"X"共时并存的主要原因。

# 参 考 文 献

艾皓德　1991　《近代汉语以"时"煞尾的从句》,《中国语文》第6期。
北京大学中文系1955、1957级编　1986　《现代汉语虚词例释》,北京:商务印书馆。
曹秀玲　2012　《"说"和"是"与关联词语组合浅谈》,《中国语文》第5期。
曹跃香、高　娃　2005　《"万一"和"一旦"》,《语文学刊》第9期。
陈国华　1988　《英汉假设条件句比较》,《外语教学与研究》第1期。
陈柯言　2015　《现代汉语操作语体中假设标记研究》,河南大学硕士学位论文。
陈　一　2008　《对举表达式的再分类及其意义》,《中国语言学报》第13期。
陈　一　2014　《说"有点小(不)A/V"》,《中国语文》第2期。
陈宗明　1984　《逻辑与语言表达》,上海:上海人民出版社。
崔诚恩　2002　《现代汉语情态副词研究》,中国社会科学院博士学位论文。
崔希亮　2003　《事件情态和汉语的表态系统》,《语法研究和探索》(十二),北京:商务印书馆。
戴浩一　1988　《时间顺序和汉语的语序》,黄河译,《国外语言学》第1期。
邓　瑶　2009　《"万一"的功能差异及其演变动因》,《宁夏大学学报》(人文社会科学版)第6期。
刁晏斌　2006　《现代汉语史》,福州:福建人民出版社。
丁声树、吕叔湘、李　荣等　1961　《现代汉语语法讲话》,北京:商务印书馆。
董秀芳　2003　《"X说"的词汇化》,《语言科学》第2期。
董秀芳　2004　《汉语的词库与词法》,北京:北京大学出版社。
董秀英　2009　《假设句的跨语言比较研究》,华中师范大学博士学位论文。
董秀英　2014　《汉语无标记反事实假设句及其话语功能》,《南昌大学学报》(人文社会科学版)第2期。
方　梅　2005a　《篇章语法与汉语篇章语法研究》,《中国社会科学》第6期。
方　梅　2005b　《认证义谓宾动词的虚化——从谓宾动词到语用标记》,《中国语文》第6期。
方　梅　2006　《北京话里"说"的语法化:从言说动词到从句标记》,《中国方言学报》第1期。
方　梅　2007　《语体动因对句法的塑造》,《修辞学习》第6期。
方　梅　2008　《动态呈现语法理论与汉语"用法"研究》,《当代语言学理论和汉语研究》,沈阳、冯胜利主编,北京:商务印书馆。
方　梅　2018　《浮现语法:基于汉语口语和书面语的研究》,北京:商务印书馆。

方全玉　1995　《是选择,还是假设——从"若不是……便确是……"谈起》,《镇江师专学报》(社会科学版)第 4 期。
冯胜利　2010　《论语体的机制及其语法属性》,《中国语文》第 5 期。
冯胜利、施春宏　2018　《论论体语法的基本原理、单位层级和语体系统》,《世界汉语教学》第 3 期。
高再兰　2006　《"如果"句中的对比手法》,《修辞学习》第 2 期。
广东、广西、湖南、河南辞源修订组　1988　《辞源》(修订本,合订本),北京:商务印书馆。
郭春贵　1989　《"只要"与"如果"用法的异同》,《语言教学与研究》第 4 期。
郭继懋　2006　《"于是"和"所以"的异同》,《汉语学报》第 4 期。
郭　锐　1997　《过程和非过程:汉语谓词性成分的两种外在时间类型》,《中国语文》第 3 期。
郭　锐　2006　《衍推和否定》,《世界汉语教学》第 2 期。
韩陈其　1986　《古代汉语假设连词的形式特征》,《赣南师范学院学报》(哲学社会科学版)第 3 期。
韩万衡　1984　《德语虚拟式研究中的几个基本问题》,《外语教学与研究》第 3 期。
汉语大字典编辑委员会编　1992　《汉语大字典》(缩印本),武汉:湖北辞书出版社;成都:四川辞书出版社。
贺　阳　1992　《试论汉语书面语的语气系统》,《中国人民大学学报》第 5 期。
贺　阳　2008　《现代汉语欧化语法现象研究》,北京:商务印书馆。
洪　波　1998/2005　《论汉语实词虚化的机制》,《古汉语语法论集》,郭锡良主编,北京:语文出版社;《汉语语法化研究》,吴福祥主编,北京:商务印书馆,2005 年。
侯学超主编　1998　《现代汉语虚词词典》,北京:北京大学出版社。
胡斌彬　2016　《由假设小句向认识情态标记的语法化——以"搞/弄/闹不好"为例》,《古汉语研究》第 3 期。
胡明扬　1981　《北京话的语气助词和叹词》,《中国语文》第 5、6 期。
胡裕树主编　1995　《现代汉语》(增订版),上海:上海教育出版社。
胡壮麟编著　1994　《语篇的衔接与连贯》,上海:上海外语教育出版社。
黄伯荣、廖序东主编　2017　《现代汉语》(增订六版),北京:高等教育出版社。
江蓝生　2002　《时间词"时"和"后"的语法化》,《中国语文》第 4 期。
江蓝生　2004　《跨层非短语结构"的话"的词汇化》,《中国语文》第 5 期。
姜　露　2015　《假设助词"的话"的语用功能考察》,《中南大学学报》(社会科学版)第 4 期。
蒋　严　2000　《汉语条件句的违实解释》,《语法研究和探索》(十),北京:商务印书馆。
蒋　严、潘海华　2005　《形式语义学引论》(修订版),北京:中国社会科学出版社。
近　如　1958　《论德语中的虚拟式》,《外语教学与研究》第 2 期。
黎　洪　2012　《汉语偏正复句句序变异研究》,安徽大学博士学位论文。
黎锦熙　1924/1992　《新著国语文法》,北京:商务印书馆,1992 年。
黎锦熙、刘世儒　1962　《汉语语法教材》,北京:商务印书馆。
李传全　1991　《从反事实假设看汉语的高语境(High-Context)》,《海南大学学报》(人文社会科学版)第 2 期。

李晋霞 2005 《论话题标记"如果说"》,《汉语学习》第1期。
李晋霞 2010 《反事实"如果"句》,《语文研究》第1期。
李晋霞 2015 《相似复句关系词语对比研究》,北京:中国社会科学出版社。
李晋霞 2018 《"要不是"违实句探析》,《励耘语言学刊》第2期。
李晋霞、刘 云 2003 《从"如果"与"如果说"的差异看"如果说"的传信义》,《语言科学》第3期。
李晋霞、刘 云 2009 《论推理语境"如果说"中"说"的隐现》,《中国语文》第4期。
李 连 1997 《类比复句及其表意功能》,《语文教学与研究》第10期。
李 敏 2006 《现代汉语非现实范畴的句法实现》,华东师范大学博士学位论文。
李 明 2003 《试谈言说动词向认知动词的引申》,《语法化与语法研究》(一),吴福祥、洪波主编,北京:商务印书馆。
李小五 2003 《条件句逻辑》,北京:人民出版社。
李玉兰 1995 《类比推理的机制与功能》,《武汉大学学报》第3期。
李宗江 2006 《"回头"的词汇化与主观性》,《语言科学》第4期。
李宗江 2007 《话题标引成分"要说"的由来和去向》,《语法化与语法研究》(三),沈家煊、吴福祥、李宗江主编,北京:商务印书馆。
梁晓玲、陈 一 2018 《东北官话中申明话语非现实性、非行事性的"说的话儿"》,《中国语文》第3期。
廖秋忠 1992 《廖秋忠文集》,北京:北京语言学院出版社。
林裕文 1962/1984 《偏正复句》,上海:上海教育出版社,1984年。
刘丹青 2003 《语序类型学与介词理论》,北京:商务印书馆。
刘丹青 2005 《作为典型构式句的非典型"连"字句》,《语言教学与研究》第4期。
刘丹青编著 2008 《语法调查研究手册》,上海:上海教育出版社。
刘 霖 2007 《论推类与传统类比推理》,《湘潭师范学院学报》(社会科学版)第1期。
柳士镇 1992 《魏晋南北朝历史语法》,南京:南京大学出版社。
鲁 川 2003 《语言的主观信息和汉语的情态标记》,《语法研究和探索》(十二),北京:商务印书馆。
陆丙甫 1998 《从语义、语用看语法形式的实质》,《中国语文》第5期。
陆俭明 2004 《"句式语法"理论与汉语语法研究》,《中国语文》第5期。
鹿钦佞 2008 《"搞(弄/闹)不好"的功能及其语法化》,《汉语学习》第1期。
吕叔湘 1944/1982 《中国文法要略》,北京:商务印书馆,1982年。
吕叔湘主编 1999 《现代汉语八百词》(增订版),北京:商务印书馆。
罗进军 2007 《有标假设复句研究》,华中师范大学博士学位论文。
罗晓英 2006 《现代汉语假设性虚拟范畴研究》,暨南大学博士学位论文。
罗竹风主编 1993 《汉语大词典》,上海:上海辞书出版社;光盘版2.0,1998年。
马建忠 1898/1998 《马氏文通》,北京:商务印书馆,1998年。
马清华 2017 《汉语情态统辖结构的整合与变异》,《山西大学学报》(哲学社会科学版)第1期。
马庆株 1981 《时量宾语和动词的类》,《中国语文》第2期。
马庆株 1988a 《自主动词和非自主动词》,《中国语言学报》第3期。

马庆株　1988b　《能愿动词的连用》,《语言研究》第1期。
马庆株　1989　《能愿动词的意义与能愿结构的性质》,《语言学通讯》第3、4期。
马庆株　1991　《顺序义对体词语法功能的影响》,《中国语言学报》第4期。
马庆株　1995a　《多重定名结构中形容词的类别和次序》,《中国语文》第5期。
马庆株　1995b　《指称义动词和陈述义名词》,《语法研究和探索》(七),北京:商务印书馆。
马庆株　1997　《指人参与者角色关系取向与汉语动词的一些小类》,《功能语言学在中国的进展》,胡壮麟、方琰主编,北京:清华大学出版社。
马庆株　1998a　《试谈语义特征的提取》,《纪念马汉麟先生论文集》,南开大学中文系古代汉语教研室编,天津:南开大学出版社。
马庆株　1998b　《结构、语义、表达研究琐议——从相对义、绝对义谈起》,《中国语文》第3期。
马庆株　2000　《结合语义表达的语法研究》,《汉语学习》第2期。
马庆株　2004　《忧乐斋文存——马庆株自选集》,天津:南开大学出版社。
马庆株主编　2010　《现代汉语》,北京:中国社会科学出版社。
马　真　2001　《表加强否定语气的副词"并"和"又"——兼谈词语使用的语义背景》,《世界汉语教学》第3期。
潘志刚　2014　《魏晋南北朝汉语连词研究》,北京:社会科学文献出版社。
彭利贞　2005　《现代汉语情态研究》,复旦大学博士学位论文。
彭小川、杨　江　2006　《说"一旦"》,《世界汉语教学》第1期。
彭振川　2009　《现代汉语假设句的认知语用研究》,浙江大学博士学位论文。
齐沪扬　2002　《语气词与语气系统》,合肥:安徽教育出版社。
钱乃荣　2004　《上海方言中的虚拟句》,《方言》第2期。
卿素兰、罗　杰、方富熹　2004　《反事实思维与因果推理的关系》,《湖南大学学报》(社会科学版)第1期。
屈承熹　2006　《汉语篇章语法》,潘文国等译,北京:北京语言大学出版社。
饶　春、潘玉华　2011　《"一旦"的语法化考察》,《沙洋师范高等专科学校学报》第3期。
邵　京　1988　《语言差别与思维差异——汉英反事实假设研究综述》,《外语教学与研究》第1期。
邵敬敏　2004　《"语义语法"说略》,《暨南学报》(人文科学与社会科学版)第1期。
邵敬敏、赵春利　2006　《关于语义范畴的理论思考》,《世界汉语教学》第1期。
沈家煊　1993　《句法的相似性问题》,《外语教学与研究》第1期。
沈家煊　1994　《"语法化"研究综观》,《外语教学与研究》第4期。
沈家煊　1997　《〈词义与认知——从词源学到语用学〉评介》,《外语教学与研究》第3期。
沈家煊　1999a　《不对称和标记论》,南昌:江西教育出版社。
沈家煊　1999b　《"在"字句和"给"字句》,《中国语文》第2期。
沈家煊　2001　《语言的"主观性"和"主观化"》,《外语教学与研究》第4期。
沈家煊　2002　《如何处置"处置式"?——论把字句的主观性》,《中国语文》第5期。

沈家煊　2003　《复句三域"行、知、言"》,《中国语文》第3期。
沈家煊　2017　《汉语有没有"主谓结构"》,《现代外语》第1期。
沈家煊　2019　《超越主谓结构——对言语法和对言格式》,北京：商务印书馆。
沈家煊、王冬梅　2000　《"N的V"和"参照体—目标"构式》,《世界汉语教学》第4期。
石毓智　2001a　《肯定和否定的对称与不对称》(增订本),北京：北京语言文化大学出版社。
石毓智　2001b　《语法的形式和理据》,南昌：江西教育出版社。
史金生　2000　《结构、语义、表达研究的探索与实践——读〈汉语语义语法范畴问题〉》,《世界汉语教学》第1期。
史金生　2003　《语气副词的范围、类别和共现顺序》,《中国语文》第1期。
史金生　2011　《现代汉语副词连用顺序和同现研究》,北京：商务印书馆。
孙　亚　2013　《"如果"独立条件句：基于心理空间—转喻推理模型》,《外语教学》第4期。
谭全呈　2019　《弱逻辑性偏正复句的变序研究》,上海师范大学硕士学位论文。
陶红印　1999　《试论语体分类的语法学意义》,《当代语言学》第3期。
陶红印　2007　《操作语体中动词论元结构的实现及语用原则》,《中国语文》第1期。
田　然　2009　《话语结构中"X，一旦Y(就)Z"格式研究》,《云南师范大学学报》(对外汉语教学与研究版)第3期。
汪维辉　2003　《汉语"说"类词的历时演变与共时分布》,《中国语文》第4期。
王春辉　2010a　《"假设性等级"与汉语条件句》,《汉语学报》第4期。
王春辉　2010b　《汉语条件句小句间的语序类型》,《世界汉语教学》第4期。
王　芳　2014　《条件句的非典型成员——事实条件句》,《汉语学习》第4期。
王红旗　2001　《指称论》,南开大学博士学位论文。
王红旗　2004　《功能语法指称分类之我见》,《世界汉语教学》第2期。
王红旗　2006a　《非指称成分产生的原因和基础》,《汉语学习》第1期。
王红旗　2006b　《指称不确定性产生的条件》,《语文研究》第3期。
王红旗　2009　《"当作"与"看作"》,《世界汉语教学》第1期。
王洪君　1994　《从字和词组看词和短语——也谈汉语中词的划分标准》,《中国语文》第2期。
王克仲　1990　《意合法对假设义类词形成的作用》,《中国语文》第6期。
王　力　1943/1985　《中国现代语法》,北京：商务印书馆,1985年。
王　力　1946/1982　《汉语语法纲要》,上海：上海教育出版社,1982年。
王维贤、张学成、卢曼云等　1994　《现代汉语复句新解》,上海：华东师范大学出版社。
王晓凌　2009　《非现实语义研究》,上海：学林出版社。
王忠良　1996　《假设关系句式及其逻辑分析》,《延边大学学报》(社会科学版)第4期。
吴福祥　2004　《近年来语法化研究的进展》,《外语教学与研究》第1期。
席　嘉　2006　《与"组合同化"相关的几个连词演化的考察》,《语言研究》第3期。
项成东　2006　《元交际条件句的语用认知研究》,《外国语》(上海外国语大学学报)第6期。
谢晓明　2010　《假设类复句关系词语连用情况考察》,《汉语学报》第2期。
解惠全　1987/2005　《谈实词的虚化》,《语言研究论丛》(第四辑),天津：南开大学出版社;《汉语语法化研究》,吴福祥主编,北京:商务印书馆,2005年。
邢福义　1979　《论定名结构充当分句》,《中国语文》第1期。
邢福义　1981　《词类辨难》,兰州:甘肃人民出版社。
邢福义　1985　《复句与关系词语》,哈尔滨:黑龙江人民出版社。
邢福义　1995　《小句中枢说》,《中国语文》第6期。
邢福义　1996　《汉语语法学》,长春:东北师范大学出版社。
邢福义　2001　《汉语复句研究》,北京:商务印书馆。
邢公畹、马庆株主编　1994　《现代汉语教程》,天津:南开大学出版社。
邢向东　2002　《神木方言研究》,北京:中华书局。
邢向东　2005　《陕北晋语沿河方言愿望类虚拟语气的表达手段》,《语文研究》第2期。
邢向东　2006　《陕北晋语语法比较研究》,北京:商务印书馆。
熊建衡、赵织雯编著　1985　《实用英语交际语法》,上海:上海译文出版社。
徐朝红　2008　《中古汉译佛经连词研究——以本缘部连词为例》,湖南师范大学博士学位论文。
徐复岭　1999　《假设连词连用现象二题》,《语文建设》第6期。
徐晶凝　1998　《语气助词的语气义及其教学探讨》,《世界汉语教学》第2期。
徐晶凝　2008　《现代汉语话语情态研究》,北京:昆仑出版社。
徐烈炯、刘丹青　1998　《话题的结构与功能》,上海:上海教育出版社。
徐阳春　2002　《现代汉语复句句式研究》,北京:中国社会科学出版社。
杨伯峻、何乐士　2001　《古汉语语法及其发展》(修订本),北京:语文出版社。
杨红升、黄希庭　2000　《关于反事实思维的研究》,《心理学动态》第3期。
杨黎黎　2015　《假设条件句的非现实性和现实性》,《湖北师范学院学报》(哲学社会科学版)第1期。
杨荣祥　2005　《近代汉语副词研究》,北京:商务印书馆。
杨永龙　2000　《近代汉语反诘副词"不成"的来源及虚化过程》,《语言研究》第1期。
杨玉成　2002　《奥斯丁:语言现象学与哲学》,北京:商务印书馆。
姚双云　2008　《复句关系标记的搭配研究》,上海:华中师范大学出版社。
姚双云　2011　《英语if句与汉语"如果"句用法之异同——基于语料库的比较研究》,《武汉理工大学学报》(社会科学版)第6期。
姚双云　2012　《自然口语中的关联标记研究》,北京:中国社会科学出版社。
于丽娟　2009　《"一朝"和连词"一旦"演变差异之比较》,《科技创新导报》第31期。
袁　晖、李熙宗主编　2005　《汉语语体概论》,北京:商务印书馆。
袁明军　2006　《小句的语气类型与小句之间语义联结类别的关系》,《汉语学习》第3期。
袁毓林　2002　《多项副词共现的语序原则及其认知解释》,《语言学论丛》(第二十六辑),北京:商务印书馆。
袁毓林　2015　《汉语反事实表达及其思维特点》,《中国社会科学》第8期。
袁毓林　2016　《汉语意合语法的认知机制和描写体系》,《语言文字学》第4期。
张宝胜　2006　《也说"复句三域"》,《语法研究和探索》(十三),北京:商务印书馆。
张　斌主编　2001　《现代汉语虚词词典》,北京:商务印书馆。

张　斌主编　2008　《新编现代汉语》(第二版),上海:复旦大学出版社。

张伯江　2005　《功能语法与汉语研究》,《语言科学》第 6 期。

张伯江　2007　《语体差异和语法规律》,《修辞学习》第 2 期。

张伯江、方　梅　1996　《汉语功能语法研究》,南昌:江西教育出版社。

张成进　2013　《"一旦"的词汇化、语法化及相关问题》,《安徽大学学报》(哲学社会科学版)第 3 期。

张凤华、邱　江、张庆林　2006　《反事实条件推理的认知加工机制初探》,《西南师范大学学报》(自然科学版)第 5 期。

张　坤　2007　《3—5 岁幼儿反事实思维的发展研究》,《心理学探析》第 1 期。

张炼强　1990　《试说以"时"或"的时候"煞尾的假设从句》,《中国语文》第 3 期。

张炼强　1992　《假设从句后置的条件》(上)、(下),《逻辑与语言学习》第 1、2 期。

张　儒　2005　《汉字形义溯源》,太原:山西古籍出版社。

张生汉　2005　《关于古汉语同义词研究的一点看法》,《语言研究》第 1 期。

张生汉　2008　《古汉语同义词研究的时空观念》,《语言研究》第 1 期。

张新华编著　2023　《条件句与情态研究》,上海:中西书局。

张雪平　2005　《副词"可"的功能及其来源和演变》,河南大学硕士学位论文。

张雪平　2008　《"非现实"研究现状及问题思考》,《解放军外国语学院学报》第 5 期。

张雪平　2009　《非现实句和现实句的句法差异》,《语言教学与研究》第 6 期。

张雪平　2010　《假设兼话题标记"X 说"的形成探析》,《汉语学习》第 4 期。

张雪平　2012　《现代汉语非现实句的语义系统》,《世界汉语教学》第 4 期。

张雪平　2013　《〈红楼梦〉〈歧路灯〉〈儒林外史〉假设句比较研究》,河南大学博士后出站报告。

张雪平　2014　《"如果"类假设连词的语义功能与语用分布》,《汉语学习》第 1 期。

张雪平　2015a　《双否定结构句式的情态表达功能》,《当代修辞学》第 1 期。

张雪平　2015b　《"要是 P 就好了"句式的情态表达功能》,《语文研究》第 4 期。

张雪平　2015c　《"一旦"的共时性质与使用特点》,《汉语学习》第 2 期。

张雪平　2019　《汉语句子的非现实情态研究》,国家社科基金结项报告。

张雪平　2021　《"X 不是/没有"的假设表义功能》,《汉语学习》第 5 期。

张雪平、马庆株　2010　《假设词语"X 说"》,《语法研究和探索》(十五),北京:商务印书馆。

张谊生　2000　《现代汉语副词研究》,上海:学林出版社。

张谊生　2002　《助词与相关格式》,合肥:安徽教育出版社。

张志公主编　1956　《暂拟汉语教学语法系统简述》,北京:人民教育出版社。

张志公主编　1962　《汉语知识》,北京:人民教育出版社。

张志公、庄文中主编　1996　《汉语知识新编》,北京:人民教育出版社。

章　敏　2016　《"要不是"反事实条件句的情态问题研究》,《中南大学学报》(社会科学版)第 2 期。

赵国军　2009　《表假设的"吧"与"的话"》,《汉语学习》第 4 期。

赵京战　1994　《关于假设义类词的一些问题》,《中国语文》第 4 期。

赵元任　1968a/1979　《汉语口语语法》,吕叔湘译,北京:商务印书馆,1979 年。

赵元任　1968b/1996(1980)　《中国话的文法》,丁邦新译,1980年;《赵元任卷》,石家庄:河北教育出版社,1996年。
郑贵友　2002　《汉语篇章语言学》,北京:外文出版社。
郑　丽　2009　《中古汉语主从连词研究》,福建师范大学博士学位论文。
中国社会科学院语言研究所词典编辑室　2005　《现代汉语词典》(第5版),北京:商务印书馆。
中国社会科学院语言研究所词典编辑室　2012　《现代汉语词典》(第6版),北京:商务印书馆。
中国社会科学院语言研究所词典编辑室　2016　《现代汉语词典》(第7版),北京:商务印书馆。
中国人民大学语言研究所审定　1992　《实用古汉语大词典》,郑州:河南人民出版社。
舟　丹　1958　《"如果"新例》,《中国语文》5月号。
周斌武、张国梁编著　1996　《语言与现代逻辑》,上海:复旦大学出版社。
周　刚　2002　《连词与相关问题》,合肥:安徽教育出版社。
周礼全主编　1994　《逻辑——正确思维和成功交际的理论》,北京:人民出版社。
周士宏、申　莉　2006　《"呢$_2$"的功能、用法及在对外汉语教学中的应对策略》,《世界汉语教学》第2期。
朱德熙　1956　《单句、复句、复句的紧缩》,《语法和语法教学——介绍"暂拟汉语教学语法系统"》,张志公主编,北京:人民出版社。
朱德熙　1982　《语法讲义》,北京:商务印书馆。
朱德熙　1985　《语法答问》,北京:商务印书馆。
朱景松主编　2007　《现代汉语虚词词典》,北京:语文出版社。
邹韶华　2004　《语频·语义·语法》,《汉语学习》第2期。
〔丹麦〕奥托·叶斯柏森　1924/1988　《语法哲学》,何勇、夏宁生、司辉等译,北京:语文出版社,1988年。
〔日〕古川裕　2006　《关于"要"类词的认知解释——论"要"由动词到连词的语法化途径》,《世界汉语教学》第1期。
〔日〕太田辰夫　1958/2003　《中国语历史文法》(修订译本),蒋绍愚、徐昌华译,北京:北京大学出版社,2003年。
Athanasiadou, Angeliki & Dirven, René(eds.)　1997　*On Conditionals Again*, Amsterdam/Philadelphia:John Benjamins.
Athanasiadou, Angeliki & Dirven, René　1997　Conditionality, hypotheticality, counterfactuality. In Athanasiadou, Angeliki & Dirven, René(eds.), *On Conditionals Again*. Amsterdam/Philadelphia:John Benjamins, 61–96.
Bybee Joan, Revere Perkins & William Paglinca　1994　*The Evolution of Grammar: Tense, Aspect, and Modality in the Languages of the World*, Chicago:The University of Chicago Press.
Bybee, Joan & Fleischman, Suzanne(ed.)　1995　*Modality in Grammar and Discourse*, Amsterdam/Philadelphia:John Benjamins.
Bybee, Joan　1998　"Irrealis" as a Grammatical Category. *Anthropological Linguistics*

40,2:257-271.

Capell, A. & H. E. Hinch　1970　*Maung Grammar: Texts and Vocabulary*, The Hague: Mouton.

Comrie, Bernard　1986　Conditionals: A typology. In Traugott et al. (eds.), *On Conditionals*, Cambridge: Cambridge University Press, 77-99.

de Hann, Ferdiand　2012　Irrealis: Fact or fiction?. *Language Sciences* 34,2:107-130.

Givón, T.　1984　*Syntax: A Functional—Typological Introduction*, Vol. 1, Amsterdam/Philadelphia: John Benjamins.

Givón, T.　1990　*Syntax: A Functional—Typological Introduction*, Vol. 2, Amsterdam/Philadelphia: John Benjamins.

Givón, T.　1994　Irrealis and the subjunctive, *Studies in Language* 18,2:265-337.

Goldberg, Adele E.　1995　*Construction: A Construction Grammar Approach to Argument Structure*, Chicago: The University of Chicago Press.

Greenberg, Joseph H.　1963　Some universals of grammar with particular reference to the order of meaningful elements. In Greenberg, Joseph H. (ed.), *Universal of Language*, 73-113, London: MIT Press.

Greenberg, Joseph H.　1986　The realisirrealis continuum in the Classical Greek conditional. In Traugott et al. (eds.), *On Conditionals*, 247-264.

Haiman, John　1978　Conditionals are Topics, *Language*, Vol. 5,3:565-589.

Heine, Bernd　1992　Grammaticalization chains, *Studies in Language* 16,2:335-368.

Hopper, Paul J., Thompson, Sander A.　1980　Transitivity in Grammar and Discourse, *Language* 56,2:251-299.

Lyons, John.　1977　*Semantics*, Cambridge: Cambridge University Press.

Palmer, F. R.　1986　*Mood and Modality*, Cambridge: Cambridge University Press.

Palmer, F. R.　2001　*Mood and Modality* (second edition), Cambridge: Cambridge University Press.

Plado, Helen　2013　Estonian conditional clauses: The degree of hypotheticality and the link to temporal and concessive clauses, *Nordic Journal of Linguistics* 36,1:57-88.

Quirk, Randolph　1973　*A Grammar of Contemporary English*, London: Longman.

Quirk, R. et al.　1985　*Comprehensive Grammar of the English Language*, London: Longman.

Sweetser, Eve　1990　*From Etymology to Pragamtics*, Cambridge: Cambridge University Press.

Traugott, Elizabeth Closs, Alice ter Meulen, Judy Snitzer Reilly & Charles A. Ferguson (eds.)　1986　*On Conditionals*, Cambridge: Cambridge University Press.

Wierzbicka. Anna　1997　Conditionals and counterfactuals: Conceptual primitives and linguistic universals. In Athanasiadou et al. (eds.), *On Conditionals Again*, Amsterdam/Philadelphia: John Benjamins, 15-60.

Ziegeler, D.　2000　*Hypothetical Modality: Grammaticalisation in an L2 Dialect*, Amsterdam/Philadelphia: John Benjamins.

# 后　　记

　　本书是在我2008年通过答辩的同名博士学位论文的基础上增删修改而成，也是我十多年来对汉语假设句研究的一个小结。

　　首先要感谢导师马庆株先生。博士论文从选题到写作、从完成到多年来的修改完善，都离不开马先生的指导和鼓励。2005年我硕士毕业后有幸忝列马先生门下，得以聆听先生教诲，受益终生。先生学识渊博，对语言现象有敏锐的洞察力和深厚的研究功力，总是提醒我们做研究要有开阔的视野，要有类聚意识，要注意语言的共性，要发现概括性更强的规律，要从与其他语言的比较中发现汉语的特点，要重视语义，要结合语义表达研究语法。这些思想对我的研究有重要影响。先生治学严谨，总是告诫我们要耐下性子，不能浮躁，要立足语言事实，要出精品。先生的学术思想和治学态度早已潜移默化为我内在的一种学术追求，也让我十多年来惴惴不安，不敢轻易将博士论文付梓。文章千古事，深知自己天资驽钝，功底薄弱，用力不勤，能力有限，实难达先生的要求。这些年来断续对一些章节思考打磨，五年前在得到先生首肯的情况下，又集中时间进行了全面修改、删补。书稿完成后，又蒙先生向商务印书馆写出推荐意见并惠赐序言。先生的期望和鼓励才使我有勇气不再继续藏拙，以便就教于更多的同行方家。可万没想到的是先生还没看到本书的面世已驾鹤西去，何其痛哉！

　　博士论文顺利通过答辩，感谢答辩主席沈家煊先生和答辩委员刁晏斌、曾晓渝、郭继懋等先生，感谢他们所提出的宝贵意见，感谢论文评审专家的匿名评审意见和建议。书稿中一部分章节内容，在国内学术会议上宣读时，得到了与会专家的肯定或意见；在语言专业刊物上发表时，得到了匿名评审专家和编辑部的宝贵意见和修改建议；书稿获得了国家社科基金后期资助，得到了立项和结项评审专家的匿名评审意见和修改建议。书稿申请出版时，蒙郭锐教授、史金生教授写出推荐意见，蒙商务印书馆发来两位匿名评审专家的细致初评意见，这些难得的意见和建议促使我深入思考并修补完善。谨向诸位评审专家、编辑、推荐专家，以及资助单位表示敬意和感谢！

# 后　记

　　商务印书馆是语言学事业的坚强后盾,更是引导我走向语言研究之路的良师益友。我读的第一本专业书《现代汉语语法讲话》出版于该馆,我买的第一本专业书《语法讲义》邮寄自该馆,如今我写的第一本书能蒙该馆垂爱,有幸受资助出版,不但了却了我多年的心愿,更增添了我对商务印书馆的感恩和热爱。特向为本书的出版提供莫大支持和帮助的周洪波、朱俊玄等先生致以崇高的敬意和衷心的感谢!

　　特别感谢王红旗老师!在博士论文选题、写作和修改中的每一个关键时刻,都得到了王老师的指导,毕业后也多次得到王老师的指教和帮助。感谢一起求学的同学和同门,尤其是在马先生主持的一周一次语法沙龙上,学友们自由讨论,互相挑刺儿,受益良多。感谢陈一师兄对我论文写作给予的诸多意见和帮助,感谢郭昭军、袁明军、吴继章、王世凯、崔显军、王国栓、华玉明等师兄和同室好友各方面的帮助。郭昭军老师将研发的"中文文本语料检索系统(TCS)"慷慨相赠,使语料文本检索统计更加便捷。感谢引导我走上语言研究道路的张宝胜、李一平、张生汉、杨永龙、陈鹏飞等老师。博士论文初稿完成后听取了杨老师和陈老师的意见,张宝胜老师多年来一直督促我的学业,张生汉老师引导我关注近代汉语事实,扩展研究视野。永远敬重和感激我的老师们!感谢河南大学文学院和语言科学与语言规划研究所同人对我的学习和研究给予的支持和帮助。

　　特别感谢李宗江老师!自从 2009 年聆听了李老师在河大的语法化系列讲座后,便时常向他请教,他也总是给予我最及时、最中肯的意见。本书中不少章节内容在修改发表前都听取过李老师的意见,有的甚至反复多次请教,尤其是关于词汇化和语法化问题,深受李老师的启发。他对新语言现象的敏感性和精准把握令人敬佩,诲人不倦、爱护后学的精神令人敬仰。能在学术道路上得遇李老师及诸位良师,何其幸也!定稿前蒙张新华教授提出宝贵意见,深表感谢!

　　感谢我的爱人郑海臣先生,多年来一直默默地支持着我,分担了很多家事,使我能够安心于学业和工作。儿子皓星也很懂事,从不多给我增添负担,如今已成长为一名高校教师,令人欣慰。感谢父母对我的养育之恩,感谢亲人们对我的爱护,谨以此书献给已离我而去的父母大人。

张雪平

2023 年 12 月 5 日